成本会计综合练习册

主编　汪立元

中国人民大学出版社
·北京·

前　言

　　成本会计是一门注重实务操作和平时训练的课程。新教材的使用，必然要求有与之配套的辅助教材，来方便教师的平时课堂教学，同时为学员的课上、课下训练提供素材，国内比较成熟的成本会计主教材，一般都有与之配套的练习册。

　　编写《成本会计综合练习册》，主要基于如下的考虑：

　　1. 为面授教师的课堂训练提供素材，省去了各位教师寻找、收集习题的时间。

　　2. 方便了学员的课堂训练和课后的练习。成本会计课程要求动手能力强，计算业务量大，所以，必须加强平时的训练。

　　3. 方便学员复习应考。本练习册紧密结合主教材，题型的设计不但注重平时实践能力的提高（计算业务题较多），也考虑了考试复习的需要，便于学员进行针对性的复习测评。

　　《成本会计综合练习册》的特色与创新之处表现在：

　　1. 突出了新会计准则对成本核算的影响，把最新的会计处理方法体现在习题集中。

　　2. 题型安排合理，包括了单项选择题、多项选择题、判断题、问答题、业务计算题等题型。其中业务计算题的题量较多，方便学生的训练。

　　3. 注意了与前续课程基础会计、中级财务会计与后续课程管理会计内容的衔接，难度适中。

　　4. 与新编写、出版的成本会计教材内容保持高度一致，配套比较好，注意了学习资源的一体化设计。

　　编写这本《成本会计综合练习册》凝聚了多位会计专业老师的心血。崔道远、任爱莲、彭小华、丁玫、陈清宇、张相贤、邬展霞、黄梅等老师在编写《成本会计》主教材的同时也为练习册提供了相应章节的练习题。练习册由汪立元副教授负责总纂。

　　上海电视大学副校长徐皓教授对练习册的编写模式进行了指导，在编写过程中张令元副教授、张纯义副教授等也提出了宝贵的建议，在此一并表示衷心的感谢。

　　本练习册的题量较大，在教学过程中，可以根据教学安排进行选用。其中用"★"注明的题目供学员选做和平时拓展使用。

　　由于时间仓促，书中存在一定的纰漏在所难免，希望各位读者提出宝贵的建议。

编者
2010 年 6 月

目 录

第一部分　练习题

第二部分　练习题参考答案

成本会计综合练习册

第一部分
练习题

第一章 总论

一、单项选择题

1. 下列各项费用中，属于工业企业生产费用的是（　　）。
   A. 产品销售费用　　　　B. 制造费用　　　　C. 管理费用　　　　D. 财务费用
2. 成本会计的对象是（　　）。
   A. 会计要素的增减变动
   B. 各项期间费用的支出及归集过程
   C. 产品生产成本的形成过程
   D. 各行业企业经营业务的成本和有关经营管理费用
3. 在成本会计的各个环节中，（　　）是基础。
   A. 成本计划　　　　B. 成本控制　　　　C. 成本核算　　　　D. 成本分析
4. 成本这种资金耗费，是相对于（　　）而言的。
   A. 一定时期　　　　B. 一定对象　　　　C. 一个单位　　　　D. 一个企业
5. 产品成本是产品价值中的（　　）部分。
   A. $C+M$　　　　B. $C+V$　　　　C. $V+M$　　　　D. $C+V+M$
6. 对生产经营过程中发生的费用进行归集和分配，计算出有关成本计算对象的实际总成本和单位成本，属于（　　）。
   A. 成本会计　　　　B. 成本核算　　　　C. 成本预测　　　　D. 成本分析
7. 产品成本是制定商品价格的重要依据，这里的成本是指（　　）。
   A. 单个企业的最低成本　　　　　　　　B. 单个企业的平均成本
   C. 单个企业的最高成本　　　　　　　　D. 产品的行业平均成本
8. 根据成本数据和其他资料，运用定量分析和定性分析方法，对企业未来成本水平及其趋势做出科学估计，这属于（　　）。
   A. 成本决策　　　　B. 成本预测　　　　C. 成本计划　　　　D. 成本分析
9. 成本控制要在（　　）过程中进行。
   A. 成本预测
   B. 成本决策
   C. 编制成本计划
   D. 成本预测、成本决策、编制和执行成本计划
10. 小型企业的成本会计一般采取（　　）。
    A. 集中工作方式　　　　B. 统一领导方式　　　　C. 分散工作方式　　　　D. 会计岗位责任制

二、多项选择题

1. 产品成本是生产过程中（　　）的货币表现。
   A. 已消耗的生产资料的价值　　　　　　B. 部分已消耗的生产资料的价值
   C. 劳动者为自己劳动所创造的价值　　　D. 劳动者为社会劳动所创造的价值
   E. 剩余价值

2. 下列属于成本会计的具体内容的项目有（　　　）。

    A. 成本核算　　　　　　B. 成本预测　　　　　C. 成本控制　　　　D. 成本报表

    E. 成本考核

3. 下列各项支出中，明确应计入产品成本的有（　　　）。

    A. 生产单位消耗的原材料费用

    B. 生产单位固定资产的折旧费用

    C. 企业管理人员的职工薪酬

    D. 产品生产工人和生产单位人员的薪酬

    E. 企业的对外捐赠支出

4. 下列各项中，属于成本会计核算和监督的内容有（　　　）。

    A. 营业收入的实现

    B. 盈余公积的提取

    C. 各项生产费用的支出和产品生产成本的形成

    D. 各项期间费用的支出和归集过程

    E. 企业利润的实现及分配

5. 企业内部各级成本会计机构之间的组织分工有（　　　）。

    A. 按成本会计的职能分工　　　　　　B. 按成本会计的对象分工

    C. 集中工作方式　　　　　　　　　　D. 分散工作方式

    E. 统一工作方式

6. 要科学地组织成本会计工作，必须（　　　）。

    A. 合理设置成本会计机构

    B. 配备成本会计人员

    C. 按照成本会计有关的法规和制度进行工作

    D. 编制成本计划

    E. 加强成本控制

三、判断题

1. 工业企业成本会计的对象包括产品的生产成本和经营管理费用。（　　　）

2. 成本计划和考核是成本会计的最基本任务。（　　　）

3. 企业某一时期实际发生的产品生产费用总和等于该期产品成本的总和。（　　　）

4. 生产费用是指某一时期（月、季、年）内实际发生的生产费用，而产品成本反映的是某种产品所应负担的生产费用。（　　　）

5. 成本会计的分散工作方式是指成本会计工作中的预测、决策、计划、控制、分析和考核等工作，分别由厂部成本会计机构中的不同人员负责。（　　　）

★四、问答题

1. 试述成本的概念和作用。

2. 试述成本会计的内容。

3. 试述成本会计的职能。

4. 试述成本会计的任务。

第二章　成本核算的要求和程序

一、单项选择题

1. 将资本性支出、营业外支出等计入当期生产经营费用（　　）。

    A. 对企业损益没有影响

    B. 只影响产品成本，不影响期间费用

    C. 影响产品成本或期间费用，造成当期营业利润减少

    D. 影响产品成本和期间费用，造成当期营业利润增加

2. 生产费用中应当按照受益原则分配的费用是指（　　）。

    A. 直接计入费用　　　　B. 固定费用　　　　C. 间接计入费用　　　　D. 变动费用

3. 下列各项中不直接在"基本生产成本"科目核算的内容是（　　）。

    A. 生产工人的薪酬　　　　　　　　　　B. 直接用于产品生产的原材料

    C. 车间管理人员的薪酬　　　　　　　　D. 直接用于产品生产的燃料和动力

4. 下列不能计入产品成本的费用是（　　）。

    A. 燃料和动力费用　　　　　　　　　　B. 生产工人工资及福利费用

    C. 车间管理人员工资及福利　　　　　　D. 期间费用

5. 下列各项中，属于"基本生产成本"科目核算内容的是（　　）。

    A. 按规定支付的印花税和车船税

    B. 工业企业为进行基本生产而发生的各项生产费用

    C. 行政管理部门发生的各项费用

    D. 销售产品发生的费用

6. 正确计算产品成本，应该做好的基础工作是（　　）。

    A. 正确划分各种费用界限　　　　　　　B. 确定成本计算对象

    C. 建立和健全原始记录工作　　　　　　D. 确定成本项目

7. 正确划分各个期间的费用界限，要防止（　　）的错误做法。

    A. 人为调节各月成本、费用和各月损益

    B. 不遵守成本、费用开支范围，乱挤少计成本、费用

    C. 在盈利产品和亏损产品之间任意增减费用

    D. 人为调节完工产品成本

8. 为了保证按每个成本对象计算正确地归集应负担的费用，必须将应由本期产品负担的生产费用正确地在（　　）。

    A. 各种产品之间进行分配　　　　　　　B. 完工产品和在产品之间进行分配

    C. 盈利产品与亏损产品之间进行分配　　D. 可比产品与不可比产品之间进行分配

9. 在成本核算过程中，必须正确核算长期待摊费用，这体现了正确划分（　　）的需要。

    A. 生产费用和期间费用界限　　　　　　B. 各月生产费用和期间费用界限

    C. 各种产品费用界限　　　　　　　　　D. 完工产品和月末在产品费用界限

10. 制造费用应分配计入(　　)账户。

    A. 基本生产成本和辅助生产成本　　　　B. 基本生产成本和期间费用

    C. 基本生产成本和管理费用　　　　　　D. 财务费用和销售费用

二、多项选择题

1. 为了正确计算产品成本，必须正确划分以下几个方面的费用界限(　　)。

    A. 盈利产品和亏损产品　　　　　　　　B. 可比产品和不可比产品

    C. 生产费用和期间费用　　　　　　　　D. 各个会计期间

    E. 完工产品和在产品

2. 为了正确地计算产品成本，必须正确划分的费用界限有(　　)。

    A. 应计入产品成本和不应计入产品成本

    B. 完工产品成本和月末在产品成本

    C. 各个会计期间的费用

    D. 责任成本与非责任成本

    E. 各类产品的费用

3. 工业企业成本核算的一般程序是(　　)。

    A. 按成本开支范围审核各项费用应否计入产品成本

    B. 将应计入本期产品成本的费用在各种产品间进行分配

    C. 正确划分各种产品的销售成本

    D. 将计入各种产品的本期生产费用连同期初在产品成本在本期完工产品和期末在产品之间
进行纵向分配

    E. 做好定额的制定和修订工作

4. 下列属于产品生产成本构成内容的费用有(　　)。

    A. 直接材料　　　　　B. 管理费用　　　　　C. 直接人工　　　　　D. 制造费用

    E. 燃料和动力费

5. 工业企业的期间费用包括(　　)。

    A. 财务费用　　　　　B. 销售费用　　　　　C. 管理费用　　　　　D. 制造费用

    E. 折旧费用

6. 为了正确计算产品成本，应做好的基础工作有(　　)。

    A. 定额的制定和修订

    B. 做好原始记录工作

    C. 正确选择各种分配方法

    D. 材料物资的计量、收发、领退和盘点工作

    E. 划分生产费用和期间费用的界限

7. 下列支出中，不应当计入生产经营费用的有(　　)。

    A. 资本性支出　　　　B. 生产费用　　　　C. 营业外支出　　　　D. 期间费用

    E. 车间办公费用

★三、问答题

1. 简述成本核算的要求。

2. 简述成本会计核算的一般程序。

第三章　要素费用的核算

一、单项选择题

1. 在企业设置"燃料及动力"成本项目的情况下，生产车间发生的直接用于产品生产的燃料费用，应借记的科目是（　　）。

    A. "原材料"　　　　　B. "基本生产成本"　　　　　C. "制造费用"　　　　　D. "燃料"

2. 为了既正确又简便地分配外购动力费用，在支付动力费用时，应借记（　　）科目，贷记"银行存款"等科目。

    A. 成本、费用等　　　　　　　　　　　　B. "应收账款"

    C. "应付账款"　　　　　　　　　　　　　D. "其他应付款"

3. 为了提高产品成本计算的准确性，生产工人的薪酬应（　　）。

    A. 在整个企业内统一分配　　　　　　　　B. 按车间分别进行分配

    C. 按计划进行分配　　　　　　　　　　　D. 按实际进行分配

4. 某职工 5 月份生产合格品 25 件，料废品 5 件，加工失误产生废品 2 件，计件单价为 4 元，应付计件工资为（　　）。

    A. 100 元　　　　　　　B. 120 元　　　　　　　C. 128 元　　　　　　　D. 108 元

5. 基本生产车间计提的固定资产折旧费，应借记（　　）科目。

    A. "基本生产成本"　　　　　　　　　　　B. "管理费用"

    C. "制造费用"　　　　　　　　　　　　　D. "财务费用"

6. 不得计入基本生产成本的费用是（　　）。

    A. 车间厂房折旧费　　　　　　　　　　　B. 车间机物料消耗

    C. 营业税金及附加　　　　　　　　　　　D. 有助于产品形成的辅助材料

7. 直接用于产品生产，并构成该产品实体的原材料费用应记入的会计科目是（　　）。

    A. "销售费用"　　　　　　　　　　　　　B. "制造费用"

    C. "管理费用"　　　　　　　　　　　　　D. "基本生产成本"

8. 按产品材料定额成本比例分配法分配材料费用时，其适用的条件是（　　）。

    A. 产品的产量与所耗用的材料有密切的联系

    B. 产品的重量与所耗用的材料有密切的联系

    C. 几种产品共同耗用几种材料

    D. 各项材料消耗定额比较准确稳定

9. 企业分配薪酬费用时，基本生产车间管理人员的薪酬，应借记（　　）科目。

    A. "基本生产成本"　　　　　　　　　　　B. "制造费用"

    C. "辅助生产成本"　　　　　　　　　　　D. "管理费用"

10. 生产费用要素中的税金，发生或支付时，应借记（　　）科目。

    A. "基本生产成本"　　　　　　　　　　　B. "制造费用"

    C. "管理费用"　　　　　　　　　　　　　D. "销售费用"

二、多项选择题

1. 计入产品成本的各种材料费用，按其用途分配，应记入（　　）科目的借方。

A. "辅助生产成本"　　　B. "在建工程"　　　C. "制造费用"

D. "基本生产成本"　　　E. "管理费用"

2. 企业分配间接费用的标准有( )三类。

　　A. 成果类　　　　　　　B. 消耗类　　　　　　C. 产值类

　　D. 定额类　　　　　　　E. 工时类

3. 原料及主要材料的费用可以按( )比例进行分配。

　　A. 产品质量比例　　　　　　　　　　B. 产品体积比例

　　C. 定额消耗量比例　　　　　　　　　D. 定额费用比例

　　E. 工时比例

4. 在按 20.83 天计算日工资率的企业中,节假日工资的计算方法有( )。

　　A. 节假日作为出勤日计发工资

　　B. 节假日不计发工资

　　C. 缺勤期间的节假日不扣发工资

　　D. 缺勤期间的节假日扣发工资

　　E. 节假日工资视不同情况确定

5. 下列各项费用可以直接借记"基本生产成本"账户的有( )。

　　A. 车间照明用电费　　　　　　　　　B. 构成产品实体的原材料费用

　　C. 车间管理人员工资　　　　　　　　D. 车间生产工人工资

　　E. 车间办公费

三、判断题

1. "外购材料"和"直接材料"都是材料费用,因此都属于要素费用。( )

2. 职工薪酬费用并不都是计入产品成本或经营管理费用的。( )

3. 直接费用是指可以分清哪种产品所耗用,可以直接计入某种产品成本的费用。( )

4. 基本生产车间生产产品领用的材料,应直接计入各成本计算对象的产品成本明细账。( )

5. 在实际工作中,材料费用的分配是通过材料费用分配表进行的。( )

6. 直接用于产品生产的原料、主要材料费用,记入"直接材料"成本项目。( )

7. 生产人员、车间管理人员和技术人员的薪酬,是产品成本的重要组成部分,应该直接计入各种产品成本。( )

8. 实行计件工资制的企业,由于材料缺陷产生的废品,不付计件工资。( )

9. 每月按 30 天计算日工资率时,缺勤期间的节假日、星期天不算缺勤,不扣工资。( )

10. 无论是计时工资形式还是计件工资形式,人工费用的分配相同。( )

11. 生产工人的工资都是直接计入费用。( )

★四、问答题

1. 原材料费用的分配方法有哪些? 分别有什么特点?

2. 职工薪酬由哪些内容组成? 如何进行职工薪酬的分配?

五、业务计算题

1. 某企业生产甲、乙两种产品,共同耗用某种原材料费用 10 500 元。单件产品原材料消耗定额:甲产品 15 千克、乙产品 12 千克。产量:甲产品 100 件、乙产品 50 件。

要求:按原材料定额消耗量的比例分配并计算甲、乙产品实际耗用原材料费用。

2. 某工业企业某月 27 日通过银行支付外购动力（电力）费用 7 500 元。该月各车间、部门实际耗电度数为：基本生产车间动力用电 12 500 度，辅助生产车间动力用电 5 300 度，基本生产车间照明用电 2 700 度，辅助生产车间照明用电 1 200 度，企业管理部门照明用电 2 400 度。该月应付外购电力费用共计 7 230 元。该企业设有"基本生产成本"和"辅助生产成本"总账科目以及"燃料及动力"成本项目，辅助生产的制造费用通过"制造费用"科目核算，外购电力费用通过"应付账款"科目结算。

要求：

（1）按照用电度数分配计算各车间、部门动力和照明用电费（列出算式）。

（2）编制支付和分配电力费用的会计分录。

3. 某企业某工人的月工资标准为 2 400 元，7 月份 31 天，事假 5 天，病假 3 天，星期休假 9 天，出勤 14 天。根据该工人的工龄，其病假工资按工资标准的 90% 计算。该工人的病假和事假期间没有节假日。

要求：按照下述四种方法，分别计算该工人 7 月份的标准工资。

（1）按 30 天计算日工资率，按出勤天数计算工资。

（2）按 30 天计算日工资率，按缺勤天数扣月工资。

（3）按 20.83 天计算日工资率，按出勤天数计算工资。

（4）按 20.83 天计算日工资率，按缺勤天数扣工资。

4. 某企业基本生产车间 6 月份生产甲产品 120 件，每件实际工时 6 000 小时，乙产品 250 件，每件实际工时 4 000 小时，本月应付职工薪酬的资料如表 1—3—1 所示。

表 1—3—1　　　　　　　　　职工薪酬总表　　　　　　　　　单位：元

部　门	用　途	金　额
基本生产车间	生产工人工资	98 040
	管理人员工资	5 928
机修车间	生产工人工资	11 400
	管理人员工资	2 850
供水车间	生产工人工资	5 016
	管理人员工资	1 368
企业行政	管理人员工资	4 560
合　计		129 162

要求：根据上述资料，编制职工薪酬费用分配表（见表 1—3—2），并编制有关的会计分录。

表 1—3—2　　　　　　　　　职工薪酬费用分配汇总表

应借科目	部门，产品	生产工时	分配率	职工薪酬
基本生产成本	甲产品			
	乙产品			
辅助生产成本	机修车间			
	供水车间			
管理费用	行政部门			
制造费用	车间管理人员			
合　计				

5. 某企业根据某月份工资结算凭证汇总的薪酬费用为：基本生产车间生产甲、乙两种产品，生产工人的计时工资共计 39 200 元，管理人员工资 2 840 元。甲产品完工数量为 10 000 件，乙产品完工数量为 8 000 件。单件产品工时定额：甲产品 2.5 小时，乙产品 3 小时。

要求：按定额工时比例分配甲、乙产品生产工人工资；编制工资分配的会计分录。

第四章　辅助生产费用的核算

一、单项选择题

1. 辅助生产车间完工入库的修理用备件，应借记（　　）科目，贷记"辅助生产成本"科目。
   A. "周转材料"　　　　B. "原材料"　　　　C. "基本生产成本"　　　　D. "制造费用"

2. 辅助生产费用交互分配法中的第一次交互分配是在（　　）之间进行分配的。
   A. 各受益单位　　　　　　　　　　　B. 辅助生产车间以外的受益单位
   C. 各受益的基本生产车间　　　　　　D. 各受益的辅助生产车间

3. 辅助生产费用的分配方法中，能分清内部经济责任、便于成本控制的方法是（　　）。
   A. 直接分配法　　　B. 交互分配法　　　C. 计划成本分配法　　　D. 代数分配法

4. 辅助生产费用直接分配法的特点是将归集的辅助生产费用直接（　　）。
   A. 计入辅助生产成本
   B. 分配给所有受益对象
   C. 分配给其他辅助车间
   D. 分配给辅助车间以外的其他受益对象

5. 辅助生产车间为本企业材料采购提供运输服务的劳务成本，应借记（　　）科目。
   A. "销售费用"　　　B. "材料采购"　　　C. "辅助生产成本"　　　D. "制造费用"

6. 下列不属于辅助生产费用分配方法的是（　　）。
   A. 直接分配法　　　B. 交互分配法　　　C. 累计分配法　　　D. 代数分配法

7. 直接分配法是在（　　）之间进行分配。
   A. 各受益辅助车间　　B. 各受益外部单位　　C. 全部受益单位　　D. 以上均不对

8. 下列辅助分配方法中，分配结果最准确的方法是（　　）。
   A. 直接分配法　　　　　　　　　　　B. 交互分配法
   C. 代数分配法　　　　　　　　　　　D. 计划成本分配法

9. 采用按计划成本分配法分配辅助生产成本，辅助生产的实际成本是（　　）。
   A. 按计划成本分配前的实际费用
   B. 按计划成本分配前的实际费用加上按计划成本分配转入的费用
   C. 按计划成本分配前的实际费用减去按计划成本分配转出的费用
   D. 按计划成本分配前的实际费用加上按计划成本分配转入的费用，减去按计划成本分配转出的费用

10. 计划成本分配法中，各辅助车间内部（　　）。
    A. 不进行分配　　　　　　　　　　　B. 进行一次交互分配
    C. 进行两次交互分配　　　　　　　　D. 进行三次交互分配

二、多项选择题

1. 辅助生产车间管理人员的工资，在不同的核算方法下，可能记入（　　）科目。
   A. "管理费用"　　　B. "制造费用"　　　C. "辅助生产成本"　　　D. "销售费用"
   E. "在建工程"

2. 分配结转辅助生产费用时，可能借记的科目有（　　）。

    A. "辅助生产成本"　　B. "周转材料"　　C. "管理费用"　　　　D. "在建工程"

    E. "基本生产成本"

3. 辅助生产费用的分配方法中，能反映各项劳务的实际成本的方法有（　　）。

    A. 交互分配法　　　　B. 直接分配法　　　C. 计划成本分配法　　　D. 代数分配法

    E. 定额比例法

4. 辅助生产车间的间接费用应记入（　　）科目。

    A. "制造费用"　　　　　　　　　　　　　B. "基本生产成本"

    C. "辅助生产生产"　　　　　　　　　　　D. "管理费用"

    E. "销售费用"

5. 下列属于辅助生产费用分配方法的有（　　）。

    A. 直接分配法　　　　　　B. 交互分配法　　　C. 计划成本分配法　　　D. 代数分配法

    E. 定额比例法

6. 辅助生产费用按照计划分配法分配的优点有（　　）。

    A. 简化成本计算工作

    B. 分配结果准确

    C. 便于考核辅助生产成本计划的完成情况

    D. 便于考核各受益单位的成本

    E. 有利于分清企业内部各单位的经济责任

7. 辅助生产费用的交互分配法，在两次分配中的费用分配率分别是（　　）。

    A. 费用分配率＝待分配辅助生产费用÷该车间提供劳务量

    B. 费用分配率＝待分配辅助生产费用÷对辅助该生产车间以外提供劳务量

    C. 费用分配率＝（待分配辅助生产费用＋交互分配转入费用－交互分配转出费用）

              ÷该车间提供劳务量

    D. 费用分配率＝（待分配辅助生产费用＋交互分配转入费用－交互分配转出费用）

              ÷对辅助生产车间以外提供劳务量

    E. 费用分配率＝待分配辅助生产费用÷对排列在其后的各车间、部门提供劳务量

三、业务计算题

1. 某企业下设机修和供水两个辅助生产车间。3 月份机修车间发生生产费用 20 000 元，提供劳务数量 1 000 小时，其中供水车间 300 小时，基本生产车间 600 小时，企业行政管理部门 100 小时；供水车间发生生产费用 40 000 元，提供劳务数量为 2 000 吨水，其中机修车间 800 吨，基本生产车间 1 000 吨，企业行政管理部门 200 吨（辅助生产车间不设"制造费用"账户）。

要求：

（1）采用直接分配法分配辅助生产费用，并编制相应的会计分录。

（2）采用交互分配法分配辅助生产费用，并编制相应的会计分录。

（3）采用代数分配法分配辅助生产费用，并编制相应的会计分录（选做）。

2. 全旺工厂 200×年 8 月份各辅助生产车间发生辅助生产费用和生产的产品与提供劳务数量的有关资料如下：

发电和修理两个辅助生产车间发生的辅助生产费用分别为 22 000 元和 20 700 元。发电车间和修理车间的计划单位成本分别为 0.42 元和 4.25 元。辅助生产车间生产的产品与劳务耗用汇总表如

表 1—4—1 所示。

表 1—4—1　　　　　　　　　　辅助车间劳务汇总表

受益对象	供电度数	修理工时数
发电车间		600
修理车间	5 000	
基本生产车间	25 000	3 500
行政管理部门	4 000	500
合　　计	34 000	4 600

要求：

（1）根据资料用直接分配法、交互分配法分配辅助生产费用。

（2）根据资料用计划成本分配法分配辅助生产费用。

第五章 制造费用的核算

一、单项选择题

1. 基本生产车间耗用的低值易耗品，应记入（　　）科目的借方。
   A. "制造费用"　　　　B. "基本生产成本"　　　　C. "管理费用"　　　　D. "财务费用"
2. 基本生产车间管理人员的差旅费，应记入（　　）科目的借方。
   A. "制造费用"　　　　B. "基本生产成本"　　　　C. "管理费用"　　　　D. "财务费用"
3. 适用于季节性生产的车间制造费用分配方法是（　　）。
   A. 生产工时比例分配法　　　　　　　　　B. 生产工人工资比例分配法
   C. 机器工时比例分配法　　　　　　　　　D. 年度计划分配率分配法
4. 制造费用分配后，"制造费用"账户期末一般无余额，但（　　）分配法下可能存在余额。
   A. 机器工时比例分配法　　　　　　　　　B. 年度计划分配率分配法
   C. 生产工人工资比例分配法　　　　　　　D. 生产工时比例分配法
5. 成本动因是诱导成本发生的原因，作业成本法涉及的成本动因是（　　）。
   A. 资源动因　　　　B. 管理动因　　　　C. 设计动因　　　　D. 竞争动因
6. 相对于传统制造费用分配方法，作业成本法的局限为（　　）。
   A. 计算结果不准确　　B. 核算不及时　　C. 不利于成本管理　　D. 计算烦琐
7. 作业成本法适用于（　　）。
   A. 以手工为主的企业　　　　　　　　　　B. 高科技制造企业
   C. 以资源为主的企业　　　　　　　　　　D. 以知识为主的企业
8. 下列不属于传统制造费用分配方法局限性的是（　　）。
   A. 可能歪曲成本信息　　　　　　　　　　B. 提供的成本信息不及时
   C. 分配结果不精确　　　　　　　　　　　D. 过分追求短期绩效

二、多项选择题

1. 制造费用的分配方法有（　　）。
   A. 年度计划分配率法　　　　　　　　　　B. 交互分配法
   C. 生产工时比例分配法　　　　　　　　　D. 机器工时比例分配法
   E. 定额比例法
2. 制造费用的分配不应该（　　）。
   A. 在企业范围内统一分配　　　　　　　　B. 按班组分别进行分配
   C. 按车间分别进行分配　　　　　　　　　D. 在所有车间范围内统一分配
   E. 在生产工人之间分配
3. 制造费用主要是在为企业基本生产车间提供产品或劳务时发生的各项费用，包括（　　）。
   A. 基本生产车间的办公费　　　　　　　　B. 生产车间管理人员的工资
   C. 生产车间固定资产的折旧费　　　　　　D. 基本生产车间的动力和燃料费
   E. 生产产品用原材料
4. 相对于传统制造费用分配，作业成本法的优势为（　　）。

A. 更能及时反映成本信息   B. 更能将各种成本费用追溯至产品

C. 更能反映各项费用发生的原因   D. 更有利于成本控制

E. 计算简单

5. 在生产一种产品的情况下，对制造费用成本项目，下列说法正确的有（　　　）。

A. 是间接生产费用

B. 是直接生产费用

C. 既包括间接生产费用也包括没有专设项的直接生产费用

D. 是直接计入费用

E. 是间接计入费用

三、判断题

1. "制造费用"科目的金额最终要转入"基本生产成本"账户，因此月末必然没有余额。（　　　）

2. 制造费用大部分是间接用于产品生产的费用，也有一部分直接用于产品生产，但管理上不要求单独核算，又不专设成本项目，可以直接计入产品生产成本。（　　　）

3. 制造费用分配标准的选择主要是考虑制造费用与产品的关系或制造费用与生产量的关系。（　　　）

4. 制造费用的分配方法以及分配标准一经确定，便不能随意变动，以利于各期进行分析对比。（　　　）

5. 用年度计划分配率分配制造费用，年度内如果发现全年的制造费用实际数和产量实际数与计划数发生较大差异时，也不能调整年度计划分配率。（　　　）

四、业务计算题

1. 某厂设有一个基本生产车间，大量生产甲、乙、丙三种产品，本月有关制造费用的经济业务如下：

（1）根据工资结算汇总表，本月应付职工薪酬 60 000 元，其中产品生产工人 50 000 元，车间管理人员 4 000 元，厂部管理人员 6 000 元。

（2）以银行存款 1 000 元支付办公费，其中生产车间为 300 元，厂部为 700 元。

（3）本月计提固定资产折旧 8 000 元，其中车间为 6 000 元，厂部为 2 000 元。

（4）根据领用材料汇总表，本月领用材料实际成本 70 000 元，其中产品生产领用材料 60 000 元，车间一般消耗材料 3 000 元，厂部领用材料 7 000 元。

（5）本月生产车间领用低值易耗品 2 000 元（采用一次摊销法）。

（6）车间主任报销差旅费 600 元，结清原备用金 500 元，补付现金 100 元。

（7）以银行存款 2 000 元支付生产车间劳动保护费。

（8）以银行存款 1 000 元支付生产车间本月固定资产经营租赁费。

（9）以银行存款 5 000 元支付生产车间本月财产保险费。

（10）以银行存款 6 000 元支付本月水电费，其中产品生产直接消耗 4 000 元，车间一般消耗 1 000 元，厂部管理部门消耗 1 000 元。

要求：

（1）根据上述资料编制各经济业务的会计分录。

（2）登记制造费用明细账并结算出本月制造费用发生额合计。

2. 某厂 3 月份基本生产车间生产 A、B、C 三种产品，各产品生产工人工时分别为 1 500 小时、

2 000 小时和 2 500 小时，本月发生的制造费用为 5 000 元。

要求：

（1）采用生产工时比例分配法分配本月的制造费用。

（2）编制制造费用分配表并编制分配制造费用的会计分录。

3. 某企业第一基本生产车间 10 月份共发生制造费用 50 000 元，该车间生产甲、乙两种产品，甲产品产量为 800 件，生产工人工资费用为 40 000 元；乙产品产量为 1 200 件，生产工人工资费用为 60 000 元。

要求：

（1）采用生产工人工资费用比例分配法分配本月的制造费用。

（2）编制制造费用分配表并编制分配制造费用的会计分录。

4. 某企业的基本生产车间 5 月份共发生制造费用 54 000 元，该车间生产甲、乙两种产品，甲产品的机器工时为 4 000 小时；乙产品机器工时为 3 000 小时。

要求：

（1）采用机器工时比例分配法分配本月的制造费用。

（2）编制制造费用分配表并编制分配制造费用的会计分录。

★5. 某电器制造公司生产两种产品 A 和 B，与制造费用有关的作业及成本资料如表 1—5—1 所示。

表 1—5—1 产品制造费用表

产品	机器工时（小时）	设备调整（次）	检验（次）	材料订购验收（次）
产品 A	1 500	50	50	200
产品 B	1 500	25	100	100
制造费用（元）	300 000	7 500	9 000	30 000

要求：

（1）确认每一种成本库的成本动因，计算每一成本库的费用分配率。

（2）按每一成本库的分配率，将制造费用分配于产品 A 和 B。

第六章　生产损失的核算

一、单项选择题

1. 生产过程中发现的或入库后发现的各种产品的废品损失应包括（　　）。

　　A. 管理不善造成的损坏变质损失　　　　　　B. 不可修复废品的报废损失

　　C. 废品过失人员的赔偿　　　　　　　　　　D. 实行"三包"损失

2. 生产过程中发现的或入库后发现的各种产品的废品损失不包括（　　）。

　　A. 修复废品的人工费　　　　　　　　　　　B. 修复废品领用的原材料费用

　　C. 不可修复废品报废损失　　　　　　　　　D. 实行"三包"损失

3. 不可修复废品成本应按废品（　　）计算。

　　A. 计划成本　　　　　　　　　　　　　　　B. 制造费用

　　C. 所耗用的定额成本　　　　　　　　　　　D. 先进先出法确定的成本

4. 不属于质量成本的种类是（　　）。

　　A. 预防质量成本　　　　　　　　　　　　　B. 鉴定产品质量成本

　　C. 产品成本　　　　　　　　　　　　　　　D. 故障成本

5. 一般情况下，可控质量成本和不可控质量成本存在（　　）关系。

　　A. 正比例关系　　　B. 反比例关系　　　C. 正向关系　　　D. 反向关系

6. 停工损失一般应记入（　　）账户。

　　A. "停工损失"　　　B. "基本生产成本"　　C. "营业外支出"　　D. "管理费用"

7. 单独核算废品损失的单位，其"废品损失"账户的借方登记（　　）。

　　A. 不可修复的废品成本　　　　　　　　　　B. 不可修复废品损失的结转

　　C. 责任人的赔偿　　　　　　　　　　　　　D. 可修复废品的成本

8. 全面质量管理观点认为，质量管理的环节为（　　）。

　　A. 设计环节　　　B. 生产环节　　　C. 销售环节　　　D. 全部环节

9. 停工损失核算的内容主要是指（　　）。

　　A. 计划内停工损失　　　　　　　　　　　　B. 计划外停工损失

　　C. 所有停工损失　　　　　　　　　　　　　D. 非正常停工损失

10. 由于非正常的自然灾害引起的停工损失，应记入（　　）科目。

　　A. "管理费用"　　　B. "财务费用"　　　C. "停工损失"　　　D. "营业外支出"

二、多项选择题

1. 按照废品产生的原因，废品可以分为（　　）。

　　A. 料废品　　　　B. 不可修复废品　　　C. 工废品　　　　D. 可修复废品

　　E. 报废

2. 废品损失一般包括（　　）。

　　A. 可修复废品的返修费用　　　　　　　　　B. 不可修复废品的定额成本

　　C. 不可修复废品的实际成本　　　　　　　　D. 可修复废品的实际成本

　　E. "三包"损失

3. 下列属于废品间接损失的有(　　)。

A. 废品的生产成本
B. 延误交货期的赔偿金
C. 损害企业的声誉
D. 废品的返修费用
E. 废品报废损失

4. 质量成本包括(　　)。

A. 预防成本
B. 鉴定成本
C. 故障成本
D. 顾客投诉成本
E. 维修成本

5. 下列各项损失中,不属于废品损失的有(　　)。

A. 产品入库后发现的生产中的废品损失
B. 产品入库以后发现的由于保管不善发生的废品损失
C. 降价出售不合格品的降价损失
D. 产品销售后发现的废品由于包退发生的损失
E. 产品销售后发现的废品由于包换发生的损失

6. "废品损失"账户借方应反映(　　)项目。

A. 可修复废品的生产成本
B. 不可修复废品的生产成本
C. 可修复废品的工资费用
D. 可修复废品的动力费用
E. 回收残料的价值

三、判断题

1. 不可修复废品的生产成本可以按其所耗实际费用计算,也可以按其所耗定额费用计算。(　　)

2. 可修复废品是指经过修复可以使用,而且在经济上合算的废品。(　　)

3. 季节性停工损失计入开工期内的生产成本,不列为停工损失。(　　)

4. 发现不可修复的废品时,废品成本均应从"生产成本"科目结转。(　　)

5. 废品损失是指废品的报废损失,即不可修复废品的生产成本和扣除回收残值和赔款后的净损失。(　　)

四、业务计算题

1. 某企业修复甲产品 100 件,发生的各项修复费用为:原材料 500 元,人工费 1 000 元,燃料及动力费 200 元;本月完工甲产品 3 000 件(包括返修的 100 件产品),耗用生产工时 50 000 小时,耗用原材料 96 000 元,人工费 120 000 元,制造费用 60 000 元,原材料在开始生产时一次性投入,完工验收入库时发现不可修复废品 50 件,废品耗费的工时为 500 小时,废品残料价值为 200 元。

要求:

(1) 编制不可修复废品损失计算表。

(2) 编制结转不可修复废品生产成本和残料回收的会计分录。

(3) 设计并登记废品损失明细账。

(4) 结转废品净损失会计分录。

(5) 计算可修复废品的净损失并编制其结转会计分录。

(6) 计算合格甲产品总成本和单位成本。

2. 某企业生产 A 产品,本月投产 500 件,完工前发现其中有 10 件不可修复的废品,本月发生的生产费用为:原材料费用 40 000 元,人工费用 38 000 元,制造费用 23 000 元,原材料是投产时

一次投入的；合格产品的生产工时为 5 000 小时，废品的生产工时为 100 小时，废品回收的残料价值为 100 元，应收责任人的赔偿 200 元。采用实际成本单独核算废品损失。

要求：计算废品净损失并编制相关会计分录。

3. 红光企业生产甲产品，生产过程中发现有 20 件不可修复的废品，按所耗定额费用核算废品净损失，原材料费用定额为 400 元，已完成的定额工时总数 38 小时，每小时费用定额为：人工费用 10 元/小时，制造费用 5 元/小时，废品回收的残料价值为 100 元，应收责任人的赔偿 200 元。

要求：计算废品净损失并编制相关会计分录。

★4. 光华公司生产 C 产品，本月投产 500 件，本月发生的生产费用为：原材料费用 45 000 元，人工费用 40 000 元，制造费用 20 000 元。检验中发现 10 件废品，其中 6 件可以修复，共发生修复费用 500 元，其中人工费 400 元，制造费用 100 元。4 件不可修复废品，单件材料消耗定额为 100 元，废品的生产工时为 40 小时，单位工时定额费用为 2 元，制造费用定额费用为 1 元，废品回收的残料价值为 100 元，应收责任人的赔偿 200 元。采用定额成本单独核算废品损失。

要求：计算废品净损失并编制相关会计分录。

5. 资料：某工业企业第一生产车间停工若干天，停工期间发生的费用为：领用原材料 1 300 元，应付生产工人工资 1 950 元，按照工人工资提取的职工福利费 273 元，应分配制造费用 2 557 元。经查明，停工系责任事故造成，应由责任单位赔偿 4 000 元，其余由该车间两种产品按照生产工时比例分配负担。甲、乙产品的生产工时分别是：甲产品 2 250 小时，乙产品 1 910 小时。

要求：

（1）计算该车间停工净损失。

（2）在甲、乙产品之间分配停工净损失。

（3）编制归集和分配停工净损失的会计分录。

第七章 生产费用在完工产品与在产品之间分配核算

一、单项选择题

1. 完工产品与在产品之间分配费用的不计算在产品成本法，适用于（　　）的产品。

    A. 各月在产品数量很小   B. 各月在产品数量很大

    C. 没有在产品   D. 各月末在产品数量变化很小

2. 完工与在产品之间分配费用，采用在产品按固定成本计价法，适用于（　　）的产品。

    A. 各月末在产品数量很小

    B. 各月末在产品数量虽大，但各月之间变化不大

    C. 各月成本水平相差不大

    D. 各月末在产品数量较大

3. 完工产品与在产品之间分配费用，采用在产品按所耗直接材料费用计价法，适用于（　　）的产品。

    A. 各月末在产品数量较大

    B. 各月末在产品数量变化较大

    C. 原材料费用在产品成本中比重较大

    D. 以上三个条件同时具备

4. 某种产品月末在产品数量较大，各月末在产品数量变化也较大，产品成本中原材料费用和工资等其他费用所占比重相差不多，应采用（　　）。

    A. 定额比例法   B. 约当产量比例法

    C. 在产品按固定成本计价法   D. 按在产品所耗直接材料计价法

5. 原材料若是在生产开始时一次投入的，则原材料费用可以按完工产品与月末在产品的（　　）比例分配。

    A. 数量   B. 约当产量   C. 定额费用   D. 定额工时

6. 如果原材料随着加工进度陆续投入，则原材料费用应按（　　）比例分配。

    A. 数量   B. 定额工时   C. 约当产量   D. 定额费用

7. 假定某工业企业某种产品本月完工 250 件，月末在产品 160 件，在产品完工程度测定为 40%；月初和本月发生的原材料费用共为 56 520 元，原材料随着加工进度陆续投入，则完工产品和月末在产品的原材料费用分别为（　　）。

    A. 45 000 元和 11 250 元   B. 40 000 元和 16 250 元

    C. 34 298 元和 21 952 元   D. 45 000 元和 11 520 元

8. 假定某企业某产品工时定额为 40 小时，由两道工序组成。每道工序的工时定额分别为 30 小时和 10 小时，则第二道工序的完工程度是（　　）。

    A. 37.50%   B. 50%   C. 87.50%   D. 90%

9. 按完工产品和月末在产品数量比例，分配计算完工产品和月末在产品的原材料费用，必须具备（　　）条件。

    A. 产品成本中原材料费用比重较大   B. 原材料随生产进度陆续投入

C. 原材料在生产开始时一次投入　　　　D. 原材料消耗定额比较准确、稳定

10. 在产品成本按完工产品计算法的前提条件是(　　)。

A. 月末在产品数量很大　　　　　　　　B. 在产品已接近完工

C. 在产品原材料费用比重较大　　　　　D. 月末在产品数量稳定

11. 某企业定额管理基础比较好，能够制定比较准确、稳定的消耗定额，各月末在产品数量变化不大，应采用(　　)。

A. 在产品按定额成本计价法　　　　　　B. 定额比例法

C. 在产品按所耗原材料费用计价法　　　D. 在产品按固定成本计价法

12. 某企业定额管理基础比较好，能够制定比较准确、稳定的消耗定额，各月末在产品数量变化较大，应采用(　　)。

A. 定额比例法

B. 在产品按定额成本计价法

C. 在产品按所耗原材料费用计价法

D. 在产品按固定成本计价法

二、多项选择题

1. 在完工产品与月末在产品之间分配费用的方法有(　　)。

A. 约当产量比例法　　　　　　　　　　B. 交互分配法

C. 固定成本计价法　　　　　　　　　　D. 定额比例法

E. 直接分配法

2. 选择完工产品与在产品之间费用分配方法时，应考虑的条件有(　　)。

A. 在产品数量的多少　　　　　　　　　B. 各月在产品数量变化的大小

C. 各项费用比重的大小　　　　　　　　D. 定额管理基础的好坏

E. 时间的长短

3. 完工产品与在产品之间分配费用，采用在产品按固定成本计价法，适用于(　　)的产品。

A. 各月末在产品数量较小

B. 各月末在产品数量较大

C. 各月末在产品数量虽大，但各月之间变化不大

D. 各月成本水平相差不大

E. 各月末在产品数量变化较大

4. 约当产量比例法适用于(　　)的产品。

A. 月末在产品接近完工

B. 月末在产品数量较大

C. 月末在产品数量变化较大

D. 产品成本中原材料费用和工资费用等比重相差不大

E. 月末在产品数量较小

5. 采用定额比例法分配完工产品和在产品费用，应具备(　　)的条件。

A. 消耗定额比较准确

B. 消耗定额比较稳定

C. 各月末在产品数量变化不大

D. 各月末在产品数量变化较大

E. 各月末在产品数量稳定

三、判断题

1. 根据月初在产品成本、本月生产费用和月末在产品成本资料，完工产品成本等于月初在产品成本加本月生产费用减月末在产品成本。（　　）

2. 生产费用在完工产品和月末在产品之间分配的方法较多，企业可根据所生产产品的特点及管理情况而定，一旦采用某种方法，不应随意变动，以便不同时期的产品成本具有可比性。（　　）

3. "基本生产成本"科目的月末余额，就是基本生产的在产品成本，也就是占用在基本生产过程中的生产资金。（　　）

4. 在月末计算产品成本时，如某种产品已全部完工或全部没有完工，那么其产品成本明细账中归集的生产费用之和就不必在完工产品、月末在产品之间进行生产费用的纵向分配与归集。（　　）

5. 各月末在产品数量变化不大的产品，可以不计算月末在产品成本。（　　）

6. 采用在产品成本按原材料成本计算法时，月末在产品只负担直接材料成本，直接人工和制造费用全部由本期完工产品成本负担。（　　）

7. 将在产品按其完工程度折合为完工产品的产量称为约当产量。（　　）

8. 约当产量比例法适用于月末在产品数量较小，各月末在产品数量变化也较小，产品成本中原材料费用和直接人工等其他费用比重相差不多的产品。（　　）

9. 某工序在产品的完工率为该工序累计的工时定额与完工产品工时定额的比率。（　　）

10. 完工产品与月末在产品之间分配费用，采用月末在产品按定额成本计价法时，定额成本与实际成本的差异，由完工产品与在产品共同负担。（　　）

11. 在产品按定额成本计价法适用于各项消耗或费用定额较准确、稳定，但各月末在产品数量变化较大的产品。（　　）

12. 定额比例法适用于各项消耗定额或费用定额较准确、稳定，且各月末在产品数量变化不大的产品。（　　）

★四、问答题

1. 在完工产品与在产品之间分配费用，一般采用哪些分配方法？在确定完工产品与月末在产品分配方法时，应考虑哪些因素？

2. 什么是约当产量比例法？具体应用该法时要注意哪些问题？

3. 什么是定额比例法？该法的适用条件是什么？

五、业务计算题

1. 某企业A产品月末在产品的数量较少，不计算在产品成本。5月份发生生产费用：直接材料7 200元，燃料及动力费2 400元，直接人工1 800元，制造费用800元。本月完工产品200件，月末在产品2件。

要求：计算5月份A产品完工产品的总成本和单位成本。

2. 某企业乙产品的原材料在生产开始时一次投入，产品成本中原材料费用所占比重很大，月末在产品按所耗原材料费用计价。5月初在产品费用2 800元。5月份生产费用：直接材料12 200元，燃料及动力4 000元，直接人工2 800元，制造费用800元。本月完工产品400件，月末在产品200件。

要求：

(1) 分配计算乙产品完工产品成本和月末在产品成本；

(2) 登记乙产品成本明细账, 见表 1—7—1。

表 1—7—1

乙产品成本明细账

200×年 5 月   产量: 400 件

摘 要	直接材料	燃料及动力	直接人工	制造费用	合 计
月初在产品					
本月生产费用					
合 计					
完工产品成本					
月末在产品					

3. 某产品经两道工序制成, 各工序原材料消耗定额为: 第一道工序 260 千克, 第二道工序 140 千克。

要求:

(1) 计算各工序完工率 (原材料在生产开始时一次投料的完工率, 即投料率)。

(2) 计算各工序完工率 (原材料在生产开始后陆续投料的完工率, 即投料率)。

4. 某企业产品由两道工序制成, 原材料随着生产进度分工序投入, 在每道工序中则是一开始就投入。第一道工序投入原材料定额为 280 千克, 月末在产品数量 3 200 件。第二道工序投入原材料定额为 220 千克, 月末在产品数量 2 400 件, 完工产品为 8 400 件。月初在产品和本月发生的原材料费用累计为 503 680 元。

要求:

(1) 分别计算两道工序原材料成本项目的在产品完工率。

(2) 分别计算两道工序原材料成本项目的在产品约当产量。

(3) 按约当产量比例分配完工产品和月末在产品原材料成本。

5. 某工业企业生产甲产品, 本月完工 400 件, 月末结存在产品 80 件, 加工程度 50%。该产品原材料的投入方式为: 投产开始时投入全部材料的 80%, 加工到 60% 时, 再投入其余 20% 的材料。月初在产品和本月发生的原材料费用累计为 13 920 元。

要求: 按约当产量比例法分配完工产品和月末在产品的原材料费用 (列出计算过程)。

6. 某厂 B 产品由两道工序完成, 原材料在生产开始时一次投入。月初加本月生产费用, 直接材料 26 000 元, 直接人工 14 000 元, 制造费用 10 080 元; 本月完工 100 件, 月末在产品 30 件, 完工程度为 40%。

要求: 按约当产量比例法计算完工产品与月末在产品成本。

★7. 某厂生产 101 号、102 号、201 号三种产品, 其中, 101 号、102 号产品本月的期初在产品成本资料如表 1—7—2 所示。201 号产品无期初在产品。三种产品本月份发生生产成本的资料如表 1—7—3 所示。

表 1—7—2

生产费用表

单位: 元

产品名称	直接材料	燃料及动力	直接人工	制造费用	合 计
101	35 454	820	1 296	4 092	41 662
102	15 270	1 135	2 384	4 768	23 557

表1—7—3 费用分配表 单位：元

分配表	101产品	102产品	201产品
耗用原材料分配表	277 046	184 730	245 000
耗用燃料分配表	4 900	6 125	7 480
外购动力分配表	1 980	1 540	880
职工薪酬分配表	7 704	5 616	10 656
辅助生产费用分配表（蒸汽）	8 800	7 200	4 000
制造费用分配表	15 408	11 232	14 775

各种产品本月份产成品产量，期末在产品数量和完工程度如表1—7—4所示。

表1—7—4 完工产品及期末在产品数量

产品	完工产品数量	期末在产品	
		数量	完工程度
101	2 500件	625件	80%
102	3 125件	1 750件	50%
201	4 000件	无	

101号产品耗用的原材料是在生产开始时一次投入的。102号、201号产品所耗用的原材料，则是随着加工进度逐步投入的。

要求：根据上述资料登记产品成本明细账（表1—7—5～表1—7—7），按约当产量比例计算完工产品成本和月末在产品成本，并编制完工产品入库的会计分录。

表1—7—5 基本生产成本明细账
200×年×月

产成品数量：2 500件
期末在产品数量：625件
完工程度：80%

产品名称：101

摘　　要	直接材料	燃料及动力	直接人工	制造费用	合　　计
期初在产品成本					
耗用原材料分配表					
耗用燃料分配表					
外购动力分配表					
职工薪酬分配表					
辅助生产费用分配表					
制造费用分配表					
合　　计					
约当产量					
分配率					
完工产品成本					
单位成本					
月末在产品成本					

表 1—7—6 基本生产成本明细账

200×年×月

产成品数量：3 125 件
期末在产品数量：1 750 件
完工程度：50%

产品名称：102

摘　要	直接材料	燃料及动力	直接人工	制造费用	合　计
期初在产品成本					
耗用原材料分配表					
耗用燃料分配表					
外购动力分配表					
职工薪酬分配表					
辅助生产费用分配表					
制造费用分配表					
合　计					
约当产量					
分配率					
完工产品成本					
单位成本					
月末在产品成本					

表 1—7—7 基本生产成本明细账

产品名称：201　　　　200×年×月　　　　产成品数量：4 000 件

摘　要	直接材料	燃料及动力	直接人工	制造费用	合　计
耗用原材料分配表					
耗用燃料分配表					
外购动力分配表					
职工薪酬分配表					
辅助生产费用分配表					
制造费用分配表					
合　计					
完工产品成本					
单位成本					

8. 某车间乙产品基本生产成本的有关资料如表 1—7—8 所示。

表 1—7—8　　　　　　　　　　　　　　　　　　　　　　　　　　单位：元

项　目	直接材料	直接人工	制造费用	合　计
月初在产品成本	1 250	1 005	2 314	4 569
本月生产费用	3 300	1 291	4 574	9 165
合　计	4 550	2 296	6 888	13 734

原材料定额费用：完工产品 5 600 元，在产品 3 500 元；工时定额：完工产品 3 860 小时，在产品 1 880 小时。

要求：

（1）采用定额比例法计算分配完工产品和月末在产品费用，登记基本生产成本明细账（见表 1—7—9）。

（2）编制完工产品入库的会计分录。

表 1—7—9　　　　　　　　　　　　基本生产成本明细账

产品名称：乙产品　　　　　　　　　　　200×年×月

摘　要		直接材料	直接人工	制造费用	合　计
月初在产品成本					
本月生产费用					
合　计					
分配率					
完工产品成本	定额				
	实际				
月末在产品成本	定额				
	实际				

第八章　产品成本计算方法概述

一、单项选择题

1. 生产的特点和管理的要求对成本计算方法的影响主要表现在(　　)。
    A. 产品成本计算期的确定　　　　　　　B. 生产费用分配方法的确定
    C. 月末在产品的确定　　　　　　　　　D. 产品成本计算对象的确定

2. 在大量单步骤生产一种或几种产品的企业里,其产品成本计算对象应按(　　)确定。
    A. 产品的批别　　　　B. 产品的品种　　　　C. 产品的类别　　　　D. 产品的步骤

3. 在大量大批多步骤生产企业里,若管理上不要求计算各步骤产品成本,则应采取的成本计算方法是(　　)。
    A. 品种法　　　　　　B. 分批法　　　　　　C. 分类法　　　　　　D. 分步法

4. 产品成本计算最基本的方法是(　　)。
    A. 品种法　　　　　　B. 分批法　　　　　　C. 分类法　　　　　　D. 分步法

5. 划分产品成本计算基本方法和辅助方法的标准是(　　)。
    A. 生产工艺的复杂程度　　　　　　　　B. 成本计算工作的繁简
    C. 成本计算是否及时　　　　　　　　　D. 计算产品实际成本是否必不可少

6. 下列不属于成本计算基本方法的是(　　)。
    A. 品种法　　　　　　B. 分批法　　　　　　C. 分类法　　　　　　D. 分步法

7. 下列属于产品成本计算辅助方法的是(　　)。
    A. 品种法　　　　　　B. 分批法　　　　　　C. 分步法　　　　　　D. 分类法

8. 品种法适用的生产组织是(　　)。
    A. 大量成批生产　　　　　　　　　　　B. 大量大批生产
    C. 大量小批生产　　　　　　　　　　　D. 单件小批生产

9. 区别各种成本计算基本方法的主要标志是(　　)。
    A. 成本计算日期
    B. 成本计算对象
    C. 间接费用的分配方法
    D. 完工产品与在产品之间分配费用的方法

10. 在小批单件多步骤生产的情况下,如果管理上不要求分步计算产品成本,应采用的成本计算方法是(　　)。
    A. 分批法　　　　　　B. 分步法　　　　　　C. 分类法　　　　　　D. 定额法

二、多项选择题

1. 产品成本计算的基本方法有(　　)。
    A. 分步法　　　　　　B. 分批法　　　　　　C. 品种法　　　　　　D. 定额法
    E. 分类法

2. 制造企业的产品生产,按其生产组织特点,可分为(　　)。
    A. 大量生产　　　　　B. 成批生产　　　　　C. 单步骤生产　　　　D. 多步骤生产

E. 单件生产

3. 制造企业的产品生产，按其工艺过程特点，可分为( )。

    A. 大量生产　　　　　　B. 成批生产　　　　　　C. 单步骤生产　　　　D. 多步骤生产

    E. 单件生产

4. 品种法的适用范围是( )。

    A. 大量单步骤生产

    B. 小批单件生产

    C. 管理上不要求分步骤计算成本的多步骤生产

    D. 管理上要求分步骤计算成本的多步骤生产

    E. 大批单步骤生产

5. 在下述成本计算方法中，属于辅助成本计算方法的有( )。

    A. 分类法　　　　　　B. 品种法　　　　　　C. 分步法　　　　　　D. 分批法

    E. 定额法

6. 受生产特点和管理要求的影响，产品成本计算对象包括( )。

    A. 产品类别　　　　　　B. 产品品种　　　　　　C. 产品批别　　　　D. 产品生产步骤

    E. 产品数量

7. 企业在确定成本计算方法时，必须从企业的具体情况出发，同时考虑( )。

    A. 企业的生产特点　　　　　　　　　　B. 月末有没有在产品

    C. 企业生产规模的大小　　　　　　　　D. 进行成本管理的要求

    E. 产品的生产时间

8. 分步法的适用范围是( )。

    A. 大量大批生产

    B. 小批单件生产

    C. 单步骤生产或管理上不要求分步骤计算成本的多步骤生产

    D. 管理上要求分步骤计算成本的多步骤生产

    E. 类别多、规格多的生产

9. 判断一种方法是否属于辅助方法的标准有( )。

    A. 是否与生产组织类型有关

    B. 是否必须与基本方法结合运用

    C. 在产品成本计算中不是必须使用的

    D. 是否以简化成本计算为目的

    E. 是否与生产的工艺有关

10. 在多步骤生产的企业里，为了计算各生产步骤的成本，加强各个生产步骤的生产管理，一般要求按照( )计算成本。

    A. 产品的品种　　　　B. 产品的批别　　　　C. 产品的类别

    D. 产品的生产步骤　　E. 产品的组织

三、判断题

1. 成本计算对象是区分产品成本计算方法的主要标志。( )

2. 纺织、机械制造等企业一般采用分步法计算成本。( )

3. 发电、采掘等企业属于大量大批的多步骤生产。( )

4. 产品成本计算方法分为基本方法和辅助方法，是从计算产品实际成本是否必不可少的角度划分的。（　　）

5. 在单件小批生产的企业里，其成本一般是定期于月末进行计算。（　　）

6. 企业的生产按其工艺过程的特点划分，可分为单步骤生产和多步骤生产两类。（　　）

7. 企业的生产按其生产组织方式的特点划分，可分为大量生产、成批生产和单件生产。（　　）

8. 在大量大批生产的企业里，其成本计算期一般是在产品完工时。（　　）

9. 辅助生产车间如供水、供电车间，通常采用分批法计算成本。（　　）

10. 不论什么组织方式的制造企业，不论什么生产类型的产品，也不论成本管理要求如何，最终都必须按照产品品种计算出产品成本。（　　）

四、填表题

根据本章所学知识填制产品成本计算基本方法比较表，如表 1—8—1 所示。

表 1—8—1　　　　　　　　　　产品成本计算基本方法比较表

成本计算方法		品种法	分批法	分步法
成本核算对象				
成本计算期				
生产费用在完工产品与在产品之间的分配				
适用范围	生产组织类型			
	生产工艺过程和管理要求			

★五、问答题

1. 生产特点和管理要求对产品成本计算的影响，主要表现在哪些方面？

2. 产品成本计算的基本方法和辅助方法各有哪几种？基本方法和辅助方法的划分依据是什么？

3. 企业生产按生产组织和生产工艺过程的特点如何分类？

4. 企业应如何选择产品成本计算的方法？

第九章 产品成本计算的品种法

一、单项选择题

1. 品种法的特点是( )。

  A. 不分批计算产品成本

  B. 不分步计算产品成本

  C. 既不分批又不分步计算产品成本

  D. 既不分批又不分步,只分品种计算产品成本

2. 品种法的成本计算期与( )是不一致的,一般是按月进行的。

  A. 生产周期   B. 会计核算期   C. 会计分期   D. 生产日期

3. 采用品种法,生产成本明细账(产品成本计算单)应当按照( )分别开设。

  A. 生产单位   B. 产品品种   C. 生产步骤   D. 产品类别

4. 在各种成本计算方法中,品种法成本计算程序( )。

  A. 最具有特殊性

  B. 最具有代表性

  C. 最不完善

  D. 与其他方法的成本计算程序完全不同

5. 品种法在本期完工产品和期末在产品之间分配生产费用的特点是( )。

  A. 没有在产品,不需要分配

  B. 通常有在产品需要分配

  C. 管理上不要求分步计算成本的多步骤生产通常有在产品,需要分配

  D. 大量大批单步骤生产都有在产品,需要分配

6. 品种法成本计算期的特点是( )。

  A. 定期按月计算成本,与生产周期一致

  B. 定期按月计算成本,与会计报告期一致

  C. 不定期计算成本,与生产周期一致

  D. 不定期计算成本,与会计报告期不一致

二、多项选择题

1. 产品成本计算品种法的适用范围是( )。

  A. 单步骤生产   B. 多步骤生产

  C. 大量生产   D. 大批生产

  E. 管理上不要求分步骤计算成本的多步骤生产

2. 下列企业中,适合运用品种法计算产品成本的有( )。

  A. 糖果厂   B. 饼干厂   C. 拖拉机厂   D. 造船厂

  E. 机修厂

3. 品种法的适用范围有( )。

  A. 大量大批单步骤生产

B. 管理上不要求分步计算成本的大量大批多步骤生产

C. 大量大批多步骤生产

D. 单件生产

E. 小批生产

4. 品种法是成本计算最基本的方法，这是因为（　　　）。

A. 各种方法最终都要计算出各产品品种的成本

B. 品种法成本计算程序是成本计算的一般程序

C. 品种法定期按月计算成本

D. 品种法不需要进行费用分配

E. 品种法比较简单

5. 品种法的特点为（　　　）。

A. 以产品品种作为成本核算对象

B. 定期按月计算产品成本

C. 如果有在产品时，需要在完工产品和期末在产品之间分配生产费用

D. 需要采用一定方法，在各生产步骤之间分配生产费用

E. 只计算完工产品成本

★三、问答题

1. 简述品种法的适用范围。

2. 简述品种法的特点。

3. 简述品种法成本计算程序。

四、业务计算题

某企业生产 A、B 两种产品，成本计算采用品种法。共同耗用的甲原材料按定额消耗量比例进行分配；直接人工和制造费用按实际工时比例分配。200×年 10 月有关资料如下：

(1) A 产品期初在产品成本：直接材料 2 500 元，直接人工 1 800 元，制造费用 1 440 元。

(2) B 产品无期初在产品成本。

(3) 原材料费用分配见表 1—9—1。

表 1—9—1　　　　　　　　　　原材料费用分配表

产品名称	甲原材料定额消耗量（千克）	甲原材料	
		分配率	实际成本
A	4 000		
B	2 500		
合计	6 500		32 500

(4) 直接人工、制造费用分配见表 1—9—2。

表 1—9—2　　　　　　　　　直接人工、制造费用分配表

产品名称	实际工时	直接人工		制造费用	
		分配率	分配额（元）	分配率	分配额（元）
A	24 000				
B	16 000				
合计	40 000		32 000		20 000

（5）A产品系一次投料逐步加工，完工产品和月末在产品的费用，按产量和约当产量比例分配。本月完工 1 250 件，期末在产品 250 件（完工程度 60％）。

（6）B产品完工产量 1 000 件，期末无在产品。

要求：

（1）编制原材料、直接人工和制造费用分配表。

（2）编制 A、B 两种产品成本计算单计算产品成本（见表 1—9—3 和表 1—9—4）。

（3）编制产品入库的会计分录。

表 1—9—3　　　　　　　　　　　　　**产品成本计算单**

产品名称：A产品　　　　　　　　　　　　　　　　　　　　　　　　　　单位：元

摘　　要	直接材料	直接人工	制造费用	合　　计
月初在产品成本				
本月生产费用				
费用合计				
单位成本				
完工产品总成本				
月末在产品成本				

表 1—9—4　　　　　　　　　　　　　**产品成本计算单**

产品名称：B产品　　　　　　　　　　　　　　　　　　　　　　　　　　单位：元

摘　　要	直接材料	直接人工	制造费用	合　　计
月初在产品成本				
本月生产费用				
费用合计				
单位成本				
完工产品总成本				
月末在产品成本				

第十章　产品成本计算的分批法

一、单项选择题

1. 采用简化的分批法，在产品完工之前，产品成本明细账（　　）。

    A. 不登记任何费用

    B. 只登记直接计入费用（例如原材料费用）和生产工时

    C. 只登记原材料费用

    D. 登记间接计入费用，不登记直接计入费用

2. 产品成本计算的分批法，适用的生产组织是（　　）。

    A. 大量大批生产　　　　B. 大量小批生产　　　　C. 单件成批生产　　　　D. 小批单件生产

3. 对于成本计算的分批法，下列说法正确的是（　　）。

    A. 不存在完工产品与在产品之间费用分配问题

    B. 成本计算期与会计报告期一致

    C. 适用于小批、单件、管理上不要求分步骤计算成本的多步骤生产

    D. 以上说法全部正确

4. 某企业采用分批法计算产品成本。6 月 1 日投产甲产品 5 件，乙产品 3 件；6 月 15 日投产甲产品 4 件，乙产品 4 件，丙产品 3 件；6 月 26 日投产甲产品 6 件。该企业 6 月份应开设产品成本明细账的张数是（　　）。

    A. 3 张　　　　　　　B. 5 张　　　　　　　C. 4 张　　　　　　　D. 6 张

5. 下列情况下，不宜采用简化分批法的是（　　）。

    A. 各月间接计入费用水平相差不大

    B. 月末未完工产品批数较多

    C. 同一月份投产的批数很多

    D. 各月间接计入费用较多

二、多项选择题

1. 采用分批法计算产品成本时，如果批内产品跨月陆续完工的情况不多，完工产品数量占全部批量的比重很小，先完工的产品可以（　　）从产品成本明细账转出。

    A. 按计划单位成本计价

    B. 按定额单位成本计价

    C. 按近期相同产品的实际单位成本计价

    D. 按实际单位成本计价

    E. 按现行成本计价

2. 分批法适用于（　　）。

    A. 小批生产

    B. 管理上不要求分步计算成本的多步骤生产

    C. 分批轮番生产同一种产品

    D. 单件生产

    E. 大量大批生产

3. 分批法成本计算的特点有( )。

  A. 以生产批次作为成本计算对象

  B. 产品成本计算期不固定

  C. 按月计算产品成本

  D. 一般不需要进行完工产品和在产品的成本分配

  E. 以生产批次或订单设置生产成本明细账

4. 采用简化的分批法,基本生产成本二级账登记( )。

  A. 直接费用   B. 间接费用   C. 生产工时   D. 期间费用

  E. 完工产品总成本

5. 简化分批法下,累计间接计入费用分配率是( )。

  A. 各批产品之间分配间接计入费用的依据

  B. 在各批完工产品之间分配各该费用的依据

  C. 在完工批别和月末在产品批别之间分配间接计入费用的依据

  D. 在某批产品的完工和月末在产品之间分配间接计入费用的依据

  E. 以上均正确

三、判断题

1. 只要产品批数多,就应该采用简化的分批法计算成本。( )

2. 如果一个订单的批量较大,可以分为几批组织生产。( )

3. 由于每批或每件产品的品种、数量以及计划开工、完工时间一般都是根据客户的订单以生产通知单形式下达的,因此分批法也称为订单法。( )

4. 如果一张订单规定有几种产品,也应合为一批组织生产。( )

5. 采用分批法计算成本时,只有在该批产品全部完工时才计算成本。( )

6. 采用简化的分批法,必须设立基本生产成本二级账。( )

7. 采用简化的分批法时,某批完工产品应负担的间接费用应该等于该批完工产品与当月耗用的工时数乘以全部产品累计间接费用分配率。( )

★四、问答题

1. 分批法的适用条件是什么?

2. 简述分批法的特点是什么?

五、业务计算题

1. 某企业生产甲、乙两种产品,生产组织属于小批生产,采用分批法计算成本。

(1) 5月份的产品批号有:0914批号:甲产品10台,本月投产,本月完工6台。0915批号:乙产品10台,本月投产,本月完工2台。

(2) 5月份各批号生产费用资料见表1—10—1。

表 1—10—1 　　　　　　　　　　　　生产费用分配表 　　　　　　　　　　　　单位:元

批号	直接材料	直接人工	制造费用
0914	3 360	2 350	2 800
0915	4 600	3 050	1 980

0914批号甲产品完工数量较大,原材料在生产开始时一次投入,其他费用在完工产品与在产品之间采用约当产量比例法分配,在产品完工程度为50%。

0915批号乙产品完工数量较少,完工产品按计划成本结转。每台产品单位计划成本:原材料

费用 460 元，工资及福利费用 350 元，制造费用 240 元。

要求：根据上述资料，采用分批法，登记产品成本明细账，计算各批产品的完工成本和月末在产品成本。

（1）甲产品成本明细账，如表 1—10—2 所示。

表 1—10—2　　　　　　　　　　　　**甲产品成本明细账**

产品批号：0914　　　　　　　　　　　　　投产日期：5 月

产品名称：甲　　　　　　　　　　　　　　批量：10 台　完工日期：5 月　完工 6 台

月	日	摘　要	直接材料	直接人工	制造费用	合　计

（2）乙产品成本明细账，如表 1—10—3 所示。

表 1—10—3　　　　　　　　　　　　**乙产品成本明细账**

产品批号：0915　　　　　　　　　　　　　投产日期：5 月

产品名称：乙　　　　　　　　　　　　　　批量：10 台　完工日期：5 月　完工 2 台

月	日	摘　要	直接材料	直接人工	制造费用	合　计

2. 资料：某企业小批生产多种产品，采用简化的分批法计算成本，有关资料如下：

（1）7 月末产品成本二级账中，各项间接计入费用及生产工时的累计数为：工资及福利费 36 000 元，制造费用 48 000 元，生产工时为 30 000 小时。

（2）7 月份 601 批、602 批产品全部完工。截至 7 月末，601 批产品累计发生原材料费用 9 500 元，累计发生工时 5 000 小时；602 批产品累计发生原材料费用 6 000 元，累计发生工时 4 000 小时。

要求：

（1）计算累计间接费用分配率。

（2）计算 7 月份 601 批、602 批产品成本。

★3. 某工业企业生产组织属于小批生产，产品批数多，而且月末有许多批号未完工，因而采用简化的分批法计算产品成本。

（1）9 月份生产批号有：

0920 号：甲产品 5 件，8 月投产，9 月 20 日全部完工。

0921 号：乙产品 10 件，8 月投产，9 月完工 6 件。

0922 号：丙产品 5 件，8 月末投产，尚未完工。

0923 号：丁产品 6 件，9 月初投产，尚未完工。

（2）各批号 9 月末累计原材料费用（原材料在生产开始时一次投入）和工时为：

0920 号：原材料费用 18 000 元，工时 9 020 小时。

0921 号：原材料费用 24 000 元，工时 21 500 小时。

0922 号：原材料费用 15 800 元，工时 8 300 小时。

0923 号：原材料费用 11 080 元，工时 8 220 元小时。

(3) 9 月末，该厂全部产品累计原材料费用 68 880 元，工时 47 040 小时，工资及福利费 18 816 元，制造费用 28 224 元。

(4) 9 月末，完工产品工时 23 020 元，其中乙产品 14 000 小时。

要求：

(1) 根据上述资料，登记基本生产成本二级账和各批产品成本明细账（见表 1—10—4～表 1—10—8）。

(2) 计算和登记累计间接费用分配率。

(3) 计算各批完工产品成本。

表 1—10—4 　　　　　　　　　　　基本生产成本二级账

月	日	摘　要	直接材料	工时	直接人工	制造费用	合　计
9	30	生产费用累计数	68 880	47 040	18 816	28 224	115 920
9	30	累计间接费用分配率					
9	30	完工产品成本					
9	30	余　额					

表 1—10—5 　　　　　　　　　　　甲产品成本明细账

产品批号：0920　　　　　　　　　　　　　　　　　　　　　　投产日期：8 月
产品名称：甲　　　　　　　　产品批量：5 件　　　　　　　　完工日期：9 月

月	日	摘　要	直接材料	工时	直接人工	制造费用	合　计
9	30	生产费用累计数	18 000	9 020			
9	30	完工产品成本（5 件）					
9	30	完工产品单位成本					

表 1—10—6 　　　　　　　　　　　乙产品成本明细账

产品批号：0921　　　　　　　　　　　　　　　　　　　　　　投产日期：8 月
产品名称：乙　　　　　　　　产品批量：10 件　　　　　　完工日期：9 月　完工 6 件

月	日	摘　要	直接材料	工时	直接人工	制造费用	合　计
9	30	生产费用累计数	24 000	21 500			
9	30	完工产品成本（6 件）					
9	30	完工成品单位成本					
9	30	余　额					

表 1—10—7 　　　　　　　　　　　丙产品成本明细账

产品批号：0922　　　　　　　　　　　　　　　　　　　　　　投产日期：8 月
产品名称：丙　　　　　　　　产品批量：5 件　　　　　　　　完工日期：

月	日	摘　要	直接材料	工时	直接人工	制造费用	合　计
9	30	生产费用累计数	15 800	8 300			

表 1—10—8 　　　　　　　　　　　丁产品成本明细账

产品批号：0923　　　　　　　　　　　　　　　　　　　　　　投产日期：9 月
产品名称：丁　　　　　　　　产品批量：6 件　　　　　　　　完工日期：

月	日	摘　要	直接材料	工时	直接人工	制造费用	合　计
9	30	本月生产费用	11 080	8 220			

第十一章　产品成本计算的分步法

一、单项选择题

1. 分步法中，半成品已经转移，但成本不结转的成本结算方式是（　　）。

　　A. 逐步结转　　　　B. 平行结转　　　　C. 综合结转　　　　D. 分项结转

2. 采用平行结转分步法，（　　）。

　　A. 不能全面反映各生产步骤的生产耗费水平

　　B. 能全面反映各生产步骤的生产耗费水平

　　C. 不能全面反映第一个生产步骤产品的生产耗费水平

　　D. 能全面反映第一个生产步骤产品的生产耗费水平

3. 采用逐步结转分步法在完工产品与在产品之间分配费用，是指在下列（　　）两者之间分配费用。

　　A. 产成品与月末在产品

　　B. 完工半成品与月末加工中的在产品

　　C. 产成品与广义在产品

　　D. 前面步骤的完工半成品与加工中的在产品，最后步骤的产成品与月末在产品

4. 需要进行成本还原的方法是（　　）。

　　A. 平行结转分步法　　　　　　　　B. 分项结转分步法

　　C. 综合结转分步法　　　　　　　　D. 逐步结转分步法

5. 成本还原是将（　　）耗用各步骤半成品的综合成本，逐步分解还原为原始成本项目的成本。

　　A. 广义在产品　　　B. 自制半成品　　　C. 狭义在产品　　　D. 产成品

6. 采用平行结转分步法，第二生产步骤的广义在产品不包括（　　）。

　　A. 第一生产步骤正在加工的在产品

　　B. 第二生产步骤正在加工的在产品

　　C. 第二生产步骤完工入库的半成品

　　D. 第三生产步骤正在加工的在产品

7. 逐步结转分步法，按照半成品成本在下一步骤成本明细账中的反映方法，可以分为（　　）。

　　A. 综合结转分步法和平行结转分步法

　　B. 平行结转分步法和分项结转分步法

　　C. 实际成本结转分步法和计划成本结转分步法

　　D. 综合结转分步法和分项结转分步法

8. 某产品由四个生产步骤组成，采用逐步结转分步法计算产品成本，需要进行成本还原的次数是（　　）。

　　A. 5次　　　　　　B. 4次　　　　　　C. 3次　　　　　　D. 2次

9. 管理上不要求计算各步骤完工半成品所耗半成品费用和本步骤加工费用，而要求按原始成本项目计算产品成本的企业，采用分步法计算成本时，应采用（　　）。

A. 综合结转法   B. 分项结转法

    C. 按计划成本结转法   D. 平行结转法

10. 在平行结转分步法下，在完工产品与在产品之间分配费用，是指（　　）。

    A. 库存商品与广义在产品

    B. 前面步骤的完工半成品与加工中的在产品

    C. 库存商品与月末在产品

    D. 完工半成品与月末加工中的在产品

二、多项选择题

1. 采用分步法，作为成本计算对象的生产步骤，可以（　　）。

    A. 按生产车间设立

    B. 按几个车间合并成的一个生产步骤设立

    C. 按实际生产步骤设立

    D. 按一个车间中的几个生产步骤分别设立

    E. 按生产组织设立

2. 广义在产品是指（　　）。

    A. 尚在本步骤中加工的产品

    B. 转入半成品库的半成品

    C. 全部加工中的在产品和半成品

    D. 已从半成品库转到以后各步骤进一步加工，尚未最后产成的产品

    E. 只包括已完工的半成品

3. 逐步结转分步法的优点是（　　）。

    A. 简化和加速了成本计算工作，不必进行成本还原

    B. 能够提供各步骤半成品资料

    C. 能够为半成品和在产品的实物管理及资金管理提供数据

    D. 能够反映各步骤所耗上步骤半成品费用和本步骤加工费，有利于各步骤的成本管理

    E. 有利于开展成本分析工作

4. 平行结转分步法的特点是（　　）。

    A. 各生产步骤不计算半成品成本，只计算本步骤所发生的生产费用

    B. 各步骤间不结转半成品成本

    C. 各步骤应计算本步骤所发生的生产费用中应计入产成品成本的份额

    D. 将各步骤应计入产成品成本的份额平行结转，汇总计算产成品的总成本和单位成本

    E. 各车间的成本计算有严格的先后顺序

5. 平行结转分步法的适用条件是（　　）。

    A. 半成品对外销售

    B. 半成品不对外销售

    C. 管理上不要求提供各步骤半成品资料

    D. 半成品种类繁多，逐步结转半成品成本工作量大

    E. 管理上要求提供各生产步骤的半成品成本资料

6. 分步法的特点是（　　）。

A. 不按产品的批别计算产品成本

B. 按产品的批别计算产品成本

C. 按产品的生产步骤计算产品成本

D. 不按产品的生产步骤计算产品成本

E. 按产品的批别和步骤计算产品成本

7. 计算成本还原分配率时所用的指标是（　　）。

A. 本月产成品所耗上一步骤半成品成本合计

B. 本月产成品所耗本步骤半成品成本合计

C. 本月所产该种半成品成本合计

D. 上月所产该种半成品成本合计

E. 上月产成品所耗本步骤半成品成本合计

8. 平行结转分步法下，只计算（　　）。

A. 各步骤半成品的成本

B. 各步骤发生的费用及上一步骤转入的费用

C. 上一步骤转入的费用

D. 本步骤发生的各项其他费用

E. 本步骤发生的费用应计入产成品成本的份额

9. 采用平行结转分步法计算产品成本，其主要优点在于（　　）。

A. 各步骤可以同时计算产品成本

B. 能够提供各个步骤的半成品成本资料

C. 能够直接提供按原始成本项目反映的产品成本资料，不必进行成本还原

D. 能为各生产步骤在产品的实物管理和资金管理提供资料

E. 能够全面反映各该步骤产品的生产耗费水平

10. 下列特点属于逐步结转分步法（综合结转）的有（　　）。

A. 各步骤的费用合计既包括本步骤发生的，也包括上一步骤转入的

B. 各步骤的费用合计只包括本步骤发生的，不包括上一步骤转入的

C. 计算成本时使用狭义在产品

D. 计算成本时使用的是广义在产品

E. 不能直接提供按原始成本项目反映的产品成本构成

★三、问答题

1. 什么是成本还原？为什么要进行成本还原？

2. 平行结转分步法的特点是什么？

四、业务计算题

1. 资料：某企业甲产品经过两个车间连续加工制成，一车间生产 A 半成品，直接转入二车间加工制成甲产成品。原材料于生产开始时一次投入，有关资料已填入表 1—11—1 和表 1—11—2 所示的成本计算单。

要求：根据资料采用综合结转法计算甲产品及其 A 半成品成本，（生产费用在完工产品和在产品之间的分配，第一车间按约当产量法计算，第二车间在产品按定额成本计算）完成产品成本计算单，并进行成本还原（见表 1—11—3）。

表1—11—1   第一车间成本计算单

在产品：40件
完工产量：200件
在产品完工率：50%

产品名称：A半成品   ××年8月   单位：元

摘　要	直接材料	直接人工	制造费用	合计
月初在产品成本	4 400	860	2 000	7 260
本月发生费用	14 800	8 380	8 670	31 850
合　计				
单位成本				
完工半成品成本				
月末在产品成本				

表1—11—2   第二车间成本计算单

完工产量：180件

产品名称：甲产成品   ××年8月   单位：元

摘　要	半成品	直接人工	制造费用	合计
月初在产品成本	1 690	100	170	1 960
本月发生费用		1 940	2 890	
合　计				
单位成本				
完工产品成本				
月末在产品定额成本	5 100	240	360	5 700

表1—11—3   产品成本还原计算表

完工产量：180件

产品名称：A产成品   ××年8月   单位：元

项　目	还原分配率	半成品	直接材料	直接人工	制造费用	成本合计
还原前完工产品成本						
本月所产半成品成本						
半成品成本还原						
还原后完工产品总成本						
还原后完工产品单位成本						

2. 资料：某企业生产的甲产品需经过第一、第二车间连续加工完成。采用逐步结转分步法计算产品成本，并设"半成品"成本项目。200×年6月有关成本资料如表1—11—4所示。

表1—11—4   单位：元

项　目	直接材料（或半成品）	直接人工	制造费用	合计
第一车间本月半成品成本	16 000	5 000	9 000	30 000
第二车间本月完工产成品成本	36 000	8 000	12 000	56 000

要求：根据以上资料，计算成本还原分配率，并进行成本还原，填制产成品成本还原计算表（见表1—11—5）。

表1—11—5　　　　　　　　　　　产品成本还原计算表

产品名称：甲产品　　　　　　　　　200×年6月　　　　　　　　　　　　单位：元

项　目	还原分配率	半成品	直接材料	直接人工	制造费用	成本合计
还原前完工产品成本						
本月所产半成品成本						
半成品成本还原						
还原后完工产品总成本						

★3.资料：某厂有三个基本生产车间，第一车间生产半成品A直接转入第二车间，第二车间生产半成品B直接转入第三车间，第三车间生产产成品C。本月的生产情况如表1—11—6所示。

表1—11—6　　　　　　　　　　　　　　　　　　　　　　　　　　　　　单位：台

项　目	一车间	二车间	三车间
月初在产品数量	160	20	140
本月投入量	440	500	400
本月完工量	500	400	480
月末在产品数量	100	120	60

本月月初在产品成本资料及本月发生的生产费用如表1—11—7和表1—11—8所示。

表1—11—7　　　　　　　　　　　月初在产品成本　　　　　　　　　　　单位：元

项　目	直接材料	直接人工	制造费用	合　计
一车间	1 600	80	240	1 920
二车间	200	70	130	400
三车间	1 400	980	1 680	4 060

表1—11—8　　　　　　　　　　　本月发生的生产费用　　　　　　　　　　单位：元

项　目	直接材料	直接人工	制造费用	合　计
一车间	4 400	470	1 410	6 280
二车间	—	2 190	3 200	5 390
三车间	—	955	1 770	2 725

原材料一次性投入，在产品完工率为50%。

要求：根据上述资料，采用分项逐步结转分步法计算半成品A、B及产成品C的成本，完成各车间成本计算单（见表1—11—9～表1—11—11）。

表1—11—9　　　　　　　　　　　第一车间成本计算单

产品名称：A半成品　　　　　　　　　　　　　　　　　　　　　　　　　单位：元

摘　要	直接材料	直接人工	制造费用	合　计
月初在产品成本				
本月发生费用				
合　计				
单位成本				
完工产品成本				
月末在产品成本				

表 1—11—10　　　　　　　　　　　　**第二车间成本计算单**

产品名称：B 半成品　　　　　　　　　　　　　　　　　　　　　　　　　　　单位：元

摘　要	直接材料	直接人工	制造费用	合　计
月初在产品成本				
本月本步骤加工费用				
本月耗用上步骤半成品费用				
合　计				
单位成本				
完工产品成本				
月末在产品成本				

表 1—11—11　　　　　　　　　　　　**第三车间成本计算单**

产品名称：C 产品　　　　　　　　　　　　　　　　　　　　　　　　　　　单位：元

摘　要	直接材料	直接人工	制造费用	合　计
月初在产品成本				
本月本步骤加工费用				
本月耗用上步骤半成品费用				
合　计				
单位成本				
完工产品成本				
月末在产品成本				

4. 资料：某厂设有三个生产步骤，第一步骤生产甲半成品，第二步骤将甲半成品加工成乙半成品，第三步骤将乙半成品加工成丙产成品。原材料在加工开始时一次投入。各加工步骤狭义在产品的加工程度均为 50％。200×年 8 月份有关产量和成本资料如表 1—11—12～表 1—11—14 所示。

表 1—11—12　　　　　　　　　　　　**产量记录**　　　　　　　　　　　　单位：件

项　目	第一步骤	第二步骤	第三步骤
期初在产品	80	60	20
本月投入	340	400	360
本月产出	400	360	300
月末在产品	20	100	80

表 1—11—13　　　　　　　　　　　　**各步骤月初成本资料**　　　　　　　　　　　　单位：元

步　骤	直接材料	直接人工	制造费用
第一步骤	1 250	755	2 090
第二步骤	—	826	620
第三步骤	—	1 565	928

表 1—11—14　　　　　　　　　　　　**本月成本资料**　　　　　　　　　　　　单位：元

步　骤	直接材料	直接人工	制造费用
第一步骤	22 750	11 495	13 100
第二步骤	—	9 064	5 400
第三步骤	—	5 915	4 852

要求：

（1）计算完工产品成本，并登记有关生产成本明细账（见表1—11—15～表1—11—18）。

（2）编制产品成本汇总表（见表1—11—18）。

表1—11—15   产品成本计算单

第一步骤   产量：   单位：元

摘　　要	直接材料	直接人工	制造费用	合　计
月初在产品成本				
本月产品费用				
费用合计				
单位成本（分配率）				
应计入产成品成本份额				
广义在产品成本				

表1—11—16   产品成本计算单

第二步骤   产量：   单位：元

摘　　要	直接材料	直接人工	制造费用	合　计
月初在产品成本				
本月产品费用				
费用合计				
单位成本（分配率）				
应计入产成品成本份额				
广义在产品成本				

表1—11—17   产品成本计算单

第三步骤   产量：   单位：元

摘　　要	直接材料	直接人工	制造费用	合　计
月初在产品成本				
本月产品费用				
费用合计				
单位成本（分配率）				
应计入产成品成本份额				
广义在产品成本				

表1—11—18   产品成本汇总表

丙产品   产量：   单位：元

摘　　要	直接材料	直接人工	制造费用	合　计
第一步骤份额				
第二步骤份额				
第三步骤份额				
完工产品总成本				
单位成本				

第十二章　产品成本计算的辅助方法

一、单项选择题

1. 必须采用分类法计算成本的是（　　）。

    A. 主产品　　　　B. 联产品　　　　C. 副产品　　　　D. 等级产品

2. 下列各项中，属于分类法优点的是（　　）。

    A. 能加强成本控制　　　　　　　　B. 能简化产品成本的计算

    C. 能提高成本计算的准确性　　　　D. 能分品种掌握产品成本水平

3. 某企业将甲、乙两种产品作为一类，采用分类法计算产品成本。甲、乙两种产品共同耗用 A 种材料，消耗定额分别为 16 千克和 20 千克，每千克 A 种材料的单位成本为 5 元。该企业将甲产品作为标准产品，则乙产品的原材料费用系数为（　　）。

    A. 1. 25　　　　B. 0. 8　　　　C. 6. 25　　　　D. 4

4. 分类法是按照（　　）归集费用，计算成本的。

    A. 批别　　　　B. 品种　　　　C. 步骤　　　　D. 类别

5. 联产品是指（　　）。

    A. 一种原材料加工出来的不同质量产品

    B. 一种原材料加工出来的几种主要产品

    C. 一种原材料加工出来的主要产品和副产品

    D. 不同原材料加工出来的不同产品

6. 由于（　　）原因产生的等级产品不能采用分类法计算成本。

    A. 所耗原材料的质量不同　　　　B. 工人操作不当

    C. 工艺技术上的要求不同　　　　D. 内部结构不同

7. 产品成本计算的分类法适用于（　　）。

    A. 大量大批多步骤生产　　　　B. 大量大批单步骤生产

    C. 各种类型的生产　　　　　　D. 单件小批单步骤生产

8. 采用分类法计算产品成本，目的在于（　　）。

    A. 简化各类产品成本的计算工作

    B. 分品种计算产品成本

    C. 简化各种产品成本的计算工作

    D. 分类计算产品成本

9. 对于副产品的计价，一般可以从总成本的（　　）项目中扣除。

    A. 直接工资　　　B. 制造费用　　　C. 废品损失　　　D. 直接材料

10. 在副产品加工处理所需时间不长，费用不大的情况下，副产品也可以（　　）。

    A. 按固定成本计价

    B. 按计划成本计价

    C. 不计价

    D. 以售价扣除税金和销售费用后的余额计价

11. 以下各项中，（　　）不是揭示材料脱离定额差异的方法。

 A. 类推法   B. 盘存法   C. 切割法   D. 差异凭证法

12. 定额成本制度下，材料脱离定额的差异是指（　　）。

 A. 因材料的新定额成本与老定额成本的不同而产生的差异

 B. 因材料的实际成本与定额成本的不同而产生的差异

 C. 因材料的实际价格与计划价格的不同而产生的差异

 D. 因材料的实际耗用量与定额耗用量的不同而产生的差异

13. 在产品按定额成本计价法，每月生产费用脱离定额的节约差异或超支差异（　　）。

 A. 全部计入当月完工产品成本

 B. 全部计入月末在产品成本

 C. 当月在完工产品和月末在产品之间分配

 D. 全部计入管理费用

14. 在定额法下，（　　）不影响产品的实际成本。

 A. 月初定额成本   B. 脱离定额的差异

 C. 定额变动   D. 月末定额成本

15. 定额成本是（　　）的一种。

 A. 目标成本   B. 现行成本

 C. 重置成本   D. 机会成本

16. 以下有关限额法的表述中，错误的是（　　）。

 A. 限额法是控制领料、促进用料节约的重要手段

 B. 限额法又称为差异凭证法

 C. 限额法能完全控制用料

 D. 限额法下，差异凭证中的差异仅仅是领料差异，而不一定是用料差异

17. 原材料的定额费用和脱离定额的差异是按照（　　）计算的。

 A. 实际成本   B. 计划成本

 C. 加权平均成本   D. 可变现净值

二、多项选择题

1. 下列产品中，可以采用分类法计算成本的有（　　）。

 A. 等级产品   B. 主、副产品

 C. 联产品   D. 不同规格的针织品

 E. 各种糖果产品

2. 采用分类法，某类产品中各种产品之间分配费用的标准可以选用（　　）。

 A. 定额消耗量   B. 计划成本

 C. 定额成本   D. 产品售价

 E. 相对固定的系数

3. 在品种规格繁多且可按一定标准划分为若干类别的企业或车间中，能够应用分类法计算成本的产品生产类型有（　　）。

 A. 大量大批多步骤生产   B. 大量大批单步骤生产

 C. 单件小批多步骤生产   D. 单件小批单步骤生产

 E. 成批生产

4. 副产品成本可以（　　）。

    A. 按计划成本确定　　　　　　　　B. 按实际成本确定

    C. 按可分成本确定　　　　　　　　D. 不计算

    E. 按售价扣除税金和销售费用后的余额确定

5. 在主副产品合为一类进行成本计算的情况下，如果副产品的售价不能抵偿其销售费用，则副产品成本的计算方法不应采用的有（　　）。

    A. 不计算副产品成本

    B. 副产品成本按实际成本计算

    C. 副产品成本按定额成本计算

    D. 副产品成本按计划成本计算

    E. 主、副产品按一定比例分配

6. 分离以后不再加工的联产品，其联合成本的分配适合采用（　　）。

    A. 系数分配法　　　　　　　　　　B. 实物量分配法

    C. 可实现净值分配法　　　　　　　D. 销售价值分配法

    E. 定额比例法

7. 产品成本计算的分类法（　　）。

    A. 与生产类型有关系　　　　　　　B. 与生产类型没有关系

    C. 适用于单件小批生产　　　　　　D. 适用于单步骤生产

    E. 适用于大量大批生产

8. 副产品成本按计划单位成本计价时，适合于（　　）的情况。

    A. 副产品进一步加工所需时间不长

    B. 副产品进一步加工所需时间较长

    C. 副产品加工处理费用不大

    D. 副产品加工处理费用大

    E. 副产品的计划单位成本制定得比较准确

9. 联产品的生产特点有（　　）。

    A. 经过同一个生产过程进行生产

    B. 生产成本相同

    C. 使用同一种原材料加工

    D. 都是企业的主要产品

    E. 有的是主要产品，有的是非主要产品

10. 可按分类法的成本计算原理计算产品成本的等级品是（　　）。

    A. 由于工艺技术条件不成熟造成的等级品

    B. 由于违规操作造成的等级品

    C. 由于生产管理不当造成的等级品

    D. 由于原材料质量造成的等级品

    E. 由于自然原因造成的等级品

11. 以下有关定额成本制度的表述，正确的有（　　）。

    A. 定额成本制度纯粹是一种成本核算方法

    B. 定额成本制度是一种成本计算的基本方法

C. 定额成本制度是一种成本计算的辅助方法

D. 定额成本制度是一种对产品成本进行控制和管理的方法

E. 定额成本制度必须与成本计算基本方法结合使用

12. 定额成本制度通常可以与以下成本计算方法结合使用（   ）。

   A. 品种法   B. 分批法   C. 分步法   D. 分类法

   E. 标准成本制度

13. 采用定额法计算在产品成本时，应具备下列条件（   ）。

   A. 定额管理基础较好

   B. 消耗定额比较准确

   C. 各月末在产品数量变化不大

   D. 各月在产品数量变化较大

   E. 消耗定额稳定

14. 将分类法和定额法归为产品成本计算的辅助方法，是因为这两种方法（   ）。

   A. 与生产特点没有直接的联系

   B. 不受成本计算对象所制约

   C. 对于成本管理并不重要

   D. 不是计算产品成本必不可少的方法

   E. 必须与成本计算的基本方法结合使用

三、判断题

1. 分类法不需要分产品品种计算成本，因而产品成本计算单可按类别设置。（   ）

2. 分类法与生产类型没有直接的关系，可以应用在各种类型的生产中。（   ）

3. 分类法是一种独立的成本计算方法，它无须与成本计算的基本方法结合起来应用。（   ）

4. 副产品成本必须采用分类法计算。（   ）

5. 采用分类法计算产品成本，如果系数是按消耗定额或费用定额计算确定的，按系数比例分配费用的结果与直接按定额消耗量或定额费用比例分配费用的结果相同。（   ）

6. 等级产品均可采用分类法计算成本。（   ）

7. 用分类法计算出来的类内各种产品的成本具有一定的假定性。（   ）

8. 联产品必须采用分类法计算成本。（   ）

9. 采用分类法计算产品成本，每类产品内各种产品的生产费用，不论是间接费用还是直接费用，都采用分配方法分配计算。（   ）

10. 等级产品是非合格品。（   ）

11. 定额成本制度不仅是一种基本的成本核算方法，而且还是一种对产品成本进行控制和管理的方法。（   ）

12. 定额变动差异为正，表示月初定额提高数；定额变动差异为负，表示月初定额降低数。（   ）

13. 定额成本制度不仅注重成本的日常控制和事后控制，更重要的是还能做到成本的事前控制。（   ）

14. 在计算月初在产品定额变动差异时，如果是定额提高的差异，应加入月初在产品的定额成本，同时减少定额变动差异。（   ）

15. 限额法是控制领料、促进用料节约的重要手段，但是它不能完全控制用料。（   ）

16. 材料脱离定额差异的有利或不利差异应归功或归因于生产单位,而材料成本差异的超支或节约应归因或归功于材料采购单位。(   )

17. 原材料脱离定额差异是指材料的实际耗用水平与定额耗用水平之间的差异,即材料的量差,不包括原材料的价格差异。(   )

★四、问答题

1. 分类法的计算程序如何?

2. 定额法的特点和适用范围是什么?

五、业务计算题

1. 某企业生产甲、乙、丙三种产品,由于产品性能、结构均基本相同,归为一类,采用分类法计算成本,月末在产品按定额成本计价。类内产品生产费用的分配方法是原材料费用以定额费用系数为标准,以乙产品为标准产品,其他费用按定额工时比例分配。有关资料如下:

(1) 产量及定额资料如表 1—12—1 所示。

表 1—12—1   产品产量定额资料表

产　品	产量(件)	原材料费用定额	工时定额
甲产品	30	160	25
乙产品	20	250	40
丙产品	15	320	30

(2) ×月完工转出产成品成本 242 680 元,其中原材料费用 150 660 元,工资及福利费 41 280元,制造费用 50 740 元。

要求:

(1) 填制该类产品系数计算表(见表 1—12—2)。

(2) 计算类内各种产品成本。

表 1—12—2   系数计算表

产　品	原材料费用	
	单位产品定额	系数
甲产品		
乙产品		
丙产品		

2. 星辰工厂第一基本生产车间 3 月份生产出主产品——A 产品 4 000 千克,并利用 A 产品产生的废料加工制成副产品——B 产品 1 000 千克。A 产品的月末在产品按定额成本计价。其月初在产品的原材料定额费用为 15 000 元,月末在产品的原材料定额费用为 22 000 元。B 产品的月末在产品很少,不计算月末在产品成本。

本月 A、B 两种产品的实际生产费用、生产工时资料如下:

A 产品领用原材料 196 000 元,A 产品生产过程中产生废料 8 000 千克,每千克按固定单价 0.50 元计算,全部为 B 产品耗用。

该车间的生产工人工资及福利费为 12 800 元,制造费用为 22 400 元。直接费用都按生产工时比例分配,A 产品的生产工时为 30 000 小时,B 产品的生产工时为 2 000 小时。

要求:

(1) 编制工费分配表,分配主、副产品应负担的加工费用。

（2）登记产品成本计算单，计算主、副产品的实际成本。

★3. 某种产品采用定额成本法计算成本。本月份该种产品的原材料费用如下：月初在产品原材料定额成本 520 元，月初在产品脱离定额超支差异 15 元；月初在产品原材料定额成本调整，降低 29 元，定额变动差异归由完工产品负担；本月原材料定额费用 2 400 元；本月脱离定额差异节约 73 元；本月原材料成本差异率超支 3%，材料成本差异由完工产品成本负担；本月完工产品原材料定额费用 2 600 元。

要求：

（1）计算月末在产品的原材料定额费用。

（2）计算本月完工产品和月末在产品的原材料实际费用（脱离定额差异在完工产品与在产品之间进行分配）。

★4. 某公司采用定额法计算甲产品成本，2009 年有关甲产品材料成本如下：

7 月 1 日材料定额成本 20 元，8 月 1 日材料定额成本 18 元，7 月末在产品结存 3 500 件，材料定额成本为 70 000 元，无定额差异和定额变动，8 月份投产 16 500 件，实际材料费用 300 000 元，8 月份完工甲产品 20 000 件，月末无在产品。

要求：以下计算要列出算式。

（1）计算月初在产品定额变动差异。

（2）计算 8 月份脱离定额差异（材料成本差异并入脱离定额差异计算）。

（3）计算 8 月份完工 20 000 件甲产品的实际材料成本。

第十三章 其他主要行业成本核算

一、单项选择题

1. 商业企业的商品采购成本包括下列哪项内容(　　)。
   A. 增值税进项税额　　　　　　　　B. 运输费
   C. 享受的商业折扣　　　　　　　　D. 进口商品收到的佣金

2. "在途物资"账户的借方余额表示的是(　　)。
   A. 采购商品的进价成本
   B. 进价计算的已验收入库的商品成本
   C. 企业已采购但尚未验收入库的在途商品的采购成本
   D. 企业已采购但尚未付费的商品成本

3. 交通运输企业需将各类业务的营运成本转入(　　)账户。
   A. "主营业务成本"　　　　　　　　B. "管理费用"
   C. "未分配利润"　　　　　　　　　D. "本年利润"

4. 施工企业在月末计算已完工工程的实际工程成本后,应结转入(　　)账户。
   A. "主营业务成本"　　　　　　　　B. "施工成本"
   C. "本年利润"　　　　　　　　　　D. "工程结算成本"

5. 对于按规定应计入商品房等开发项目成本不能有偿转让的配套设施,竣工验收后,对其发生的实际成本,下列会计处理正确的是(　　)。
   A. 计入管理费用
   B. 按照一定的标准分配记入"开发成本——土地开发"等账户
   C. 按照一定的标准分配记入"开发成本——房屋开发"等账户
   D. 记入"开发成本——土地开发"等账户

二、多项选择题

1. 在数量进价金额核算法下,企业可以采用(　　)方法,对商品的销售成本进行计算。
   A. 先进先出法　　　　　　　　　　B. 移动加权平均法
   C. 全月一次加权平均法　　　　　　D. 个别计价法
   E. 毛利率法

2. 商品流通费用主要包括(　　)。
   A. 管理费用　　　　B. 销售费用　　　　C. 财务费用　　　　D. 汇兑损益
   E. 生产费用

3. 交通运输企业设置的账户有(　　)。
   A. "运输支出"　　　B. "装卸支出"　　　C. "堆存支出"　　　D. "销售费用"
   E. "机械作业"

4. 机械使用费的核算中,无法直接确定归属对象的,则采用一定的方法,在若干个成本计算对象之间进行分配。主要的分配方法有(　　)。
   A. 台班分配法　　　B. 预算分配法　　　C. 作业量法　　　　D. 材料耗用分配法

E. 倒扣成本法

5. 房地产开发企业应设置(　　)等账户。

A."开发成本"　　　B."开发间接费用"　C."开发管理费用"　D."财务费用"

E."施工成本"

★三、问答题

1. 商品流通费用的核算内容有哪些?

2. 交通运输企业的成本核算特点有哪些?

3. 施工企业工程成本计算的程序有哪些?

4. 房地产企业的成本项目有哪些?

四、业务计算题

1. 某商场 2 月初香烟的售价总额为 36 000 元,进销差价为 7 585 元,本期以银行存款购进该香烟的进价为 65 200 元,售价为 82 500 元,当期销售该香烟的现销收入为 46 000 元。

要求:计算 10 月份该种香烟的销售成本并编制相关会计分录。

★2. 恒运汽车运输公司下设货运队、客运队、调度站等营运生产单位,并分别为客运、货运计算运输成本。本月发生下列经济业务:

(1) 本月工资,货运队 60 000 元,客运队 70 000 元;

(2) 本月燃料的计划成本 70 000 元,货运队 60 000 元,客运队 10 000 元;

(3) 支付汽车修理费 30 000 元,货运队 20 000 元,客运队 10 000 元;

(4) 分配辅助营运费用,货运队负担 50 000 元,客运队负担 30 000 元;

(5) 货运队本月完成的运输周转量为 2 000 千吨公里,客运队完成的运输周转量为 5 000 千人公里;

要求:结转本月汽车运输成本。

★3. 明锐建筑公司承包甲、乙两项工程,本月发生如下经济业务:

本月应付建筑安装工人工资 500 000 元,并按工资总额的 14% 计提了福利费。本月实际工时为 2 000 小时,其中,甲工程耗用 1 200 个工作日,乙工程耗用 800 小时。

要求:

(1) 完成本月工资费用分配的计算过程及相关分录;

(2) 本月甲工程领用材料 80 000 元,乙工程领用材料 70 000 元的相关分录;

(3) 公司自有一台塔式吊车,本月实际发生费用 40 000 元,本月实际工作 160 个台班,其中,甲工程耗用 60 个台班,乙工程耗用 100 个台班,完成分配及计算过程。

第十四章 成本报表的编制和分析

一、单项选择题

1. 按照《企业会计准则》的规定，成本报表是(   )。

   A. 对外报表

   B. 内部报表

   C. 既是对外报表，又是对内报表

   D. 对内还是对外，由企业自行决定

2. 对可比产品成本降低率没有影响的因素为(   )。

   A. 产品产量   B. 产品品种比重

   C. 产品单位成本   D. 产品品种比重和产品产量

3. 制造费用明细表反映工业企业中(   )。

   A. 辅助生产的制造费用

   B. 基本生产的制造费用

   C. 各生产单位的制造费用

   D. 基本生产和辅助生产的制造费用

4. 技术经济指标变动对产品成本的影响，主要表现在影响下列指标中的(   )。

   A. 产品产量   B. 产品总成本

   C. 产品单位成本   D. 产品总成本和产品产量

5. 通过成本指标在不同时期（或不同情况）数据的对比，来揭示成本变动情况及其原因的一种分析方法是(   )。

   A. 比较分析法   B. 趋势分析法

   C. 比率分析法   D. 因素分析法

6. 工业企业各种成本报表分析都需要采用的方法是(   )。

   A. 趋势分析法   B. 对比分析法

   C. 连环替代分析法   D. 差额计算分析法

7. 可比产品实际成本降低额是(   )。

   A. 可比产品本期实际总成本比本期计划总成本降低的金额

   B. 可比产品本期实际总成本比上年实际总成本降低的金额

   C. 可比产品本期实际总成本比按上年实际平均单位成本计算的成本降低的金额

   D. 可比产品本期计划总成本比按上年实际平均单位成本计算的成本降低的金额

8. 连环替代分析法是顺序地用各因素的(   )。

   A. 实际数替换基数   B. 基数替换实际数

   C. 计划数替换实际数   D. 定额数替换实际数

9. 产量变动之所以影响产品单位成本，是由于(   )。

   A. 在产品总成本被假定为不变

   B. 在产品全部成本中包括了一部分变动费用

    C. 在产品全部成本中包括了一部分相对固定的费用

    D. 产品产量增长超过产品总成本增长

10. 产品品种构成的变动会（　　　）。

    A. 不产生影响

    B. 只影响成本降低额

    C. 只影响成本降低率

    D. 既影响成本降低率，又影响成本降低额

二、多项选择题

1. 影响可比产品成本降低率的主要因素有（　　　）。

    A. 产品产量　　　　　　　　　　B. 产品价格

    C. 产品性能　　　　　　　　　　D. 产品品种构成

    E. 产品单位成本

2. 主要产品单位成本表反映的单位成本包括（　　　）。

    A. 本月实际成本　　　　　　　　B. 本年计划成本

    C. 历史先进水平　　　　　　　　D. 上年实际平均成本

    E. 半年累计实际平均水平

3. 影响可比产品成本降低额变动的因素有（　　　）。

    A. 产品价格　　　　　　　　　　B. 产品产量

    C. 产品性能　　　　　　　　　　D. 产品品种构成

    E. 产品单位成本

4. 采用连环替代分析法时，排列各因素顺序的原则有（　　　）。

    A. 先质量因素后数量因素

    B. 先数量因素后质量因素

    C. 先主要因素后次要因素

    D. 先实物数量因素后价值数量因素

    E. 先价值数量因素后实物数量因素

5. 单纯的产品产量增加对可比产品成本的影响有（　　　）。

    A. 使成本降低额增加　　　　　　B. 使成本降低率增加

    C. 使成本降低额减少　　　　　　D. 使成本降低率减少

    E. 成本降低率不变

6. 影响单位产品原材料消耗数量变动的因素有（　　　）。

    A. 产品产量的变化　　　　　　　B. 材料质量的变化

    C. 材料价格的变化　　　　　　　D. 产品或产品零部件结构的变化

    E. 生产中产生废料数量和废料回收利用情况的变化

★三、问答题

1. 简述连环替代法的计算程序。

2. 简述成本报表的特点。

四、业务计算题

某企业 A 产品单位成本如表 1—14—1 所示。

表 1—14—1   **主要产品单位成本表**

产品名称：A   单位：元

成本项目	上年实际平均	本年计划	本年实际
直接材料	1 240	1 260	1 342
直接人工	120	142	148
制造费用	200	180	168
合　计	1 560	1 582	1 658
主要技术经济指标	用量	用量	用量
原材料消耗量（千克）	620	600	610
原材料单价（元）	2	2.1	2.2

要求：根据资料分析 A 产品单位成本变动情况和影响原材料费用变动的因素，以及各因素对变动的影响程度。

第二部分
练习题参考答案

第一章　参考答案

一、单项选择题

1. B　2. D　3. C　4. B　5. B　6. B　7. D　8. B　9. D　10. A

二、多项选择题

1. AC　2. ABCE　3. ABD　4. CD　5. CD　6. ABC

三、判断题

1. √　2. ×　3. ×　4. √　5. ×

四、问答题（略）

第二章　参考答案

一、单项选择题

1. C　2. C　3. C　4. D　5. B　6. C　7. A　8. A　9. B　10. A

二、多项选择题

1. CDE　2. ABC　3. ABD　4. ACDE　5. ABC　6. ABD　7. AC

三、问答题（略）

第三章　参考答案

一、单项选择题

1. B　2. C　3. B　4. B　5. C　6. C　7. D　8. D　9. B　10. C

二、多项选择题

1. ACD　2. ABD　3. ABCD　4. BC　5. BD

三、判断题

1. ×　2. √　3. ×　4. ×　5. √　6. √　7. ×　8. ×　9. ×　10. ×　11. ×

四、问答题（略）

五、业务计算题

1.

（1）求总定额：

　　　　甲产品＝15×100＝1 500（千克）

乙产品＝12×50＝600（千克）

（2）求分配率：

原材料定额分配率＝10 500÷（1 500＋600）＝5

（3）分配结果：

甲产品＝1 500×5＝7 500（元）

乙产品＝600×5＝3 000（元）

2. （1）电费分配率＝7 230÷24 100＝0.3

基本车间动力电费＝12 500×0.3＝3 750（元）

辅助车间动力电费＝5 300×0.3＝1 590（元）

基本车间照明电费＝2 700×0.3＝810（元）

辅助车间照明电费＝1 200×0.3＝360（元）

企业管理部门电费＝2 400×0.3＝720（元）

（2）会计分录：

费用分配。

借：基本生产成本	3 750	
辅助生产成本	1 590	
制造费用——基本生产车间	810	
——辅助生产车间	360	
管理费用	720	
贷：应付账款		7 230

付款。

借：应付账款	7 500	
贷：银行存款		7 500

3. 按照30天计算工资时日工资率＝2 400÷30＝80（元）

（1）23×80＋3×80×0.9＝2 056（元）

（2）2 400－5×80－3×80×0.1＝1 976（元）

按照20.83天计算工资时日工资率＝2 400÷20.83≈115.22（元）

（3）14×115.22＋3×115.22×0.9＝1 924.17（元）

（4）2 400－5×115.22－3×115.22×0.1＝1 789.33（元）

4. 职工薪酬费用分配汇总表如表2—3—1所示。

表2—3—1　　　　　　　　　　职工薪酬费用分配汇总表

应借科目	部门，产品	生产工时	分配率	职工薪酬
基本生产成本	甲产品	720 000	0.057	41 040
	乙产品	1 000 000	0.057	57 000
辅助生产成本	机修车间			11 400
	供水车间			5 016
管理费用	行政部门			4 560
制造费用	车间管理人员			10 146
合　计				129 162

会计分录：

借：基本生产成本 ——甲产品   41 040

          ——乙产品   57 000

    辅助生产成本——机修车间   11 400

          ——供水车间   5 016

    制造费用——基本生产车间   5 928

          ——辅助生产车间   4 218

    管理费用   4 560

    贷：应付职工薪酬   129 162

5. （1）甲乙产品的总工时：

    甲产品＝10 000×2.5＝25 000（小时）

    乙产品＝8 000×3＝24 000（小时）

    工资分配率＝39 200÷（25 000＋24 000）＝0.8（元/小时）

    甲产品应负担的工资＝25 000×0.8＝20 000（元）

    乙产品应负担的工资＝24 000×0.8＝19 200（元）

（2）编制工资分配会计分录：

借：基本生产成本——甲产品   20 000

         ——乙产品   19 200

    制造费用   2 840

    贷：应付职工薪酬   42 040

第四章　参考答案

一、单项选择题

1. A　2. D　3. C　4. D　5. B　6. C　7. B　8. C　9. D　10. B

二、多项选择题

1. BC　2. ABCDE　3. ABD　4. AC　5. ABCD　6. CDE　7. AD

三、业务计算题

1. （1）直接分配法

    机修车间分配率＝20 000÷700＝28.5（元/小时）

    供水车间分配率＝40 000÷1 200＝33.3（元/吨）

    基本生产车间分担机修车间的费用＝28.5×600＝17 100（元）

    行政管理部门应承担机修车间的费用＝20 000－17 100＝2 900（元）

    基本生产车间分担供水车间的费用＝1 000×33.3＝33 300（元）

    行政管理部门分担供水车间费用＝40 000－33 300＝6 700（元）

根据上述分配结果编制的会计分录为：

借：制造费用   50 400

管理费用	9 600
贷：辅助生产成本——机修车间	20 000
——供水车间	40 000

（2）交互分配法

辅助车间的分配：

　　机修车间的分配率＝20 000÷1 000＝20（元/小时）

　　供水车间的分配率＝40 000÷2 000＝20（元/吨）

　　机修车间应分担供水车间的费用＝800×20＝16 000（元）

　　供水车间应分担供水车间的费用＝300×20＝6 000（元）

对外分配：

　　机修车间的分配率＝（20 000＋16 000－6 000）÷700＝42.85（元/小时）

　　供水车间的分配率＝（40 000－16 000＋6 000）÷1 200＝25（元/吨）

　　基本生产车间应分担机修车间的费用＝600×42.85＝25 710（元）

　　行政管理部门应分担机修车间的费用＝30 000－25 710＝4 290（元）

　　基本生车间应分担供水车间的费用＝1 000×25＝25 000（元）

　　行政管理部门应分担供水车间的费用＝30 000－25000＝5 000（元）

根据上述分配结果编制的会计分录为：

借：辅助生产成本——机修车间	16 000
——供水车间	6 000
贷：辅助生产成本——机修车间	6 000
——供水车间	16 000
借：基本生产成本	50 710
管理费用	9 290
贷：辅助生产成本——机修车间	30 000
——供水车间	30 000

（3）代数分配法

设机修车间的分配率为 x，供水车间的分配率为 y，根据辅助费用分配原理构建如下方程组：

$$\begin{cases} 1\,000x = 20\,000 + 800y - 300x \\ 2\,000y = 40\,000 + 300x - 800y \end{cases}$$

　　解方程组可得：$x=25.88$，$y=17.06$

　　机修车间应分担供水车间的费用＝800×17.06＝13 648（元）

　　供水车间应分担机修车间的费用＝300×25.88＝7 764（元）

　　基本生产车间应分担机修车间的费用＝600×25.88＝15 528（元）

　　行政管理部门应分担机修车间的费用＝100×25.88＝2 588（元）

　　基本生产车间应分担供水车间的费用＝1 000×17.06＝17 060（元）

　　行政管理部门应分担供水车间的费用＝200×17.06＝3 412（元）

根据上述计算结果编制的会计分录如下：

| 　　借：辅助生产成本——机修车间 | 13 648 |
| 　　　　　　　　　　——供水车间 | 7 764 |

       基本生产成本   32 588

       管理费用   6 000

    贷：辅助生产成本——机修车间   20 000

                ——供水车间   40 000

2. （1）直接分配法下辅助费用的分配。

发电车间的分配率＝22 000÷29 000＝0.76

修理车间的分配率＝20 700÷4 000＝5.175

基本生产车间应分担发电车间的费用＝25 000×0.76＝19 000（元）

基本生产车间应分担修理车间的费用＝3 500×5.175＝18 113（元）

行政管理部门应分担发电车间的费用＝22 000－19 000＝3 000（元）

行政管理部门应分担修理车间的费用＝20 700－18 113＝2 587（元）

（2）交互分配法下辅助费用的分配。

辅助生产车间之间的分配：

发电车间的分配率＝22 000÷34 000＝0.65

修理车间的分配率＝20 700÷4 600＝4.5

发电车间应分担修理车间的费用＝600×4.5＝2 700（元）

修理车间应分担发电车间的费用＝5 000×0.65＝3 250（元）

对其他部门的分配：

发电车间的分配率＝（22 000＋2 700－3 250）÷29 000＝0.74

修理车间的分配率＝（20 700＋3 250－2 700）÷4 000＝5.31

基本生产车间应分担发电车间的费用＝25 000×0.74＝18 500（元）

基本生产车间应分担修理车间的费用＝3 500×5.31＝18 585（元）

行政管理部门应分担发电车间的费用＝22 000＋2 700－3 250－18 500＝2 950（元）

行政管理部门应分担修理车间的费用＝20 700＋3 250－2 700－18 585＝2 665（元）

（3）按计划成本法分配辅助生产费用。

按计划分配率进行分配：

发电车间应分担修理车间的费用＝600×4.25＝2 550（元）

修理车间应分担发电车间的费用＝5 000×0.42＝2 100（元）

基本生产车间应分担发电车间的费用＝25 000×0.42＝10 500（元）

基本生产车间应分担修理车间的费用＝3 500×4.25＝14 875（元）

行政管理部门应分担发电车间的费用＝4 000×0.42＝1 680（元）

行政管理部门应分担修理车间的费用＝500×4.25＝2 125（元）

求辅助车间实际总成本：

发电车间实际总成本＝22 000＋2 550＝24 550（元）

修理车间实际总成本＝20 700＋2 100＝22 800（元）

求成本差异：

发电车间：24 550－34 000×0.42＝24 550－14 280＝10 270（元）

修理车间：22 800－4 600×4.25＝22 800－19 550＝3 250（元）

第五章 参考答案

一、单项选择题

1. A 2. A 3. D 4. B 5. A 6. D 7. B 8. C

二、多项选择题

1. ACD 2. AD 3. ABC 4. ACD 5. BCD

三、判断题

1. × 2. √ 3. √ 4. √ 5. ×

四、业务计算题

1. 编制相关业务的会计分录如下：

（1）编制会计分录

1）借：基本生产成本   50 000
    制造费用   4 000
    管理费用   6 000
    贷：应付职工薪酬   60 000

2）借：制造费用   300
    管理费用   700
    贷：银行存款   1 000

3）借：制造费用   6 000·
    管理费用   2 000
    贷：累计折旧   8 000

4）借：基本生产成本   60 000
    制造费用   3 000
    管理费用   7 000
    贷：原材料   70 000

5）借：制造费用   2 000
    贷：周转材料——低值易耗品   2 000

6）借：制造费用   600
    贷：库存现金   100
    其他应收款   500

7）借：制造费用   2 000
    贷：银行存款   2 000

8）借：制造费用   1 000
    贷：银行存款   1 000

9）借：制造费用   5 000

贷：银行存款   5 000
 10）借：基本生产成本   4 000
     制造费用   1 000
     管理费用   1 000
      贷：银行存款   6 000

（2）本月归集的制造费用及制造费用明细账（略）。

2. （1）分配制造费用。

    制造费用分配率＝5 000÷（1 500＋2 000＋2 500）＝0.83

    甲产品应分担的制造费用＝1 500×0.83＝1 245（元）

    乙产品应分担的制造费用＝2 000×0.83＝1 660（元）

    丙产品应分担的制造费用＝5 000－1 245－1 660＝2 095（元）

（2）制造费用分配表（略）。

根据分配结果编制会计分录如下：

  借：基本生产成本——A产品   1 245
      ——B产品   1 660
      ——C产品   2 095
    贷：制造费用   5 000

3. 制造费用分配率＝50 000÷（40 000＋60 000）＝0.5

  甲产品应分担的制造费用＝40 000×0.5＝20 000（元）

  乙产品应分担的制造费用＝60 000×0.5＝30 000（元）

编制制造费用分配表（略）。

根据分配表编制的会计分录如下：

  借：基本生产成本——甲产品   20 000
      ——乙产品   30 000
    贷：制造费用   50 000

4. 制造费用分配率＝54 000÷（4 000＋3 000）＝7.71

  甲产品应分担的制造费用＝4 000×7.71＝30 840（元）

  乙产品应分担的制造费用＝54 000－30 840＝23 160（元）

编制制造费用分配表及会计分录（略）。

5. 产品制造按工序分为加工、设备调整、检验和材料订购四个作业库，每个作业库的性质不同，因此成本动因也不同。

（1）加工作业的动因是资源动因，按机器工时分配；其他作业可以按作业动因分配。各作业库分配计算如下：

    机器加工制造费用的分配率＝300 000÷（1 500＋1 500）＝100

    设备调整制造费用的分配率＝7 500÷（50＋25）＝100

    检验作业制造费用的分配率＝9 000÷（100＋50）＝60

    材料订购验收制造费用的分配率＝30 000÷（200＋100）＝100

（2）A产品应分担的制造费用＝100×1 500＋100×50＋50×60＋200×100＝178 000（元）

    B产品应分担的制造费用＝1 500×100＋1 002×5＋100×60＋100×100＝168 500（元）

第六章　参考答案

一、单项择选题

1. B　2. D　3. C　4. C　5. D　6. A　7. A　8. D　9. C　10. D

二、多项选择题

1. AC　2. ABC　3. BC　4. ABCD　5. BCDE　6. BCD

三、判断题

1. √　2. √　3. ×　4. ×　5. √

四、业务计算题

1. （1）计算过程如下：

全部产品的费用＝96 000＋120 000＋60 000＝276 000（元）

原材料费用分配率＝96 000÷3 000＝32

不可修复废品的材料费＝50×32＝1 600（元）

工资费用分配率＝120 000÷50 000＝2.4

不可修复废品的工资费用＝500×2.4＝1 200（元）

制造费用分配率＝60 000÷50 000＝1.2

不可修复废品的制造费用＝500×1.2＝600（元）

不可修复废品的总成本＝1 600＋1 200＋600＝3 400（元）

不可修复废品损失＝3 400－200＝3 200（元）

废品损失计算表（略）。

（2）残料回收和结转废品损失的会计分录如下：

废品成本结转。

借：废品损失——甲产品	3 400
贷：基本生产成本——甲产品	3 400

残料回收。

借：原材料	200
贷：废品损失——甲产品	200

（3）略。

（4）结转废品净损失的会计分录：

借：基本生产成本——甲产品——废品损失	3 200
贷：废品损失——甲产品	3 200

（5）可修复废品损失＝500＋1 000＋200＝1 700（元）

结转会计分录：

借：废品损失——甲产品	1 700
贷：原材料	500
应付职工薪酬	1 000

| | 制造费用 | 200 |

借：基本生产成本——甲产品——废品损失　　1 700

　　贷：废品损失——甲产品　　1 700

（6）合格甲产品的总成本＝1 700＋（96 000－1 600）＋（120 000－1 200）＋（60 000－600）＋3 200
＝277 500（元）

　　合格甲产品的单位成本＝277 500÷2 950＝94.07（元）

2. 生产费用在合格产品和废品之间进行分配。

原材料是一次投入的，按产品数量进行分配：

原材料的分配率＝40 000÷500＝80

废品的原材料费用＝10×80＝800（元）

人工费用和制造费用按加工工时分配：

人工费用和制造费用的分配率＝38 000÷（5 000＋100）＝7.45

废品应分担的人工费用＝100×7.45＝745（元）

制造费用分配率＝23 000÷5 100＝4.51

废品应分担的制造费用＝100×4.51＝451（元）

编制的会计分录如下：

借：废品损失——A产品　　1 996

　　贷：基本生产成本——A产品——原材料　　800

　　　　　　　　　　　　　　——直接人工　　745

　　　　　　制造费用　　451

借：原材料　　100

　　其他应收款　　200

　　贷：废品损失　　300

借：基本生产成本——A产品——废品损失　　1 696

　　贷：废品损失——A产品　　1 696

3. 废品原材料费用＝400（元）

废品人工费用＝38×10＝380（元）

废品制造费用＝3×85＝190（元）

相关会计分录为：

借：废品损失　　970

　　贷：基本生产成本——甲产品——原材料　　400

　　　　　　　　　　　　　　——直接人工　　380

　　　　　　　　　　　　　　——制造费用　　190

回收残料和责任赔偿：

借：原材料　　100

　　其他应收款　　200

　　贷：废品损失　　300

结转净损失：

借：基本生产成本——甲产品——废品损失　　670

　　贷：废品损失——甲产品　　670

4. 可修复废品损失核算的会计分录：

借：废品损失——C产品   500

    贷：应付职工薪酬   400

        制造费用   100

不可修复废品损失核算的会计分录：

借：废品损失   520

    贷：基本生产成本——C产品——原材料   400

                   ——直接人工   80

                   ——制造费用   40

借：原材料   100

    其他应收款   200

    贷：废品损失——C产品   300

借：基本生产成本——C产品——废品损失   720

    贷：废品损失——C产品   720

5. (1) 车间停工净损失＝1 950＋273＋2 557＋1 300－4 000＝2 080（元）

(2) 净损失的分配率＝2 080÷（2 250＋1 910）＝0.5

    甲产品应分担的废品损失＝2 250×0.5＝1 125（元）

    乙产品应分担的废品损失＝1 910×0.5＝955（元）

(3) 会计分录：

发生停工损失时。

借：停工损失   6 080

    贷：原材料   1 300

        应付职工薪酬——工资   1 950

              ——职工福利   273

        制造费用   2 557

应收赔款。

借：其他应收款   4 000

    贷：停工损失   4 000

结转分配停工净损失。

借：基本生产成本——甲产品   1 125

           ——乙产品   955

    贷：停工损失   2 080

第七章　参考答案

一、单项选择题

1. A　2. B　3. D　4. B　5. A　6. C　7. D　8. C　9. C　10. B　11. A　12. A

二、多项选择题

1. ACD　2. ABCD　3. ACD　4. BCD　5. ABD

三、判断题

1. √ 2. √ 3. √ 4. √ 5. × 6. √ 7. √ 8. × 9. × 10. √ 11. × 12. ×

四、问答题（略）

五、业务计算题

1. 完工产品总成本＝7 200＋2 400＋1 800＋800＝12 200（元）

   单位成本＝12 200÷200＝61（元）

2. （1）直接材料分配率＝（2 800＋12 200）÷（400＋200）＝25

   完工产品材料费用＝400×25＝10 000（元）

   在产品材料费用＝200×25＝5 000（元）

   完工产品总成本＝10 000＋4 000＋2 800＋800＝17 600（元）

   在产品成本＝5 000（元）

   （2）登记乙产品成本明细账，见表2—7—1。

表 2—7—1　　　　　　　　　　　乙产品成本明细账

200×年5月　　　　　　　　　　　　　　　　　　产量：400 件

摘　要	直接材料	燃料及动力	直接人工	制造费用	合　计
月初在产品	2 800				2 800
本月生产费用	12 200	4 000	2 800	800	19 800
合　计	15 000	4 000	2 800	800	22 600
完工产品成本	10 000	4 000	2 800	800	17 600
月末在产品	5 000	0	0	0	5 000

3. （1）第一工序完工率＝100%

   第二工序完工率＝100%

   （2）第一工序完工率＝260×50%÷400＝32.5%

   第二工序完工率＝（260＋140×50%）÷400＝82.5%

4. （1）第一工序完工率＝280÷500＝56%

   第二工序完工率＝（280＋220）÷500＝100%

   （2）第一工序约当产量＝3 200×56%＝1 792（件）

   第二工序约当产量＝2 400×100%＝2 400（件）

   两道工序合计＝1 792＋2 400＝4 192（件）

   （3）原材料费用分配率＝503 680÷（4 192＋8 400）＝40

   完工产品材料费用＝8 400×40＝336 000（元）

   在产品材料费＝4 192×40＝167 680（元）

5. 约当产量＝80×80%＝64（件）

   原材料费用分配率＝13 920÷（400＋64）＝30

   完工产品材料费用＝400×30＝12 000（元）

   在产品材料费＝64×30＝1 920（元）

6. 原材料费用分配率＝26 000÷（100＋30）＝200

   完工产品材料费＝100×200＝20 000（元）

   在产品材料费＝30×200＝6 000（元）

直接人工分配率＝14 000÷（100＋30×40％）＝125

完工产品人工费＝100×125＝12 500（元）

在产品人工费＝12×125＝1 500（元）

制造费用分配率＝10 080÷（100＋30×40％）＝90

完工产品制造费用＝100×90＝9 000（元）

在产品制造费用＝12×90＝1 080（元）

完工产品总成本＝20 000＋12 500＋9 000＝41 500（元）

在产品总成本＝6 000＋1 500＋1 080＝8 580（元）

7. 登记产品成本明细账见表2—7—2～表2—7—4。

表 2—7—2　　　　　　　　　　　　基本生产成本明细账

200×年×月

产成品数量：2 500 件

期末在产品数量：625 件

产品名称：101　　　　　　　　　　　　　　　　　　　　　完工程度：80％

摘　　要	直接材料	燃料及动力	直接人工	制造费用	合计
期初在产品成本	35 454	820	1 296	4 092	41 662
耗用原材料分配表	277 046				
耗用燃料分配表		4 900			
外购动力分配表		1 980			
职工薪酬分配表			7 704		
辅助生产费用分配表		8 800			
制造费用分配表				15 408	
合　　计	312 500	16 500	9 000	19 500	357 500
在产品约当产量	625	500	500	500	
分配率	100	5.5	3	6.5	
完工产品成本	250 000	13 750	7 500	16 250	287 500
单位成本	100	5.5	3	6.5	115
月末在产品成本	62 500	2 750	1 500	3 250	70 000

表 2—7—3　　　　　　　　　　　　基本生产成本明细账

200×年×月

产成品数量：3 125 件

期末在产品数量：1 750 件

产品名称：102　　　　　　　　　　　　　　　　　　　　　完工程度：50％

摘　　要	直接材料	燃料及动力	直接人工	制造费用	合计
期初在产品成本	15 270	1 135	2 384	4 768	23 557
耗用原材料分配表	184 730				
耗用燃料分配表		6 125			
外购动力分配表		1 540			
职工薪酬分配表			5 616		
辅助生产费用分配表		7 200			
制造费用分配表				11 232	

续前表

摘　要	直接材料	燃料及动力	直接人工	制造费用	合计
合计	200 000	16 000	8 000	16 000	240 000
在产品约当产量	875	875	875	875	
分配率	50	4	2	4	
完工产品成本	156 250	12 500	6 250	12 500	187 500
单位成本	50	4	2	4	60
月末在产品成本	43 750	3 500	1 750	3 500	52 500

表 2—7—4　　　　　　　　　　基本生产成本明细账

产品名称：201　　　　　　　　200×年×月　　　　　　产成品数量：4 000 件

摘　要	直接材料	燃料及动力	直接人工	制造费用	合　计
耗用原材料分配表	245 000				
耗用燃料分配表		7 480			
外购动力分配表		880			
职工薪酬分配表			10 656		
辅助生产费用分配表		4 000			
制造费用分配表				14 775	
合　计	245 000	12 360	10 656	14 775	282 791
完工产品成本	245 000	12 360	10 656	14 775	282 791
单位成本	61.25	3.09	2.66	3.69	70.69

会计分录：

借：库存商品——101　　　　　　　　　　　　　　　　　287 500
　　　　　　——102　　　　　　　　　　　　　　　　　187 500
　　　　　　——201　　　　　　　　　　　　　　　　　282 791
　　贷：基本生产成本——101　　　　　　　　　　　　　　　　287 500
　　　　　　　　　　——102　　　　　　　　　　　　　　　　187 500
　　　　　　　　　　——201　　　　　　　　　　　　　　　　282 791

8. 登记基本生产成本明细账，如表 2—7—5 所示。

表 2—7—5　　　　　　　　　　基本生产成本明细账

产品名称：乙产品　　　　　　　　200×年×月

摘　要		直接材料	直接人工	制造费用	合　计
月初在产品成本		1 250	1 005	2 314	4 569
本月生产费用		3 300	1 291	4 574	9 165
合　计		4 550	2 296	6 888	13 734
分配率		0.5	0.4	1.2	
完工产品成本	定额	5 600	3 860	3 860	
	实际	2 800	1 544	4 632	8 976
月末在产品成本	定额	3 500	1 880	1 880	
	实际	1 750	752	2 256	4 758

会计分录：

  借：库存商品——乙产品   8 976

   贷：基本生产成本——乙产品   8 976

第八章　参考答案

一、单项选择题

1. D　2. B　3. A　4. A　5. D　6. C　7. D　8. B　9. B　10. A

二、多项选择题

1. ABD　2. ABE　3. CD　4. CE　5. AE　6. ABCD　7. ACD　8. AD　9. CD　10. AD

三、判断题

1. √　2. √　3. ×　4. √　5. ×　6. √　7. √　8. ×　9. ×　10. ×

四、填表题

填制产品成本计算基本方法比较表，如表2—8—1所示。

表 2—8—1　　　　　　　　**产品成本计算基本方法比较表**

成本计算方法		品种法	分批法	分步法
成本核算对象		产品品种	批别或订单	品种和生产步骤
成本计算期		定期于月末计算，计算期与会计期一致	不定期计算成本，成本计算期与生产周期一致	定期于月末计算，计算期与会计期一致
生产费用在完工产品与在产品之间的分配		月末要进行分配	一般不需要分配	月末要进行分配
适用范围	生产组织类型	大量大批生产	单件或小批量生产	大量大批生产
	生产工艺过程和管理要求	单步骤生产，或者管理上不要求分步骤计算成本的多步骤生产	单步骤生产或管理上不要求分步骤计算成本的多步骤生产	多步骤生产

五、问答题（略）

第九章　参考答案

一、单项选择题

1. D　2. A　3. B　4. B　5. B　6. B

二、多项选择题

1. CDE　2. ABE　3. AB　4. BC　5. ABC

三、问答题（略）

四、业务计算题

（1）原材料费用分配见表2—9—1。

表2—9—1   原材料费用分配表

产品名称	甲原材料定额消耗量（千克）	甲原材料	
		分配率＝32 500÷6 500＝5	实际成本
A	4 000	5	20 000
B	2 500	5	12 500
合　计	6 500		32 500

直接人工、制造费用分配表见表2—9—2。

表2—9—2   直接人工、制造费用分配表

产品名称	实际工时	直接人工		制造费用	
		分配率 ＝32 000÷40 000＝0.8	分配额	分配率 ＝20 000÷40 000＝0.5	分配额
A	24 000	0.8	19 200	0.5	12 000
B	16 000	0.8	12 800	0.5	8 000
合　计	40 000		32 000		20 000

（2）产品成本计算单见表2—9—3和表2—9—4。

表2—9—3   产品成本计算单

产品名称：A产品   单位：元

摘　要	直接材料	直接人工	制造费用	合　计
月初在产品成本	2 500	1 800	1 440	5 740
本月生产费用	20 000	19 200	12 000	51 200
费用合计	22 500	21 000	13 440	56 940
单位成本	15	15	9.6	
完工产品总成本	18 750	18 750	12 000	49 500
月末在产品成本	3 750	2 250	1 440	7 440

表2—9—4   产品成本计算单

产品名称：B产品   单位：元

摘　要	直接材料	直接人工	制造费用	合　计
月初在产品成本				
本月生产费用	12 500	12 800	8 000	33 300
费用合计	12 500	12 800	8 000	33 300
单位成本	12.5	12.8	8	
完工产品总成本	12 500	12 800	8 000	33 300
月末在产品成本	0	0	0	0

（3）会计分录：

借：库存商品——A产品　　　　　　　　　　　　　　　　49 500

　　　　　　——B产品　　　　　　　　　　　　　　　　33 300

　　贷：基本生产成本——A产品　　　　　　　　　　　　　　49 500

　　　　　　　　——B产品　　　　　　　　　　　　　　　33 300

第十章　参考答案

一、单项选择题

1. B　2. C　3. C　4. D　5. D

二、多项选择题

1. ABC　2. ABCD　3. ABDE　4. ABCE　5. BCD

三、判断题

1. ×　2. √　3. √　4. ×　5. ×　6. √　7. √

四、问答题（略）

五、业务计算题

1.（1）甲产品成本明细账，如表2—10—1所示。

表2—10—1　　　　　　　　　　　　　甲产品成本明细账

产品批号：0914　　　　　　　　　　　　　　　　　　　　　　　　投产日期：5月

产品名称：甲　批量：10台　　　　　　　　　　　　　　　　　完工日期：5月完工6台

月	日	摘　要	原材料	直接人工	制造费用	合　计
5	31	本月生产费用	3 360	2 350	2 800	8 510
5	31	完工产品成本	2 016	1 762.50	2 100	5 878.50
5	31	完工产品单位成本（6台）	336	293.75	210	979.75
5	31	月末在产品成本	1 344	587.50	700	2 631.50

表内数字计算：

完工产品原材料费用＝3 360÷（6＋4）×6＝2 016（元）

月末在产品原材料费用＝3 360÷（6＋4）×4＝1 344（元）

在产品约当产量＝4×50%＝2（台）

完工产品工资及福利费＝2 350÷（6＋2）×6＝1 762.5（元）

月末在产品工资及福利费＝2 350÷（6＋2）×2＝587.50（元）

完工产品制造费用＝2 800÷（6＋2）×6＝2 100（元）

月末在产品制造费用＝2 800÷（6＋2）×2＝700（元）

（2）乙产品成本明细账，如表2—10—2所示。

表2—10—2　　　　　　　　　　　　　乙产品成本明细账

产品批号：0915　　　　　　　　　　　　　　　　　　　　　　　　投产日期：5月

产品名称：乙　批量：10台　　　　　　　　　　　　　　　　　完工日期：5月完工2台

月	日	摘　要	直接材料	直接人工	制造费用	合　计
5	31	本月生产费用	4 600	3 050	1 980	9 630
5	31	单台计划成本	460	350	240	1 050
5	31	完工2台产品计划成本	920	700	480	2 100
5	31	月末在产品成本	3 680	2 350	1 500	7 530

2. (1) 工资及福利费分配率＝36 000÷30 000＝1.2

制造费用分配率＝48 000÷30 000＝1.6

(2) 7月份601批产品成本计算如下：

原材料：9 500 元

工资及福利费：5 000×1.2＝6 000（元）

制造费用：5 000×1.6＝8 000（元）

合计：23 500 元

7月份602批产品成本计算如下：

原材料：6 000 元

工资及福利费：4 000×1.2＝4 800（元）

制造费用：4 000×1.6＝6 400（元）

合计：17 200 元

3. (1) 基本生产成本二级账，如表2—10—3所示。

表2—10—3　　　　　　　　　　基本生产成本二级账

月	日	摘　要	直接材料	工时（小时）	直接人工	制造费用	合　计
9	30	生产费用累计数	68 880	47 040	18 816	28 224	115 920
9	30	累计间接费用分配率			0.4	0.6	
9	30	完工产品成本	32 400	23 020	9 208	13 812	55 420
9	30	余　额	36 480	24 020	9 608	14 412	60 500

二级账中数字计算：

直接人工费用累计分配率＝18 816÷47 040＝0.4

完工产品原材料费用＝18 000＋14 400＝32 400（元）

完工产品工时＝9 020＋14 000＝23 020（小时）

完工产品直接人工费用＝23 020×0.4＝9 208（元）

完工产品制造费用＝23 040×0.6＝13 812（元）

(2) 产品成本明细账，如表2—10—4～表2—10—7所示。

表2—10—4　　　　　　　　　　甲产品成本明细账

产品批号：0920　　　　　　　　　　　　　　　　　　　　　投产日期：8月

产品名称：甲　产品批量：5件　　　　　　　　　　　　　　　完工日期：9月

月	日	摘　要	直接材料	工时（小时）	直接人工	制造费用	合　计
9	30	生产费用累计数	18 000	9 020			
9	30	完工产成本（5件）	18 000	9 020	3 608	5 412	27 020
9	30	完工产品单位成本	3 600	1 804	721.6	1 082.4	5 404

表2—10—5　　　　　　　　　　乙产品成本明细账

产品批号：0921　　　　　　　　　　　　　　　　　　　　　投产日期：8月

产品名称：乙　产品批量：10件　　　　　　　　　　　　　　完工日期：9月

月	日	摘　要	直接材料	工时（小时）	直接人工	制造费用	合　计
9	30	生产费用累计数	24 000	21 500			
9	30	完工产品成本（6件）	14 400	14 000	5 600	8 400	28 400
9	30	完工成品单位成本	2 400	2 333.33	933.33	1 400	4 733.33
9	30	余　额	9 600	7 500			

表 2—10—6　　　　　　　　　　　　丙产品成本明细账

产品批号：0922　　　　　　　　　　　　　　　　　　　　　　　投产日期：8 月

产品名称：丙　产品批量：5 件　　　　　　　　　　　　　　　　完工日期：

月	日	摘　要	直接材料	工时（小时）	直接人工	制造费用	合　计
9	30	生产费用累计数	15 800	8 300			

表 2—10—7　　　　　　　　　　　　丁产品成本明细账

产品批号：0923　　　　　　　　　　　　　　　　　　　　　　　投产日期：9 月

产品名称：丁　产品批量：6 件　　　　　　　　　　　　　　　　完工日期：

月	日	摘　要	直接材料	工时（小时）	直接人工	制造费用	合　计
9	30	本月生产费用	11 080	8 220			

第十一章　参考答案

一、单项选择题

1. B　2. A　3. D　4. C　5. D　6. A　7. D　8. C　9. B　10. A

二、多项选择题

1. ABCD　2. ABCD　3. BCDE　4. ABCD　5. BCD　6. AC　7. AC　8. DE　9. AC
10. ACE

三、问答题（略）

四、业务计算题

1. 填制产品成本计算单如表 2—11—1 和表 2—11—2 所示，产品成本还原计算表如表 2—11—3 所示。

表 2—11—1　　　　　　　　　　第一车间成本计算单

在产品：40 件

完工产量：200 件

在产品完工率：50%

产品名称：A 半成品　　　　　　　×× 年 8 月　　　　　　　　　单位：元

摘　要	直接材料	直接人工	制造费用	合　计
月初在产品成本	4 400	860	2 000	7 260
本月发生费用	14 800	8 380	8 670	31 850
合　计	19 200	9 240	10 670	39 110
单位成本	80	42	48.5	170.5
完工半成品成本	16 000	8 400	9 700	34 100
月末在产品成本	3 200	840	970	5 010

表 2—11—2　　　　　　　　　　　　**第二车间成本计算单**

完工产量：180 件

产品名称：甲产成品　　　　　　　××年8月　　　　　　　单位：元

摘　要	半成品	直接人工	制造费用	合　计
月初在产品成本	1 690	100	170	1 960
本月发生费用	34 100	1 940	2 890	38 930
合　计	35 790	2 040	3 060	40 890
单位成本	170.5	10	15	195.5
完工产品成本	30 690	1 800	2 700	35 190
月末在产品定额成本	5 100	240	360	5 700

表 2—11—3　　　　　　　　　　　**产品成本还原计算表**

完工产量：180 件

产品名称：甲产成品　　　　　　　××年8月　　　　　　　单位：元

项　目	还原分配率	半成品	直接材料	直接人工	制造费用	成本合计
还原前完工产品成本		30 690		1 800	2 700	35 190
本月所产半成品成本			16 000	8 400	9 700	34 100
半成品成本还原	0.9	−30 690	14 400	7 560	8 730	
还原后完工产品总成本			14 400	9 360	11 430	35 190
还原后完工产品单位成本			80	52	63.5	195.5

2. 产成品成本还原计算表见表 2—11—4。

表 2—11—4　　　　　　　　　　　**产品成本还原计算表**

产品名称：甲产品　　　　　　　200×年6月　　　　　　　单位：元

项　目	还原分配率	半成品	直接材料	直接人工	制造费用	成本合计
还原前完工产品成本		36 000		8 000	12 000	56 000
本月所产半成品成本			16 000	5 000	9 000	30 000
半成品成本还原	1.2	−36 000	19 200	6 000	10 800	
还原后完工产品总成本			19 200	14 000	22 800	56 000

3. 各车间成本计算单见表 2—11—5～表 2—11—7。

表 2—11—5　　　　　　　　　　　**第一车间成本计算单**

产品名称：A 半成品　　　　　　　　　　　　　　　　　单位：元

摘　要	直接材料	直接人工	制造费用	合　计
月初在产品成本	1 600	80	240	1 920
本月发生费用	4 400	470	1 410	6 280
合　计	6 000	550	1 650	8 200
单位成本	10	1	3	14
完工产品成本	5 000	500	1 500	7 000
月末在产品成本	1 000	50	150	1 200

表 2—11—6　　　　　　　　　　第二车间成本计算单

产品名称：B 半成品　　　　　　　　　　　　　　　　　　　　单位：元

摘　要	直接材料	直接人工	制造费用	合　计
月初在产品成本	200	70	130	400
本月本步骤加工费用		2 190	3 200	5 390
本月耗用上步骤半成品费用	5 000	500	1 500	7 000
合　计	5 200	2 760	4 830	12 790
单位成本	10	6	10.5	26.5
完工产品成本	4 000	2 400	4 200	10 600
月末在产品成本	1 200	360	630	2 190

表 2—11—7　　　　　　　　　　第三车间成本计算单

产品名称：C 产品　　　　　　　　　　　　　　　　　　　　单位：元

摘　要	直接材料	直接人工	制造费用	合　计
月初在产品成本	1 400	980	1 680	4 060
本月本步骤加工费用		955	1 770	2 725
本月耗用上步骤半成品费用	4 000	2 400	4 200	10 600
合　计	5 400	4 335	7 650	17 385
单位成本	10	8.5	15	33.5
完工产品成本	4 800	4 080	7 200	16 080
月末在产品成本	600	255	450	1 305

4.（1）有关生产成本明细账见表 2—11—8～表 2—11—10。

表 2—11—8　　　　　　　　　　产品成本计算单

第一步骤　　　　　　　　　　　　产量：　　　　　　　　　　单位：元

摘　要	直接材料	直接人工	制造费用	合计
月初在产品成本	1 250	755	2 090	4 095
本月产品费用	22 750	11 495	13 100	47 345
费用合计	24 000	12 250	15 190	51 440
单位成本（分配率）	48	25	31	104
应计入产成品成本份额	14 400	7 500	9 300	31 200
广义在产品成本	9 600	4 750	5 890	20 240

表 2—11—9　　　　　　　　　　产品成本计算单

第二步骤　　　　　　　　　　　　产量：　　　　　　　　　　单位：元

摘　要	直接材料	直接人工	制造费用	合计
月初在产品成本		826	620	1 446
本月产品费用		9 064	5 400	14 464
费用合计		9 890	6 020	15 910
单位成本（分配率）		23	14	37
应计入产成品成本份额		6 900	4 200	11 100
广义在产品成本		2 990	1 820	4 810

表 2—11—10   **产品成本计算单**

第三步骤   产量：   单位：元

摘　要	直接材料	直接人工	制造费用	合　计
月初在产品成本		1 565	928	2 493
本月产品费用		5 915	4 852	10 767
费用合计		7 480	5 780	13 260
单位成本（分配率）		22	17	39
应计入产成品成本份额		6 600	5 100	11 700
广义在产品成本		880	680	1 560

（2）产品成本汇总表见表 2—11—11。

表 2—11—11   **产品成本汇总表**

丙产品   产量：   单位：元

摘　要	直接材料	直接人工	制造费用	合　计
第一步骤份额	14 400	7 500	9 300	31 200
第二步骤份额		6 900	4 200	11 100
第三步骤份额		6 600	5 100	11 700
完工产品总成本	14 400	21 000	18 600	54 000
单位成本	48	70	62	180

第十二章　参考答案

一、单项选择题

1. B　2. B　3. A　4. D　5. B　6. B　7. C　8. C　9. D　10. B　11. A　12. D　13. A　14. D　15. A　16. C　17. B

二、多项选择题

1. ABCDE　2. ABCDE　3. ABCDE　4. ABCDE　5. BCDE　6. ABDE　7. BCDE　8. ACE　9. ACD　10. ADE　11. CDE　12. ABC　13. ABCE　14. ABDE

三、判断题

1. ×　2. √　3. ×　4. ×　5. √　6. ×　7. √　8. √　9. √　10. ×　11. ×　12. ×　13. ×　14. √　15. √　16. √　17. √

四、问答题（略）

五、业务计算题

1.（1）填制系数表见表 2—12—1。

表 2—12—1   **系数计算表**

产　品	原材料费用	
	单位产品定额	系数
甲产品	160	0.64
乙产品	250	1
丙产品	320	1.28

成本会计综合练习册

（2）计算总系数＝30×0.64＋20×1＋15×1.28＝58.4

原材料费分配率＝150 660÷58.4＝2 579.79

甲产品材料费＝19.2×2 579.79＝49 531.97（元）

乙产品材料费＝20×2 579.79＝51 595.8（元）

丙产品材料费＝150 660－49 531.97－51 595.8＝49 532.23（元）

计算总工时＝30×25＋20×40＋15×30＝2 000（小时）

直接人工费分配率＝41 280÷2 000＝20.64

甲产品直接人工费＝750×20.64＝15 480（元）

乙产品直接人工费＝800×20.64＝16 512（元）

丙产品直接人工费＝450×20.64＝9 288（元）

制造费用分配率＝50 740÷2 000＝25.37

甲产品制造费用＝750×25.37＝19 027.5（元）

乙产品制造费用＝800×25.37＝20 296（元）

丙产品制造费用＝450×25.37＝11 416.5（元）

甲产品总成本＝49 531.97＋15 480＋19 027.5＝84 039.47（元）

乙产品总成本＝51 595.8＋16 512＋20 296＝88 403.8（元）

丙产品总成本＝49 532.23＋9 288＋11 416.5＝70 236.73（元）

2.（1）A产品应负担的直接人工＝12 000（元）

A产品应负担的制造费用＝21 000（元）

B产品应负担的直接人工＝800（元）

B产品应负担的制造费用＝1 400（元）

（2）A产品的完工产品总成本＝218 000（元）

A产品的单位成本＝54.50（元）

A产品月末在产品成本＝22 000（元）

B产品的完工产品总成本＝6 200（元）

B产品的单位成本＝6.2（元）

B产品月末在产品成本＝0

3.（1）月末在产品的原材料定额费用＝520－29＋2 400－2 600＝291（元）

（2）原材料脱离定额差异率＝（15－73）÷（2 600＋291）＝－2％

本月原材料费用的材料成本差异＝（2 400－73）×3‰＝69.81（元）

本月完工产品原材料实际成本＝2 600＋2 600×（－2％）＋69.81＋29＝2 646.81（元）

月末在产品原材料实际成本＝291＋291×（－2％）＝285.18（元）

4.（1）月初在产品定额变动差异＝70 000×（1－18/20）＝70 000×10％＝7 000（元）

（2）8月份脱离定额差异＝300 000－16 500×18＝3 000（元）

（3）完工2 000件甲产品的实际材料成本＝（70 000－7 000）＋16 500×18＋7 000＋3 000

＝360 000＋7 000＋3 000＝370 000（元）

第十三章　参考答案

一、单项选择题

1. B　2. C　3. D　4. D　5. C

二、多项选择题

1. ABCDE　2. ABCD　3. ABC　4. ABC　5. ABD

三、问答题

1. 商品流通费用主要包括管理费用、销售费用、财务费用和汇兑损益。核算内容分别如下：

管理费用：管理费用是商业企业管理和组织商品流通活动所发生的各项费用。主要包括管理人员的工资及福利费、折旧费、修理费、办公经费和差旅费、董事会经费（如董事会成员津贴、会议费和差旅费等）、工会经费、业务招待费、职工教育培训费、咨询费、诉讼费、劳动保险费、印花税、车船税、土地使用税等。

销售费用：指企业在销售商品过程中发生的各项费用。具体包括：运输费、装卸费、包装费、保险费、展览费、广告费，以及为销售本企业商品而专设的销售机构（含销售网点、售后服务网点等）的职工工资、福利费、业务费等经常性费用。

财务费用：指企业为筹集生产经营所需的借入资金而发生的费用。具体包括：利息净支出（减利息收入）、金融机构手续费、汇兑净损失（减汇兑收益）等。

2. 根据交通运输企业的经营特点，交通运输企业成本核算的主要内容和特点包括以下几个方面：成本计算对象多样化；运输成本的计算与产品制造成本计算基本相同；营运成本与应计入当期成本的费用一致；成本计量单位采用复合计量。

3. 施工企业工程成本计算的程序一般如下：

（1）当期发生的各项与工程施工直接相关的材料费、人工费、机械使用费以及其他直接费用直接记入"工程施工"总账及其明细账户；发生的各项间接费用则按受益单位及经济用途分别记入相关的"辅助费用"、"机械作业"、"管理费用"等账户。

（2）月末，将归集在"辅助费用"、"机械作业"等账户的施工费用，按照一定的分配方法计算转入"工程施工"等账户。

（3）月末，计算已完工工程的实际工程成本，并结转入"工程结算成本"账户。

4. 房地产开发企业的成本项目是指房地产开发企业在组织成本核算时，将开发产品成本按经济用途进行分类所确定的费用项目。具体包括：

（1）土地征用及拆迁补偿费，包括土地征用费、耕地占用费、劳动力安置费及有关地上、地下附着物拆迁补偿的净支出、安置动迁用房支出等。

（2）前期工程费，包括规划设计费、项目的可行性研究费、水文地质及工程地质勘察费、测绘费、"三通一平"支出等。

（3）建筑安装工程费，包括企业以出包方式支付给承包单位的建筑安装工程费和以自营方式发生的建筑安装工程费。

（4）基础设施费，包括开发小区道路、供电、供水、供气、排污、排洪、通信、照明、环卫、绿化等工程发生的支出。

（5）公共配套内的锅炉房、水塔、自行车棚等设施的支出。

（6）开发间接费用，是指企业所属单位直接组织管理开发项目发生的费用，包括工资、职工福利费、折旧费、修理费、办公费、水电费、劳动保护费、周转房摊销等。

四、业务计算题

1. 10月购入香烟的进销差价＝82 500－65 200＝17 300（元）

进销差价率＝（7 585＋17 300）÷（36 000＋82 500）×100％＝21％

已销香烟应分摊的进销差价＝46 000×21％＝9 660（元）

已销香烟的实际成本＝46 000－9 660＝36 340（元）

根据以上业务及计算得出的实际成本，编制会计分录如下：

（1）采购商品时。

借：商品采购	65 200
应交税费——应交增值税（进项税额）	11 084
贷：银行存款	76 284

验收入库时。

借：库存商品	82 500
贷：商品采购	65 200
商品进销差价	17 300

（2）销售商品时。

借：银行存款	53 820
贷：主营业务收入	46 000
应交税费——应交增值税（销项税额）	7 820

结转已销商品。

借：主营业务成本	46 000
贷：库存商品	46 000

（3）根据计算，结转已销商品的进销差价。

借：商品进销差价	9 660
贷：主营业务成本	9 660

2.（1）货运队本月完成的运输周转量为2 000千吨公里，客运队完成的运输周转量为5 000千人公里，本月汽车运输总成本和单位成本核算如下：

货运队总成本＝190 000（元）

货运队单位成本＝190 000÷2 000＝95（元/千吨公里）

客运队总成本＝120 000（元）

客运队单位成本＝120 000÷5 000＝24（元/千人公里）

总成本＝190 000＋120 000＝310 000（元）

（2）结转本月汽车运输成本。

借：本年利润	310 000
贷：运输成本——货运	190 000
——客运	120 000

3.（1）本月工资费用分配如下：

日平均工资＝500 000÷2 000＝250（元/日）

甲工程本月应负担工资费用＝250×1 200＝300 000（元）

乙工程本月应负担工资费用＝250×800＝200 000（元）

借：工程施工——合同成本（甲工程）	342 000
——合同成本（乙工程）	228 000
贷：应付职工薪酬——工资	500 000

————职工福利 70 000

（2）本月甲工程领用材料 80 000 元，乙工程领用材料 70 000 元。

借：工程施工——合同成本（甲工程） 80 000

————合同成本（乙工程） 70 000

贷：原材料 150 000

（3）公司自有一台塔式吊车，本月实际发生费用 40 000 元，本月实际工作 160 个台班，其中，甲工程耗用 60 个台班，乙工程耗用 100 个台班，分配如下：

每台班成本＝40 000÷160＝250（元/台班）

甲工程应负担费用＝250×60＝15 000（元）

乙工程应负担费用＝250×100＝25 000（元）

借：工程施工——合同成本（甲工程） 15 000

————合同成本（乙工程） 25 000

贷：机械作业 40 000

第十四章　参考答案

一、单项选择题

1. B　2. A　3. B　4. C　5. A　6. B　7. C　8. A　9. C　10. D

二、多项选择题

1. CD　2. ABCDE　3. BDE　4. BCD　5. AE　6. BDE

三、问答题

1. 连环替代法的计算程序为：

（1）根据综合性经济指标的特征和分析的目的，确定构成该项指标的因素。

（2）根据因素的依存关系，按一定顺序排列因素。

（3）确定比较的标准（各因素的本期计划数值或前期实际数值）后，依次以各因素的本期实际数值替换该因素的标准数值（本期计划数值或前期实际数值），每次替换都计算出新的数据。有几个因素就需替换几次，直至最后计算出该指标的实际数据。

（4）以每次替换后计算出的新数据，减去前一个数据，其差额即为该因素变动对经济指标的影响程度。

（5）综合各因素的影响程度，其代数和应等于该项经济指标实际数据与标准数据（本期计划数据或前期实际数据）的差异。

2. 成本报表的特点主要有：

（1）成本报表是为企业内部经营管理的需要而编制的。

（2）成本报表在不同企业之间存在差异。

（3）成本报表提供的数据具有综合性和全面性。

四、业务计算题

（1）A 产品单位成本变动情况分析。

本期 A 产品实际单位成本比上年实际提高：

   1 658－1 560＝98（元）

或者 （1 658－1 560）÷1 560＝6.28％

本期 A 产品实际单位成本比本年计划提高：

   1 658－1 582＝76（元）

或者 （1 658－1 582）÷1 582＝4.80％

（2）原材料费用变动情况分析。

  原材料费用实际比计划高 82 元，其中：

  由于原材料消耗量增加而多支出的费用＝（610－600）×2.1＝21（元）

  由于材料价格上涨而多支出的费用＝（2.2－2.1）×610＝61（元）

  上述两项因素变动使原材料费用实际比计划多支出 82 元（61＋21）。

21 世纪高等继续教育精品教材·会计系列

成本会计

主　编　汪立元　任爱莲
副主编　崔道远

中国人民大学出版社
·北京·

成本会计是会计专业的重要主干课程。本书紧密结合 2006 年新颁布的《企业会计准则》的框架体系，在总结成本会计教学实践经验的基础上，借鉴国内外同类教材的先进经验编撰而成。

本书结合成本会计的教学目标，以工业制造企业为主线，全面、系统地介绍了成本核算基本方法和辅助方法的计算程序，同时兼顾了其他主要行业成本核算的具体做法。全书脉络清楚，重点突出，特别适合于教学和学员自学。

本书实践性较强，适用于会计学本专科层次的教学，对于需要掌握成本会计基本知识点的其他层次的学习者也具有很好的借鉴价值。

本书的主要特色有：

1. 紧密结合《企业会计准则》的框架体系，体现了新会计准则对成本核算的影响，内容新颖。

2. 本书内容体系安排合理、全面。不但以工业制造企业为主介绍成本核算的流程和方法，也介绍其他主要行业的成本核算方法。

3. 本书实践性较强，突出应用，注重成本会计实务。

4. 本书在介绍成本核算的过程中，融入成本控制、成本管理的思想。对目前流行的作业成本法、质量成本管理等方面的内容也做了介绍。

本书是集体智慧的结晶。上海电视大学汪立元副教授、河南财经学院任爱莲老师担任主编；崔道远老师担任副主编。汪立元负责拟定全书的编写提纲，并对全书进行了审稿、修改、定稿。全书共分十四章，参加编写的人员分工如下：第一章由崔道远编写；第三章和第七章由汪立元编写；第四、五、六章由任爱莲编写；第二章和第十一章由彭小华编写；第八章由丁玫编写；第九章由甘昌盛编写；第十章由陈清宇编写；第十二章由张相贤编写；第十三章由郇展霞编写；第十四章由黄梅编写。

上海电视大学副校长徐皓教授对本书的编写模式进行了指导，在编写的过程中张令元副教授、张纯义副教授等也提出了宝贵的建议，在此一并表示衷心的感谢。

成本会计

　　本书在编写过程中，参考了大量国内外最新的相关教材和研究成果，在此也向有关作者表示感谢。

　　由于编者水平有限，书中难免会有错误和疏漏之处，恳请读者批评指正。

编　者

2010 年 6 月

目 录

成本会计

第一章　总　论

❶ 明确成本的概念和作用
❷ 掌握成本会计的对象和内容
❸ 理解成本会计的职能和任务
❹ 明确成本会计机构的设置方式

导入案例

一、案例资料

在某成人高校的第一次成本会计课上，主讲教师崔老师正在向学生介绍成本会计课程的内容和体系。

老师告诉学员们："成本会计是会计学科中一门独立的分支，因为它有自己独立的内容框架和方法体系。当前的成本会计，不仅仅是成本核算，成本管理的思想也融入成本会计的内容中了。"

学员问道："以前没有学过或者学过其他的会计课程，甚至以前学理科的学员初学会计，能够学好成本会计吗？"

老师回答说："只要有一点会计学基础知识，即使没有学过太多的财务会计或财经类其他课程，也可以将成本会计学好，因为它有独立的方法体系。"

二、讨论题

1. 成本会计是会计学科中的一门独立的分支学科吗？
2. 只要学习过基础会计，就可以学好成本会计吗？
3. 成本会计对以后学习管理会计有帮助吗？
4. 如何才能学好成本会计？

第一节　成本的概念和作用

一、成本的概念

（一）马克思主义政治经济学中的成本概念

按照马克思主义政治经济学中的观点，成本是商品经济的价值范畴，是商品价值的组成部分。它是商品生产发展到一定阶段，人们为了比较生产中的所费与所得，并对所费进行补偿而产生的一个用价值表现的生产耗费的概念。

首先，成本是商品价值的基本部分。成本属于价值的范畴，它同商品价值有着密切的联系。商品是使用价值和价值的统一，商品价值由三个部分组成：一是生产过程中已消耗的生产资料的价值（C）；二是劳动者为自己创造的价值（V）；三是劳动者为社会创造的价值（M）。在商品价值构成的三个部分（$C+V+M$）中，成本是商品价值的基本部分，即商品价值中前两部分价值（$C+V$），这也就是所谓的理论成本。

其次，成本是指为特定目的而发生的资金耗费。在商品经济条件下，生产耗费都是为一定的目的而发生，有所得必有所费。一切耗费都必须对象化于所得，并从所得中获得补偿，以使社会再生产得以持续不断地进行。以工业企业为例，工业企业生产经营过程中的每一阶段都会发生资金的耗费。将资金耗费对象化到不同的对象上，从而构成各种不同的成本。生产准备阶段的资金耗费是为了购买设备、材料，这一部分资金耗费对象化到设备与材料上，构成设备与材料的成本；生产阶段的资金耗费是为了生产产品，如耗用设备（折旧）、材料、支付工资、支付生产管理费用等，在这一阶段，一部分设备和材料成本转移到产品中，连同支付的生产工人工资及生产管理费用等对象化到生产的产品上，构成产品的生产成本（制造成本）。此外，工业企业还有为提供某种劳务而发生的资金耗费，将其对象化到某一劳务（如修理、运输）上，构成劳务成本；为筹措资金而发生的资金耗费（如利息支出）构成筹资成本。可见，成本就是对象化的资金耗费。

再次，成本是补偿生产耗费的尺度。正常情况下，已耗费的资金可以从收入中获得补偿。从另一角度来讲，企业为生产特定的产品而发生的各种资金耗费，也必须从收入中得到补偿，否则，企业的简单再生产将无法进行。因此，成本的意义不仅是对象化的资金耗费，也是一种补偿价值。

综上所述，可以对成本的经济实质概括为：生产经营过程中所耗费的生产资料转移的价值和劳动者为自己劳动所创造的价值的货币表现，也就是企业在生产经营过程所耗费的资金的总和。

（二）西方经济学中成本的概念

西方经济学中的成本理论主要是从厂商的角度出发，分析其在生产经营中如何通过比较各种成本支出方案，最终作出生产决策，即以最小成本支出获得一定利润或以一定成本支出获得最大利润。也就是说，这一成本理论是以企业的生产经营为出发点，主要研究生产成本问题。西方经济理论中主要包括生产成本、边际成本、机会成本等几个概念以及核算方法。

（1）生产成本。由于生产过程本身是一个投入产出的过程，因此生产过程中所投入和使用生产要素的价格就是生产成本。生产成本包括短期成本和长期成本两种类型。短期成本是指生产者在来不及调整某些生产要素的情况下所花费的成本，又可以分为固定成本和变动成本两部分。长期成本是指生产者在可以调整所有的生产要素数量的情况下，进行生产所花费的成本。长期成本只包括变动成本。

（2）边际成本。它是成本计量的一个重要概念，是指由于产量每增加一单位所增加的成本费用。它可以通过总成本增量和总产量增量之比来表示。

（3）机会成本。经济学一般着眼于社会生产过程中的资源配置，故机会成本在西方经济学中被定义为"从事某种选择所必须放弃的最有价值的其他选择"。机会成本不是实际的支出，而是对资源配置的一种度量，表达了稀缺与选择之间的基本选择。

（三）会计学中的成本

会计学中的成本是根据实际成本原则和权责发生制的要求，按照成本计算对象受益的情况汇集和分配所发生的生产费用，所计算出的一定数量产品或劳务的个别劳动耗费的补偿价值。它可以用来计量企业生产经营性资金耗费、计算企业损益、考核企业耗费水平、限定生产经营性耗费补偿的范围和数量等等。会计学中的成本具有以下特点：

（1）围绕企业生产过程进行研究，重点研究生产成本。不涉及企业与外界和企业内部组织之间的费用。

（2）是对历史的反映。只关心实际发生的成本，不关心未来的产出。

（3）能够以货币加以计量。只核算企业成本中可以以货币支出形态直接反映出来的部分，不包括应计入而不能以货币形态直接反映出来的成本。

成本是取得资产的代价或对象化的耗费。这是广义的成本概念，是广泛适用于各行业的一个成本概念。

本教材所研究与计算的重点是工业企业为制造产品而发生的成本，即产品生产成本（或称产品制造成本）。

二、成本的作用

（一）成本是补偿生产耗费的尺度

为了保证企业再生产的不断进行，必须对生产耗费，即资金耗费进行补偿。企业是自负盈亏的商品生产者和经营者，其生产耗费是用自身的生产成果，即销售收入来补偿的。而成本就是衡量这一补偿份额大小的尺度。企业在取得销售收入后，必须把相当于成本的数额划分出来，用以补偿生产经营中的资金耗费。这样，才能维持资金周转按原有规模进行。如果企业不能按照成本来补偿生产耗费，企业资金就会短缺，再生产就不能按原有的规模进行。成本也是划分生产经营耗费和企业纯收入的依据，在一定的销售收入中，成本越低，企业纯收入就越高。可见，成本起着衡量生产耗费尺度的作用，对经济发展有着重要的影响。

（二）成本是综合反映企业工作质量的重要指标

成本是一项综合性的经济指标，企业经营管理中各方面工作的业绩，都可以直接或间接地在成本上反映出来。例如，产品设计的好坏、生产工艺的合理程度、固定资产的利用情况、原材料消耗节约与浪费、劳动生产率的高低、产品质量的高低、产品产量的增减以及供产销各环节的工作是否衔接、协调等，都可以通过成本直接或间接地反映出来。成本既然是综合反映企业工作质量的指标，因而可以通过对成本的计划、控制、监督、考核和分析等来促使企业以及企业内各单位加强经济核算，努力改进管理，降低成本，提高经济效益。

（三）产品成本是制定产品售价的一项重要因素

制定产品的售价是一项复杂的工作，要考虑的因素有很多，诸如国家的价格政策及其他经济政策、市场上该产品的供求情况及市场竞争情况、不同产品之间的性价比、产品成本以及企业的经营管理费用等等。产品价格是产品价值的货币表现。制定产品价格最重要的是必须按照商品经济价值规律的要求，使产品价格大体符合产品价值。由于目前我们还不能直接计算产品的价值，所以只能通过计算产品的成本间接地相对反映产品的价值。因而一般情况下，产品售价应当使产品成本和经营管理费用得到补偿，以使再生产得以继续进行。

（四）产品成本是企业进行经营决策的重要依据

企业在对生产经营的重大问题进行决策时，需要考虑的因素很多，成本是其中应考虑的主要因素之一。进行重大问题的决策通常要对各种不同的方案进行比较，选择经济效益最佳的方案。经济效益是经营耗费与经营成果之比，因此，产品成本的高低直接影响经济效益的大小，成本越低，经营耗费也越低，经济效益就越高。而且，较低的产品成本在市场竞争中也总是处于有利的地位。因而，产品成本就成为企业经营决策时必须考虑的重要因素之一。

第二节　成本会计的概念与内容

一、成本会计的概念和对象

成本会计是以成本费用为对象，通过费用的汇总核算和产品（或商品）成本的计算，提供管理上所需成本费用信息的一种专业会计。

企业所从事的各项经营业务活动，必然会耗费一定的人力、物力和财力。例如，在工业企业中，产品的生产过程，同时也是生产的耗费过程。生产耗费包括生产资料中劳动手段（如机器设备）的耗费、劳动对象（如原材料）的耗费以及劳动力（如人工）等方面的耗费。工业企业在一定时期（如一个月）内发生的、用货币计量的生产耗费被称为生产费用；企业为生产一定种类、一定数量的产品所支出的各种生产费用的总和被称为产品成本。又如，在商品流通企业中，要开展商品的采购和销售等基本经济业务活动，就会发生商品的采购成本和销售成本，还要发生销售费用、管理费用、财务费用等商品流通费用。总之，各行各业经营业务发生的成本和有关的经营管理费用（简称成本费用）就是成本会计核算的对象。所以，成本会计也被称为成本费用会计。

二、成本会计的内容

成本会计作为企业的一项重要管理活动，包括成本预测、成本决策、成本计划、成本控制、成本核算、成本分析和成本考核等具体内容。

（一）成本预测

成本预测是根据成本数据和其他有关资料，运用定量分析和定性分析的方法，对企业未来成本水平及其变动趋势做出科学估计。成本预测工作应当根据企业当前已达到的成本水平和有关经营活动的历史数据，考虑当前市场动态和今后可能影响成本的各种因素，认真分析各种技术经济条件和发展前景，研究可能采取的技术和经济措施，为成本决策、成本计划和成本控制提供及时有效的信息，避免决策、计划、控制中的主观性、盲目性和片面性。

（二）成本决策

成本决策是在成本预测基础上，结合其他有关资料，运用定量和定性分析的方法，选择最优的行动方案。例如，工业企业有投资立项建厂、扩建改建、技术改进措施的决策，新产品设计或老产品改造的决策，合理下料方案的决策，产品质量决策等；农业方面有产业结构决策，农作物结构决策，轮作决策，投资决策等；商业方面有经济批量决策，营销组合决策等。进行成本决策、确定目标成本是编制成本计划的前提，也是实现成本的事前控制、提高经济效益的重要途径。

（三）成本计划

成本计划是在成本预测和决策的基础上，具体规定计划期内企业生产费用和期间费用数额、各种产品的成本水平和降低任务。成本计划通常包括：生产费用预算、期间费用预算、商品产品总成本计划、商品产品单位成本计划、可比产品成本降低计划以及完成计划的措施等。通过成本计划管理，可以明确企业在降低产品成本方面的目标，推动企业加强成本管理责任制，增强企业全体职工的成本意识，控制生产费用，挖掘降低成本的潜力，保证企业降低成本任务的完成。

（四）成本控制

成本控制是在生产经营费用的发生和产品成本的形成过程中，依据成本计划所规定的费用预算和成本标准，及时调节影响成本费用的各项因素，使各项生产经营费用的发生和产品成本的形成限制在成本计划和成本标准的范围内。从企业经营进程来看，成本控制包括产品生产的事前控制、生产过程控制和事后控制。事前控制是整个成本控制活动中最重要的环节，它直接影响以后产品制造成本和使用成本的高低。事前成本控制活动主要有厂址选择和建厂的成本控制，新产品研制设计的成本控制，老产品改进的成本控制，生产工艺改进的成本控制等。产品生产过程的成本控制包括从生产计划安排、采购原材料、生产准备、生产，直到产品完工入库这一整个过程。生产过程的成本控制是对产品实际劳动耗费的控制，包括原材料耗费的控制、人工耗费的控制、劳动工具耗费和其他费用支出的控制等方面。事后成本控制是定期地对过去某一段时间成本控制的总结，反馈控制来年。通过成本控制，可以防止浪费，及时揭示存在的问题，减少损失，实现成本目标。

（五）成本核算

成本核算是指对生产经营过程中实际发生的成本和费用进行记录、归集、计算、分配，作出有关的账务处理，计算出各种产品或劳务的总成本和单位成本并编制成本报表，为成本管理提供客观、真实的成本资料。通过成本核算所提供的实际成本资料与目标成本比较，可以了解成本计划的完成情况，同时为下一期的成本预测、决策和成本计划提供原始资料，并为制定产品价格提供依据。

（六）成本分析

成本分析是根据成本核算提供的成本数据资料和其他有关资料，通过将实际成本与本期计划成本、上年同期实际成本、本企业历史先进成本水平以及国内外先进企业的成本水平进行比较，分析成本水平与构成的变动情况、影响成本费用升降的各种因素及其影响程度、成本超支或节约的原因，采取措施，改进生产经营管理，降低成本费用。

通过成本分析，可以为成本考核提供依据，为成本预测和决策以及编制下一期的成本计划提供参考。

（七）成本考核

成本考核是根据成本计划和核算资料，结合成本分析资料，定期对计划成本实际完成情况进行考察和评价。成本考核一般是以部门、单位或个人作为责任的对象，以其可控制成本为界限，以责任的归属来考察其成本指标的完成情况，评价其工作业绩并决定奖罚，以充分调动责任者完成预定目标的积极性。

综上所述，成本会计七个方面的职能互相联系、互相依存，构成了成本会计工作的有机整体。成本预测是进行成本决策的重要依据；成本决策是成本预测的结果；成本计划是成本决策所确定成本目标的具体化，同时又是成本控制、成本分析和成本考核的依据；成本控制是对成本计划执行情况进行监督，保证成本决策目标实现的重要手段；通过成本核算可以反映成本计划的实施结果，检验成本决策目标是否实现，成本核算资料是进行成本分析的依据，通过成本分析可以发现计划的完成情况和实际成本脱离计划成本的原因。

在成本会计的各项内容中，成本核算是基础。没有成本核算，成本预测、决策、计划、控制、分析和考核，都无法进行，从而也就没有了成本会计。本教材内容体系的安排主要侧重于成本核算，适当涉及了成本计划和分析的内容。而其他方面的内容则放在后续的管理会计中讲述。

第三节　成本会计的职能和任务

一、成本会计的职能

成本会计的职能，是指成本会计在经济管理中的功能。成本会计作为会计的一个重要分支，其基本职能同会计一样，即反映和监督。但从成本会计产生和发展的历史看，随着生产过程的日趋复杂，生产、经营管理对成本会计不断提出新的要求，成本会计反映和监督的内涵也在不断的发展。下面分别说明成本会计职能的基本内容。

（一）反映的职能

反映的职能是成本会计的首要职能。成本会计的反映职能，就是从价值补偿的角度出发，反映生产经营过程中各种费用的支出，以及生产经营业务成本和期间费用等的形成情况，为经营管理提供各种成本信息。就成本会计反映职能的最基本方面来说，是以已经发生的各种费用为依据，为经营管理提供真实的、可以验证的成本信息，从而使成本分析、考核等工作建立在有客观依据的基础上。随着社会生产的不断发展，经营规模的不断扩大，经济活动情况的日趋复杂，在成本管理上就需要加强计划性和预见性。因此，对成本会计提出了更高的要求，需要通过成本会计为经营管理提供更多的信息，即除了要提供能反映成本现状的核算资料外，还要提供有关预测未来经济活动的成本信息资料，以便做出正确的决策和采取措施，达到预期的目的。由此可见，成本会计的反映职能，从事后反映发展到了分析预测未来。只有这样，才能满足经营管理的需要，才能更好地发挥其在经营管理中的作用。

（二）监督的职能

成本会计的监督职能，是指按照一定的目的和要求，通过控制、调节、指导和考核等，监督各项生产经营耗费的合理性、合法性和有效性，以达到预期的成本管理目标的功能。

成本会计的监督，包括事前、事中和事后监督。首先，成本会计应从经济管理对降低成本、提高经济效益的要求出发，对企业未来经济活动的计划或方案进行审查，并提出合理化建议，从而发挥对经济活动的指导作用；在反映各种生产经营耗费的同时，进行事前监督，即以国家的有关政策、制度和企业的计划、预算及规定等为依据，对有关经济活动的合理性、合法性和有效性进行审查，限制或制止违反政策、制度和计划、预算等的经济活动，支持和促进增产节约、增收节支的经济活动，以实现提高经济效益的目的。其次，成本会计要通过成本信息的反馈，进行事中、事后的监督，也就是通过对所提供的成本信息资料的检查分析，控制和考核有关经济活动，及时从中总结经验，发现问题，提出建议，促使有关方面采取措施，调整经济活动，使其按照规定的要求和预期的目标进行。

二、成本会计的任务

成本会计的任务是人们对成本会计的主观期望与具体要求。作为会计的一个重要分支，成本会计是企业经营管理的重要组成部分。因此，成本会计的任务主要取决于企业经营管理的要求。但是，成本会计不可能完全满足企业经营管理各个方面的要求，而只能基于成本会计的对象并在成本会计职能的范围内，为企业经营管理提供所需的数据和信息，并参与经营管理，从而达到降低成本费用、提高经济效益的目的。因此，成本会计的任务还受制于成本会计的对象和职能。

根据企业经营管理的要求，结合成本会计的对象和职能，成本会计的任务主要包括：

（1）审核和控制企业发生的各项费用，防止和制止各种浪费和损失，以降低成本、节约费用。

（2）核算各种生产费用、期间费用以及产品成本，为企业经营管理提供所需的成本费用数据。

（3）分析各项支出的发生情况、消耗定额与成本计划的执行情况，进一步挖掘降低成本、节约费用的潜力，从而促进企业加强成本管理，提高经济效益。

总之，成本会计的任务是核算与分析成本费用，并促使企业挖掘内部潜力，提高经济效益。

第四节　成本会计工作的组织

一、成本会计机构

成本会计机构是处理成本会计工作的职能部门，是整个企业会计机构的一部分。成本会计机构设置是否适当，将会影响到成本会计工作的效率和质量。影响成本会计机构设置的主要因素是企业生产类型和业务规模。企业要根据生产类型的特点和业务规模大小来决定是否单独设置成本会计机构或组织机构。在大型企业中，应单独设置成本会计机构，在总会计师的领导下负责成本会计的各项工作。在规模较小、会计人员不多的企业，可以不设立成本会计的专门机构，但应配置专职的成本会计人员负责成本会计工作。企业的有关职能部门和生产车间，也应根据工作需要设置成本会计组织或配备专职或兼职的成本会计人员。

在企业内部各级成本会计机构中，有集中工作和分散工作两种方式。

在集中工作方式下，由厂部的成本会计机构集中负责成本会计核算、成本计划编制和成本分析等方面的工作，车间等其他部门中的成本会计机构或人员（一般只配备成本核算人员）只负责登记原始记录和填制原始凭证并进行初步的审核、整理和汇总，为厂部的进一步成本核算提供资料。这种方式有利于企业管理当局及时掌握企业有关成本的全面信息，便于集中使用计算机进行数据处理，还可以减少成本会计机构的层次和成本会计人员的数量。但对于直接从事生产经营活动的基层单位来说，不便于使用这种方式及时掌握成本信息，也不利于调动自我控制成本和费用的积极性。集中工作方式一般只适用于成本会计工作简单的小型企业。

在分散工作方式下，成本会计的各项工作分散到车间等基层单位的成本会计机构或人员中，厂部的成本会计机构只负责成本数据的汇总以及处理那些不便于分散到车间等部门去进行的成本会计工作。这种方式虽然增加了成本会计工作的层次和成本会计人员的数量，但它却有利于各具体生产经营单位及时掌握成本信息，促进各单位的生产经营管理，也便于配合经济责任制的实行，为各单位的成本控制、业绩考核提供必要的信息。

二、成本会计人员

在企业成本会计机构中，配备好成本会计人员，提高成本会计人员的素质，是做好成本会计工作的前提。为了提高成本会计工作效率，保证成本会计信息质量，在成本会计机构内部和会计人员中应当建立岗位责任制，定岗、定编、定责，明确分工，各司其职。企业应当重视和加强成本会计人员的职业道德教育和业务培训，做到事事有人管，人人有专责。也就是说，每一项成本会计工作都要有人负责，每一个成本会计人员都要明确自己的责任。

三、有关成本会计的法律、规章和制度

企业成本会计机构和会计人员必须严格按有关法律、规章和制度的规定进行成本核算，实行会计监督。与成本会计工作有关的法律、规章和制度主要有：

（1）《中华人民共和国会计法》（以下简称《会计法》）。《会计法》是会计工作的基本法律，是制定会计方面其他法律、规章、制度、办法等的依据。

依照《会计法》的规定，公司、企业必须根据实际发生的经济业务事项，按照国家规定确认、计量和记录资产、负债、所有者权益、收入、费用和利润；公司、企业

不得随意改变费用、成本的确认标准或者计量方法，虚列、多列、不列或者少列费用、成本。

（2）《企业会计准则》。企业会计准则体系由基本准则、具体准则和应用指南组成。1992年11月30日，经国务院批准，财政部以财经部令的形式发布了《企业会计准则》，它属于基本准则；2006年2月15日，财政部又以财政部令的形式发布了修订以后的《企业会计准则——基本准则》，同日，以财政部文件的形式印发了《企业会计准则第1号——存货》等38项具体准则；2006年10月30日，以财政部文件的形式印发了《企业会计准则——应用指南》。

《企业会计准则》是指导企业进行会计核算的统一规范，属于政府规章性质。企业进行成本核算，组织成本监督，设置成本会计机构和配备成本会计人员等，都应当遵循《企业会计准则》（包括基本准则、具体准则和应用指南）的规定。

（3）企业内部的会计制度和成本核算办法。企业成本会计的实务，必须由企业内部会计制度和成本核算办法等来规范，也就是说，企业内部的会计制度和成本核算办法，是企业组织费用和成本的核算、处理各项具体成本会计业务的直接依据。

企业指定的内部会计制度和成本核算办法，必须符合《会计法》和《企业会计准则》的要求；必须适应企业内部生产经营活动和业务活动的特点；必须满足企业加强成本管理和成本监督的要求。

本章小结

企业生产经营过程中所耗费的生产资料转移的价值和劳动者为自己劳动所创造的价值的货币表现，是成本的经济实质所在，它构成了商品的理论成本。商品的理论成本与实际工作中所应用到的成本概念是具有一定差别的，这主要表现在：（1）实际工作中的成本开支范围，是国家在考虑了诸多因素的基础上，通过有关法规制度加以界定的；（2）理论成本是一个"全部成本"的概念，在实际工作中，是将其全部对象化，计算产品的全部成本，还是将其部分对象化，部分期间化，则取决于成本核算制度的规定；（3）理论成本的概念主要是针对商品产品成本而言的，实际工作中所涉及和应用的成本概念已经超出了商品产品成本的范围。

成本是企业一项综合性的指标。它是补偿耗费的尺度、反映企业经营质量的指标、制定售价的参考和作出经营决策的依据。

成本会计具有反映和监督两大基本职能。成本会计的内容包括成本的预测、决策、计划、控制、核算、考核和分析。

成本会计的任务主要决定于企业经营管理的要求。同时还受制于成本会计的对象和职能。

成本会计的任务包括以下几个方面：

审核、控制企业发生的各项费用。防止和制止各种浪费和损失，以降低成本、节约费用；核算各种生产费用、期间费用和产品成本，为企业生产经营管理提供所需的成本、费用数据；分析各项支出的发生情况、消耗定额和成本计划的执行情况，进一步挖掘节约费用、降低成本的潜力，从而促进企业加强成本管理，提高经济效益。

另外企业应根据单位生产经营业务特点、生产规模大小、企业机构设置和成本管理的要求等具体情况与条件来组织成本会计工作。具体包括：成本会计机构的设置、成本会计人员的配备和成本会计法律、规章和制度的贯彻执行。

思 考 题

1. 试述成本的概念和作用。
2. 试述成本会计的内容。
3. 试述成本会计的职能。
4. 试述成本会计的任务。

成本会计

第二章　成本核算的要求和程序

① 明确成本核算的要求
② 掌握各种费用界限的划分
③ 掌握成本核算的基本程序
④ 掌握成本核算的账务处理程序

导入案例

一、案例资料

某企业 3 月份有关成本费用资料如下：

1. 产品耗用原材料 60 000 元；

2. 支付生产工人工资 30 000 元；

3. 支付生产车间管理人员工资 5 000 元；

4. 支付销售部门人员工资 4 000 元；

5. 支付企业管理人员工资 9 000 元；

6. 支付银行借款利息费 1 000 元；

7. 支付车间机器修理费 3 000 元；

8. 购买生产设备 100 000 元；

9. 支付广告费 4 000 元；

10. 固定资产盘亏损失 2 000 元。

该企业会计人员将上述费用分类列示如下：

生产成本＝1＋2＋7＋8＋10＝195 000（元）

期间费用＝3＋4＋5＋6＋9＝23 000（元）

二、讨论题

1. 生产成本与期间费用有什么区别？

2. 你认为该企业会计人员对这些费用所作的分类是否正确？如不正确，正确的金额应为多少？

第一节　成本核算的要求

成本核算就是按照国家有关的法规、制度和企业经营管理的要求，对生产经营过程中实际发生的各种劳动耗费进行计算，并进行相应的账务处理，提供真实、有用的成本信息。为了充分发挥成本核算的作用，在成本核算工作中，应该体现以下各项要求。

一、严格执行《企业会计准则》规定的成本计量要求

企业进行成本核算，首先要根据《企业财务通则》、《企业会计准则》等有关的法则和制度，以及企业的成本计划和相应的消耗定额，对企业的各项费用进行审核，看应不应该开支；已经开支的，看应不应该计入产品成本。例如，企业为生产产品所发生的各项费用应列入产品成本，企业进行基本建设、购建固定资产及与企业正常生产经营活动无关的营业外支出等费用的支出，不能列入产品成本。

二、正确划分各种费用界限

为了正确地核算生产费用和经营管理费用，正确地计算产品实际成本和企业损益，必须正确划分以下五个方面的费用界限。

（一）正确划分应否计入产品成本、期间费用的界限

工业企业经济活动是多方面的，除了生产经营活动以外，还有其他方面的经济活动，因而费用的用途也是多方面的，并非都应计入产品成本和期间费用。例如，企业购置和建造固定资产、购买无形资产以及进行对外投资，这些经济活动都不是企业日常的生产经营活动，其产生的成本费用不应计入产品成本和期间费用；又如，企业的固定资产盘亏损失、固定资产报废清理损失、由于自然灾害等原因而发生的非常损失，以及由于非正常原因发生的停工损失等，也不是由于日常的生产经营活动而发生的，也不应计入产品成本和期间费用。只有用于产品的生产和销售、用于组织和管理生产经营活动，以及用于筹集生产经营资金的各种费用，才能计入产品成本和期间费用。

（二）正确划分产品成本与期间费用的界限

成本是在购买材料、生产产品或提供劳务过程中发生的，并由产品或劳务负担的耗费。期间费用指企业当期发生的必须从当期收入中得到补偿的经济利益的总流出。期间费用不应由产品或劳务负担，而应直接计入当期损益，从当期利润中扣除。为了正确地计算产品成本和经营管理费用，正确地计算企业各个期间的损益，就必须正确划分产品成本与期间费用的界限。

（三）正确划分各个期间的费用界限

划清各期费用界限的依据是权责发生制和受益原则。企业在生产经营过程中发生的费用，有的应计入当期，有的应计入以后各期。为了按月分析和考核产品成本和经营管理费用，正确计算各月损益，还应将应计入产品成本的生产费用和作为期间费用处理的经营管理费用，在各个月份之间进行划分。本月发生的成本费用都应在本月入账，不应延后，也不应在月末提前结账。合理确定各期产品成本和期间费用，是正确计算各期营业损益的需要。在成本核算中，要严格掌握长期待摊费用的摊销，要注意防止利用长期待摊费用项目来调节各期成本费用，虚增或者虚减利润的错误做法。

（四）正确划分各种产品的费用界限

企业发生的各种生产费用，还必须划清应由哪种产品负担。划分的依据是受益原则，哪一种产品受益，就由哪一种产品负担。属于某种产品单独发生，能够直接计入该种产品成本的生产费用，应该直接计入该种产品的成本；属于几种产品共同发生，不能直接计入某种产品的生产费用，则应采用适当的分配方法，分配计入这几种产品的成本。应该特别注意盈利产品与亏损产品、可比产品与不可产品之间的费用界限的划分，防止在盈利产品与亏损产品之间以及可比产品与不可比产品之间任意调节生产费用，以盈补亏掩盖超支的错误做法。

（五）正确划分完工产品与在产品的费用界限

通过以上费用界限的划分，确定了各种产品应负担的生产费用。月末，如果某种产品已经全部完工，这种产品的各项生产费用之和，就是这种产品的完工产品成本；如果某种产品都未完工，这种产品的各项生产费用之和，就是这种产品的月末在产品成本；如果某种产品一部分已经完工，另一部分尚未完工，这种产品的各项费用，还应采用适当的分配方法在完工产品与月末在产品之间进行分配，分别计算完工产品成本和月末在产品成本。应该防止任意提高或降低月末在产品费用，人为调节完工产品成本的错误做法。

上述五个方面费用界限的划分过程，也是产品成本计算的过程。在这一过程中，应贯彻受益原则，即谁受益谁负担费用，何时受益何时负担费用，负担费用的多少应与受益程度的大小成正比。

三、做好成本核算的基础工作

为了进行成本审核、控制，正确计算产品成本和经营管理费用，必须做好以下各项基础工作。

（一）制定各项费用的消耗定额

产品的各项消耗定额既是编制成本计划、分析和考核成本水平的依据，又是审核和控制成本的标准。为了加强生产管理和成本管理，企业必须建立和健全定额管理制度。凡是能够制定定额的各种消耗，都应该制定先进合理、切实可行的消耗定额，并随着生产的发展、技术的进步、劳动生产率的提高，不断修订消耗定额，以充分发挥其应有的作用。

（二）加强材料的计量和验收

为了进行成本管理和成本核算，还必须加强材料物资的计量、收发、领退和盘点工作，建立和健全相应的规章制度。凡是材料物资的收发、领退，在产品、半成品的内部转移和产成品的入库等，均应填制相应的凭证，经过一定的审批手续，并经过计量、验收和交接，防止任意领发和转移。库存的材料物资、半成品和产成品，以及车间的在产品和半成品，均应按照规定进行盘点。只有这样，才能保证账实相符，保证成本核算的正确性。

（三）建立和健全原始记录

原始记录是反映生产经营活动的原始资料，是进行成本预测、编制成本计划、进行成本核算及分析的依据。为了进行成本的核算和管理，对于生产过程中工时和动力的耗费，在产品和半成品的内部转移，以及产品质量的检验结果等，均应做出真实的原始记录。原始记录对于劳动工资、设备动力、生产技术等方面的管理，以及有关的计划统计工作，也有重要意义。

（四）厂内计划价格的制定和修订

在计划管理基础较好的企业中，为了分清企业内部各单位的经营责任，便于分析和考核内部各单位成本计划的完成情况，还应对原材料、半成品和厂内各车间互相提供的劳务（如运输、修理等）制定厂内计划价格，作为内部结算和考核的依据。按计划价格进行企业内部的往来结算，既可以加快和简化成本和费用的核算工作，又可以分清内部各单位的经济责任。

四、采用适当的成本计算方法

产品成本是在生产过程中形成的，生产组织和工艺过程不同的产品，应该采用不同的成本计算方法。产品成本计算是为了加强成本管理，满足企业管理的需要，对管理要求不同的产品，也应该采用不同的成本计算方法。企业在进行成本计算时，应根据本企业的生产特点和管理要求选择适合于本企业的成本计算方法。在同一企业中，可以采用一种成本计算方法，也可以采用多种成本计算方法，即多种成本计算方法同时使用或多种成本计算方法结合使用。

第二节　成本核算的基本程序与账务处理

一、成本核算的一般程序

成本核算的一般程序是指对企业在生产经营过程中发生的各项费用，按照成本核算的要求，逐步进行归集和分配，最后计算出各种产品的成本和各项期间费用的基本过程。根据前述的成本核算要求，可将成本核算的一般程序归纳如下（见表2—1）：

（1）对企业的各项费用支出进行严格的审核和控制。进行成本核算，首先应根据国家的有关规定严格地审核和控制企业的各项要素费用：确定其应否计入产品成本、期间费用，以及应计入产品成本还是期间费用。也就是说，要在对各项支出的合理性、合法性进行严格审核和控制的基础上，做好前述费用界限划分的第一和第二两个方面的工作。

（2）正确做好各期费用的跨期会计处理，将费用在各个月份之间进行分配和归集。凡是归属于本期的成本费用，不论其款项是否已经付出，都应当作为本期成本费用入账；凡是不属于本期的成本费用，即使款项已经在本期付出，也不应当作为本期的成本费用处理。也就是说，要做好前述第三个方面费用界限的划分工作。

（3）将各月生产费用在各种产品之间进行归集和分配。将应计入本月产品成本的各项生产费用，在各种产品之间进行归集和分配。并按成本项目分别反映，计算出按成本项目反映的各种产品的成本。这是本月生产费用在各种产品之间横向的分配和归集，是前述第四个方面费用界限的划分工作。

（4）将生产费用在完工产品与月末在产品之间进行分配和归集。如果当月产品全部完工，所归集的生产费用即为完工产品成本；如果全部未完工，则为期末在产品成本；如果只有部分完工，则该种产品的生产费用应在完工产品与月末在产品之间进行分配，以计算出该种产品的完工产品成本和月末在产品成本。这是生产费用在同种产品的完工产品与月末在产品之间纵向的分配和归集，是前述第五个方面费用界限的划分工作。

表 2—1 　　　　　　　　　　成本核算的一般程序

生产经营管理费用					非生产经营管理费用
本月生产费用			本月经营管理费用	长期待摊费用	
甲种产品生产费用（按成本项目反映）	乙种产品生产费用（按成本项目反映）	丙种产品生产费用（按成本项目反映）	直接计入当月损益	摊入本月和以后各月成本、费用	计入固定资产价值或由特定资金来源开支
完工产品成本（全部完工）	在产品成本（全部未完工）	完工产品成本	在产品成本		

二、成本核算的主要会计科目

为了进行产品成本的总分类核算，首先，应设置"生产成本"总账科目。为了分别核算基本生产成本和辅助生产成本，还应在该总账科目下。分别设置"基本生产成本"和"辅助生产成本"两个二级科目。为了减少二级科目，简化会计分录，也可以将"生产成本"账户分设为"基本生产成本"和"辅助生产成本"两个一级账户。本教材按分设"基本生产成本"和"辅助生产成本"两个一级账户进行阐述。其次，还应当设置其他相关的账户，如"制造费用"、"废品损失"、"销售费用"、"管理费用"、"财务费用"等账户。

（一）"基本生产成本"科目

基本生产是指为完成企业主要生产目的而进行的商品产品生产。为了归集基本生产所发生的各种生产费用，计算基本生产产品成本，应设置"基本生产成本"科目。该科目借方登记企业为进行基本生产而发生的各种费用；贷方登记转出的完工入库的产品成本；余额在借方，表示基本生产的在产品成本，即基本生产在产品占用的资金。"基本生产成本"科目应按产品品种、产品批别或产品生产步骤等成本计算对象设置产品成本明细分类账（或称基本生产明细账、产品成本计算单），账内按产品成本项目分设专栏或专行。其格式详见表 2—2 和表 2—3 所示。

表 2—2　　　　　　　　　　　基本生产成本明细账（产品成本明细账）

车间名称：第一车间　　　　　　　　　　　　　　产品：A

月	日	摘 要	产量（件）	成本项目			成本合计
				直接材料	直接人工	制造费用	
7	31	本月生产费用		125 000	11 300	78 900	215 200
7	31	本月完工产品成本	100	125 000	11 300	78 900	215 200
7	31	完工产品单位成本		1 250	113	789	2 152

表 2—3　　　　　　　　　　　基本生产成本明细账（产品成本明细账）

车间名称：第一车间　　　　　　　　　　　　　　产品：B

月	日	摘 要	产量（件）	成本项目			成本合计
				直接材料	直接人工	制造费用	
6	30	月初在产品成本		45 700	4 140	37 200	87 040
7	31	本月生产费用		381 000	32 100	269 000	682 100
7	31	生产费用累计		426 700	36 240	306 200	769 140
7	31	本月完工产品成本	200	343 500	28 300	240 900	612 700
7	31	完工产品单位成本		1 717.50	141.50	1 204.50	3 063.50
7	31	月末在产品成本		83 200	7 940	65 300	156 440

在产品种类较多的企业，为了按照成本项目（或者既按车间又按成本项目）汇总反映全部产品的总成本，并便于核对账目，还可设立"基本生产成本"科目的二级账。二级账的格式与明细账的格式基本相同。

（二）"辅助生产成本"科目

辅助生产是指为基本生产服务而进行的产品生产和劳务供应。辅助生产所提供的产品和劳务，有时也对外销售，但这不是它的主要目的。为了归集辅助生产所发生的各种生产费用，计算辅助生产所提供的产品和劳务的成本，应设置"辅助生产成本"科目。该科目的借方登记为进行辅助生产而发生的各种费用；贷方登记完工入库产品的成本或分配转出的劳务成本；余额在借方，表示辅助生产在产品的成本，即辅助生产在产品占用的资金。"辅助生产成本"科目应按辅助生产车间和生产的产品、劳务分设明细分类账，账中按辅助生产的成本项目或费用项目分设专栏或专行进行明细登记。

（三）"制造费用"科目

为了核算企业为生产产品和提供劳务而发生的各项制造费用，应设置"制造费用"科目。该科目的借方登记实际发生的制造费用；贷方登记分配转出的制造费用；除季节性生产企业外，该科目月末应无余额。"制造费用"科目，应按车间、部门设置明细分类账，账内按费用项目设立专栏进行明细登记。

（四）"废品损失"科目

需要单独核算废品损失的企业，应设置"废品损失"科目。该科目的借方登记不可修复废品的生产成本和可修复废品的修复费用；贷方登记废品残料回收的价值、应收的赔款以及转出的废品净损失；该科目月末应无余额。"废品损失"科目应按车间设置明细分类账，账内按产品品种分设专户，并按成本项目设置专栏或专行进行明细登记。

（五）"销售费用"科目

为了核算企业在产品销售过程中所发生的各项费用以及为销售本企业产品而专设的销售机构的各项经费，应设置"销售费用"科目。该科目的借方登记实际发生的各项产品销售费用；贷方登记期末转入"本年利润"科目的产品销售费用；期末结转后该科目应无余额。"销售费用"科目的明细分类账，应按费用项目设置专栏，进行明细登记。

（六）"管理费用"科目

为了核算企业行政管理部门为组织和管理生产经营活动而发生的各项管理费用，应设置"管理费用"科目。该科目的借方登记发生的各项管理费用；贷方登记期末转入"本年利润"科目的管理费用；期末结转后该科目应无余额。"管理费用"科目的明细分类账，应按费用项目设置专栏，进行明细登记。

（七）"财务费用"科目

为了核算企业为筹集生产经营所需资金而发生的各项费用，应设置"财务费用"科目。该科目的借方登记发生的各项财务费用；贷方登记应冲减财务费用的利息收入、汇兑收益以及期末转入"本年利润"科目的财务费用；期末结转后该科目应无余额。"财务费用"科目的明细分类账，应按费用项目设置专栏，进行明细登记。

（八）"长期待摊费用"科目

按照权责发生制原则，为了正确核算各月份的产品成本，对于有些金额较大的费用，可以增设"长期待摊费用"科目进行核算。"长期待摊费用"科目用于核算企业已经支出，但摊销期限在1年以上（不含1年）的各项费用，包括固定资产修理支出、租入固定资产的改良支出以及摊销期限在1年以上的其他待摊费用。在"长期待摊费用"科目下，企业应按费用的种类设置明细账，进行明细核算，并在会计报表附注中按照费用项目披露其摊余价值、摊销期限、摊销方式。该科目的借方登记实际支付的各项长期待摊费用；贷方登记分期摊销的待摊费用；该科目的余额在借方，表示已经支付但尚未摊销的费用。

此外，为了将销售费用、管理费用和财务费用直接计入当月损益，还涉及"本年利润"科目；为了登记非生产经营管理费用，计算在建工程成本等，还涉及"在建工程"和"固定资产"等科目。

三、成本核算的账务处理

为了在具体讲述工业企业成本核算以前，能够对其账务处理有一个总括的了解，我们将账务处理的基本程序如图 2—1 所示进行描述。

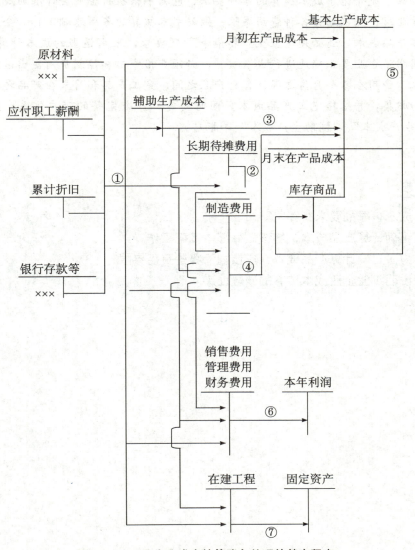

图 2—1 工业企业成本核算账务处理的基本程序

说明：

①分配各种生产经营管理费用和非生产经营管理费用。

②摊销本月成本、费用。

③分配辅助生产费用。

④分配制造费用。

⑤结转产品成本。

⑥结转经营管理费用。

⑦结转应计入固定资产价值的在建工程成本。

本章小结

　　本章首先介绍了成本核算的各种要求，包括严格执行企业会计准则规定的成本计量要求；正确划分各种费用界限；做好成本核算的各项基础工作。企业要正确核算产品成本，还必须适应生产特点和管理要求，采用适当的成本计算方法。然后阐明了企业要正确地进行成本核算，必须严格审核和控制费用支出；正确地将成本、费用在各个月份之间、各种产品之间、完工产品和月末在产品之间进行分配和归集，并结转完工产品成本。同时要建立一个完整的账户体系，应设立"基本生产成本"、"辅助生产成本"等账户。

思考题

1. 成本核算的要求有哪些？

2. 正确计算产品成本，应该做好哪些基础工作？

3. 为了正确计算产品成本，应该划清哪些费用界限？

4. 说明工业企业成本核算的一般程序。

第三章 要素费用的核算

要素费用的核算

学习要点

❶ 掌握原材料费用的分配方法

❷ 明确职工薪酬的范围

❸ 掌握计时工资与计件工资的计算方法

❹ 明确折旧费用、利息费用和税金的核算方法

导入案例

一、案例资料

小李 200×年 7 月从某财经大学会计学专业毕业，应聘到某模具制造公司从事会计工作。第二年 9 月该公司开始生产 A、B、C 三种产品，耗用甲材料。该公司以前采用按产品的产量比例对材料费用进行分配。本月份共使用甲材料 50 000 千克，每千克 10 元。财务部王经理向小李介绍了企业生产产品使用的材料和产品的情况。

根据王经理提供的资料，小李按不同的方法对材料费用进行了计算。计算结果如表 3—1 所示。

表 3—1   A、B、C 三种产品材料费用的分配结果   单位：元

产品名称	按产品产量比例计算	按产品重量比例计算	按材料定额消耗量比例计算
A 产品	60 000	70 000	86 000
B 产品	180 000	200 000	215 000
C 产品	360 000	330 000	199 000
合　　计	500 000	500 000	500 000

从上表可以看出，对于同一材料，采用不同的计算方法结果大不一样。经过调查，小李发现，A、B、C 三种产品消耗材料的成本，与产品的重量有重要的关系，产品越重，消耗的材料就越多。

二、讨论题

1. 按不同的分配标准分配材料费用，对各种产品的成本会产生什么影响？

2. 该公司目前按产品的产量比例分配材料费用是否合理?

3. 假如你是小李,会对该公司提出什么建议?

第一节　材料费用的核算

一、材料费用核算概述

材料包括原材料及主要材料、燃料和周转材料等。进行材料费用的核算,首先要进行材料发出的核算(包括实际成本核算与计划成本核算,这部分内容在《中级财务会计实务》中介绍),然后根据发出材料的具体用途,分配材料费用,将其计入各种产品成本和经营管理费用等。本节重点介绍材料费用分配的核算。

材料费用的分配,就是按照材料用途把费用计入相关的成本费用账户。凡属产品生产直接耗用的材料费用应尽可能直接计入有关产品的成本,记入"基本生产成本"科目的"直接材料"项目,凡是几种产品共同耗用的材料费用,在领用时无法确定每种产品的耗用量,则需要按照一定的标准在各种产品之间进行分配,然后分别记入各有关产品的"直接材料"项目;对于生产车间中几种产品共同耗用的辅助材料、机物料等,不能视为直接材料费用,对这部分费用,先按照车间或部门归集,记入"制造费用"科目,再分配计入有关产品成本;对用于产品销售以及组织和管理生产经营活动的材料费用,记入"销售费用"科目和"管理费用"科目有关的费用项目;用于建造固定资产的材料费用,记入"在建工程"科目,等等。

二、原材料费用分配的核算

(一)原材料费用分配的方法

直接用于产品生产、构成产品实体的原料和主要材料,一般分产品领用,其费用属于直接计入费用,应根据领退料凭证直接记入某种产品成本的"直接材料"项目。原料和主要材料也有不能分产品领用,而是几种产品共同耗用的,这些原材料费用属于间接计入费用,应采用适当的分配方法,分配记入各有关产品成本的"直接材料"项目。由于原料和主要材料的耗用量一般与产品的质量、体积有关,因而原料和主要材料费用一般可以按产品的质量比例、体积比例分配。

在材料消耗定额比较准确的情况下,原料和主要材料费用也可以按照产品的材料定额消耗量的比例或材料定额费用的比例进行分配。消耗定额,是指单位产品可以消耗的数量限额;定额消耗量是指一定产量下按照消耗定额计算的可以消耗的数量。费用定额和定额费用,则是消耗定额和定额消耗量的货币表现。计算公式如下:

定额耗用量＝产品产量×单位产品消耗定额

单位产品费用定额＝单位产品消耗定额×材料的计划单价

定额费用＝产品产量×单位产品费用定额

或　　　　＝定额耗用量×材料的计划单价

直接用于产品生产、有助于产品形成的辅助材料，如果是直接计入费用，应该直接记入各种产品成本的"直接材料"项目。但在一般情况下，辅助材料属于几种产品共同耗用的间接计入费用，需要采用间接分配的方法分配。对于耗用在原料和主要材料上的辅助材料，如油漆、染料、电镀材料等，应按原料和主要材料耗用量的比例分配；对于与产品产量直接有联系的辅助材料，如某些包装材料，可按产品产量比例分配。在辅助材料消耗定额比较准确的情况下，也可按照产品定额消耗量或定额费用的比例分配辅助材料费用。

下面主要介绍按材料定额消耗量比例和定额费用比例分配直接材料费用。

1. 按定额消耗量比例分配直接材料费用

按材料定额消耗量比例分配材料费用的计算公式如下所示：

（1）某种产品材料定额消耗量＝该种产品实际产量×单位产品材料消耗定额

（2）材料消耗定额分配率＝$\dfrac{材料实际消耗量}{各种产品材料定额消耗量之和}$

（3）某种产品应分配的材料数量＝该种产品的材料定额消耗量

　　　　　　　　　　　　　　　　×材料消耗量分配率

（4）某种产品应分配的材料费用＝该种产品应分配的材料数量×材料单价

例 3—1　红叶工厂生产甲、乙、丙三种产品，本年 9 月份三种产品共同耗用 B 材料 30 360 千克，每千克实际平均单价 25 元，计 759 000 元；本月三种产品实际投产量分别是 420 件、240 件和 180 件，单位产品材料消耗定额分别为 20 千克、60 千克和 40 千克。现按定额耗用量比例法，B 材料费用分配过程如下：

按定额耗用量比例分配。

（1）计算总定额，编制材料定额耗用量计算表见表 3—2。

表 3—2　　　　　　　　　　红叶工厂材料定额耗用量计算表

材料名称：B 材料　　　　　　　　　　200×年 9 月　　　　　　　　　　计量单位：千克

产品名称	投产量（件）	单位产品消耗定额	材料消耗定额
甲产品	420	20	8 400
乙产品	240	60	14 400
丙产品	180	40	7 200
合 计	—	—	30 000

（2）以材料定额耗用总量作为分配标准，分配确定材料实际消耗总量，编制材料费用分配表见表 3—3。

表3—3		红叶工厂材料定额耗用量计算表			

材料名称：B材料　　　　　　　　　200×年9月　　　　　　　　　金额单位：元

产品名称	材料定额消耗总量（千克）	材料消耗量分配率（%）	材料实际消耗总量（千克）	材料实际平均单价	应分配材料费用
甲产品	8 400		8 500.8		212 520
乙产品	14 400		14 572.8		364 320
丙产品	7 200		7 286.4		182 160
合　计	30 000	101.2	30 360	25	759 000

　　表3—2中，分配率为101.2％。即材料实际消耗量为定额的101.2％，材料实际消耗量大于其定额消耗量，没有完成材料定额，消耗量超支1.2％。

　　上述分配计算的程序是：先按材料定额消耗量分配各种产品的材料实际消耗量，再乘以材料单价，计算该产品的实际材料费用。这样分配，可以考核材料消耗定额的执行情况，有利于进行材料消耗的实物管理，但分配计算的工作量较大。

　　为了简化分配计算工作，也可以按材料定额消耗量直接分配材料费用。采用这种方法编制的材料费用分配表见表3—4。

表3—4	红叶工厂材料费用分配表		

材料名称：B材料　　　　　　　　　200×年9月　　　　　　　　　金额单位：元

产品名称	材料定额消耗总量（千克）	材料费用分配率	应分配材料费用
甲产品	8 400		212 520
乙产品	14 400		364 320
丙产品	7 200		182 160
合　计	30 000	25.3	759 000

　　表3—4的计算结果与表3—3相同，计算也较简便，但后一种分配程序不能反映各种产品所应负担的材料消耗数量，无法与计划或定额耗用量进行比较，不利于加强材料消耗的实物管理。

2. 按定额费用比例分配直接材料费用

　　在各种产品共同耗用原材料的种类较多的情况下，为了进一步简化分配计算工作，也可以按照各种材料的定额费用比例分配材料实际费用，其分配计算的公式如下：

（1）$\dfrac{某种产品某种}{材料定额费用}=\dfrac{该种产品}{实际产量}\times\dfrac{单位产品该种}{材料费用定额}$

$\qquad=\dfrac{该种产品}{实际产量}\times\dfrac{单位产品该种}{材料消耗定额}\times\dfrac{该种材料}{计划单价}$

（2）材料费用分配率 $=\dfrac{各种材料实际费用总额}{各种产品各种材料定额费用之和}$

（3）$\dfrac{某种产品分配}{负担的材料费用}=\dfrac{该种产品各种材料}{定额费用之和}\times\dfrac{材料费用}{分配率}$

例3—2 假定甲、乙两种产品领用 A、B 两种主要材料，共计 59 950 元。本月投产甲产品 200 件，乙产品 100 件。甲产品的材料消耗定额为：A 材料 5 千克，B 材料 8 千克；乙产品的材料消耗定额为：A 材料 7 千克，B 材料 9 千克。A、B 两种材料的计划单价分别为 10 元和 15 元。分配计算如下：

甲产品 A 种材料定额费用＝200×5×10＝10 000（元）

甲产品 B 种材料定额费用＝200×8×15＝24 000（元）

甲产品材料定额费用合计　　　　　34 000（元）

乙产品 A 种材料定额费用＝100×7×10＝7 000（元）

乙产品 B 种材料定额费用＝100×9×15＝13 500（元）

乙产品材料定额费用合计　　　　　20 500（元）

材料费用分配率＝59 950÷（34 000＋20 500）＝1.1

甲产品分配负担材料费用＝34 000×1.1＝37 400（元）

乙产品分配负担材料费用＝20 500×1.1＝22 550（元）

两种产品各种材料费用合计　　　　59 950（元）

（二）原材料费用分配的账务处理

在实际工作中，原材料费用的分配是通过原材料费用分配表进行的。这种分配表应根据领退料凭证和有关资料编制。其中退料凭证的数额可以从相应领料凭证的数额中扣除。

例3—3 现列举红叶公司原材料费用分配表如表 3—5 所示。

表 3—5　　　　　　　　　　**红叶工厂原材料费用分配表**

200×年 9 月　　　　　　　　　　　　　　　　单位：元

应 借 科 目		成本或费用项目	直接计入	分配计入（分配率 1.8）		原材料费用合计
				定额消耗量（千克）	分配金额（元）	
基本生产成本	甲产品	直接材料	1 520	3 600	6 480	8 000
	乙产品	直接材料	740	1 200	2 160	2 900
	小计		2 260	4 800	8 640	10 900
辅助生产成本	机修车间	直接材料	450			450
	运输车间	直接材料	650			650
	小计		1 100			1 100
制造费用	基本车间	机物料	200			200
销售费用		包装费	180			180
管理费用		其他	360			360
在建工程		材料费	450			450
合　　计			4 550		8 640	13 190

在上述原材料费用分配表中,直接计入的费用,应根据领退料凭证按照材料用途归类填列;分配计入的费用,应根据用于产品生产的领退料凭证和前述分配公式分配填列。

从这里可以看出,所谓"费用分配"有广义和狭义两种含义。广义的费用分配就是费用划分,也就是前面所述四个方面费用界限的划分。其中包括不需要采用一定分配方法的划分,如将上述直接计入费用直接计入某种产品或某个车间、部门的成本;还包括需要采用一定的分配方法的划分,如将上述分配计入费用按材料定额费用的比例分配计入各种产品的成本。狭义的费用分配则只指后者。所谓各种要素费用的分配(如上述原材料费用分配表的分配)是指广义的费用分配;表3—4中分配计入的分配则为狭义的费用分配。

根据表3—5,编制会计分录如下:

借:基本生产成本——甲产品	8 000
——乙产品	2 900
辅助生产成本——机修车间	450
——运输车间	650
制造费用——基本生产车间	200
销售费用	180
管理费用	360
在建工程	450
贷:原材料	13 190

三、燃料费用分配的核算

燃料费用比重较大时一般与动力费用一起专门设立"燃料及动力"成本项目,此时生产产品直接发生的燃料与动力费用也应在各种产品之间进行分配。

燃料实际上也是材料,其费用分配的程序和方法与上述原材料费用分配的程序和方法相同。直接用于产品生产、专设成本项目的燃料费用,如果分产品领用,属于直接计入费用,应根据领退料单直接计入各该产品成本的"燃料及动力"成本项目;如果不能分产品领用,属于间接计入费用,应采用适当的分配方法,分配计入各有关产品成本的这一成本项目。分配的标准一般有产品的质量、体积、所耗原材料的数量或费用,以及燃料的定额消耗量或定额费用等。

例3—4 红叶工厂所耗燃料和动力较多,为了加强对能源消耗的核算和控制,在材料总账科目中增设"燃料"科目,在成本项目中专设"燃料及动力"项目。该公司200×年9月直接用于甲、乙两种产品生产的燃料费用共为17 160元,按燃料的定额费用比例分配。根据耗用燃料的产品数量和单位产品的燃料费用定额算出的燃料定额费用（两者的乘积）为：甲产品 7 800 元，乙产品 6 500 元。燃料费用应分配如下：

$$燃料费用分配率 = \frac{17\,160}{7\,800 + 6\,500} = 1.2$$

$$甲产品应负担燃料费用 = 7\,800 \times 1.2 = 9\,360（元）$$

$$乙产品应负担燃料费用 = 6\,500 \times 1.2 = 7\,800（元）$$

上述直接用于产品生产、专设成本项目的燃料费用，应单独地记入"基本生产成本"总账科目和所属有关产品成本明细账的"燃料及动力"成本项目。直接用于辅助生产、专设成本项目的燃料费用，用于基本生产和辅助生产但没有专门设立成本项目的燃料费用，以及用于组织和管理生产经营活动的燃料费用等，则应分别记入"辅助生产成本"、"制造费用"和"管理费用"等总账和所属明细账的借方。已领用的燃料总额，应记入"燃料"账户的贷方。

根据上述企业燃料的领退料单和算式编制的燃料费用分配表如表 3—6 所示。

表 3—6　　　　　　　　　　红叶工厂燃料费用分配表
200×年 9 月

应 借 科 目		成本或费用项目	直接计入	分 配 计 入		燃料费用合计
				定额燃料费用	分配金额（分配率 0.9）	
基本生产成本	甲产品	燃料及动力		7 000	6 300	6 300
	乙产品	燃料及动力		4 500	4 050	4 050
	小计			11 500	10 350	10 350
辅助生产成本	机修车间	燃料及动力	2 000			2 000
	运输车间	燃料及动力	4 400			4 400
	小计		6 400			6 400
制造费用	基本车间	其他	1 000			1 000
管理费用		其他	370			370
合　　计			7 770		10 350	18 120

根据表 3—6，编制会计分录如下：

借：基本生产成本——甲产品 　　　　　　　　　　6 300
　　　　　　　　　——乙产品 　　　　　　　　　　4 050
　　辅助生产成本——机修车间 　　　　　　　　　　2 000
　　　　　　　　　——运输车间 　　　　　　　　　4 400
　　制造费用——基本生产车间 　　　　　　　　　　1 000
　　管理费用 　　　　　　　　　　　　　　　　　　370
　　贷：燃料 　　　　　　　　　　　　　　　　　18 120

四、周转材料的核算

周转材料包括包装物、低值易耗品等，企业应设置"周转材料"总账科目，进行周转材料的总分类核算。周转材料的核算方法在《中级财务会计》中述及，此处从略。

第二节　外购动力费用的核算

外购动力费用是指向外单位购买电力、蒸汽、煤气等动力所支付的费用。外购动力费用的核算包括两个方面的内容：一要进行动力费用支出的核算，二要进行动力费用分配的核算。

一、外购动力费用支出的核算

外购动力在付款时，应按动力的用途，直接借记有关的成本费用科目，贷记"银行存款"科目。但在实际工作中一般通过"应付账款"科目核算，即在付款时先作为暂付款处理，借记"应付账款"科目，贷记"银行存款"科目；月末按照外购动力的用途和数量分配费用时，再借记各成本费用科目，贷记"应付账款"科目，冲销原来记入"应付账款"科目借方的暂付款。

如果每月支付动力费用的日期基本固定，而且每月付款日到月末的应付动力费用相差不多，也可以不通过"应付账款"科目核算，而将每月支付的动力费用作为应付动力费用，在付款时直接借记各成本、费用科目，贷记"银行存款"科目，每月分配、登记一次动力费用。这是因为，在这种情况下，各月付款日到月末的应付动力费用可以互相抵销，不影响各月动力费用核算的准确性。

自制动力，如自产电力或对外来电力进行变压，一般由辅助生产车间进行，其费用支出的核算和费用分配的核算，将在辅助生产费用核算中讲述。

二、外购动力费用分配的核算

外购动力有的直接用于产品生产，如生产工艺用电力；有的间接用于产品生产，如生产车间照明用电力；有的则用于经营管理，如行政管理部门照明用电力。在有仪表记录的情况下，应根据仪表所示的耗用数量和单价计算；在没有仪表的情况下，可按生产工时的比例、机器功率时数（机器功率×机器时数）的比例，或定额消耗量的比例分配。各车间、部门的动力用电和照明用电一般都分别装有电表，因而外购电力费用在各车间、部门的动力用电和照明用电之间，一般按用电度数分配；车间中的动力用电，一般不能按产品分别安装电表，因而车间动力用电费在各种产品之间一般按产品的生产工时比例、机器工时比例、定额耗电量比例或其他比例分配。

现以电力费用为例，列示分配的计算公式如下：

(1) 电力费用分配率 $= \dfrac{\text{电力费用总额}}{\text{各车间、部门动力和照明用电度数之和}}$

(2) 某车间、部门照明用电力费用 = 该车间、部门照明用电度数 × 电力费用分配率

(3) 某车间动力用电力费用分配率 $= \dfrac{\text{该车间动力用电力费用}}{\text{该车间该产品生产工时之和}}$

(4) 车间某产品动力用电力费用 = 该车间该产品生产工时 × 该车间动力用电力费用分配率

例3—5 红叶工厂设有"燃料及动力"成本项目。某月直接用于甲、乙两种产品生产的外购动力（电力）费用共为27 000元，没有分产品安装电表，规定按机器工时比例分配。当月机器工时为：甲产品3 250小时，乙产品2 750小时。动力费用分配计算如下：

$$\text{动力费用分配率} = \dfrac{27\,000}{3\,250 + 2\,750} = 4.5$$

甲产品动力费用 = 3 250 × 4.5 = 14 625（元）

乙产品动力费用 = 2 750 × 4.5 = 12 375（元）

直接用于产品生产、设有"燃料及动力"成本项目的动力费用，应单独记入"基本生产成本"总账科目和所属有关产品成本明细账的"燃料及动力"成本项目。直接用于辅助生产、设有"燃料及动力"成本项目的动力费用，用于基本生产和辅助生产但未专设成本项目的动力费用（如生产车间照明用电费），用于组织和管理生产经营活动的动力费用（如行政管理部门照明用电费）等，则应分别记入"辅助生产成本"、"制造费用"和"管理费用"等总账科目和所属明细账的借方。外购动力费用总额应根据有关的转账凭证或付款凭证，记入"应付账款"或"银行存款"科目的贷方。

例3—6 承例3—5资料，红叶工厂外购动力（电力）费用分配如表3—7所示。

表3—7　　　　　　　　　红叶工厂外购动力（电力）费用分配表

200×年9月　　　　　　　　　　　　　　　　　　　　　　　　单位：元

应 借 科 目		成本或费用项目	动力费用分配		电费分配	
			机器工时	分配金额（分配率4.5）	用电度数	分配金额（分配率0.3）
基 本 生 产 成本	甲产品	燃料及动力	3 250	14 625		
	乙产品	燃料及动力	2 750	12 375		
	小计		6 000	27 000	90 000	27 000

续前表

应借科目		成本或费用项目	动力费用分配		电费分配	
			机器工时	分配金额(分配率4.5)	用电度数	分配金额(分配率0.3)
辅助生产成本	机修车间	燃料及动力			8 650	2 595
	运输车间	燃料及动力			7 500	2 250
	小计				16 150	4 845
制造费用	基本车间	水电费			4 520	1 356
管理费用		水电费			2 800	840
合计					113 470	34 041

　　该企业动力用电和照明用电分别安装电表，因此，在编制上述外购动力费用分配表时，应先按电力费用总额和电力总度数，分配结算各车间、部门的电力费用，然后再按前列算式分配计算甲、乙两种产品的动力费用。

　　假定该企业外购电力费用通过"应付账款"科目结算。根据表3—7，编制下列会计分录：

```
借：基本生产成本——甲产品                    14 625
              ——乙产品                    12 375
    辅助生产成本——机修车间                   2 595
              ——运输车间                   2 250
    制造费用——基本生产车间                    1 356
    管理费用                                840
    贷：应付账款                           34 041
```

　　在生产过程中用的燃料和动力没有专门设立成本项目的情况下，直接用于产品生产的燃料费用和动力费用，应分别记入"基本生产成本"账户（"直接材料"成本项目）和"制造费用"账户。

第三节　职工薪酬的核算

　　职工薪酬既是职工对企业投入劳动获得的报酬，也是企业的成本费用。进行职工薪酬的核算，应审核企业应付给职工的各项薪酬是否符合国家有关规定，同时对发生的薪酬费用进行合理分配。

一、职工薪酬的组成

　　具体而言，职工薪酬主要包括以下几方面的内容：

（一）职工工资、奖金、津贴和补贴

是指按照国家统计局《关于职工工资总额组成的规定》，构成工资总额的计时工资、计件工资、支付给职工的超额劳动报酬和增收节支的劳动报酬、为了补偿职工特殊或额外的劳动消耗和因其他特殊原则支付给职工的津贴，以及为了保证职工工资水平不受物价影响支付给职工的物价补贴等。企业按规定支付给职工的加班加点工资以及根据国家法律、法规和政策规定，企业在职工因病、工伤、产假、计划生育假、婚丧假、事假、探亲假、定期休假、停工学习、执行国家或社会义务等特殊情况下，按照计时工资或计件工资标准的一定比例支付的工资，也属于职工工资范畴，在职工休假或缺勤时，不应当从工资总额中扣除。

（二）职工福利费

是指企业为职工集体提供的福利，如补助生活困难职工等。

（三）医疗保险、养老保险、失业保险、工伤保险和生育保险等社会保险费

是指企业按照国家规定的基准和比例计算，向社会保险经办机构缴纳的医疗保险金、基本养老保险金、失业保险金、工伤保险费和生育保险费，以及根据《企业年金试行办法》、《企业年金基金管理试行办法》等相关规定，向有关单位（企业年金基金账户管理人）缴纳的补充养老保险费。此外，以商业保险形式提供给职工的各种保险待遇也属于企业提供的职工薪酬。

（四）住房公积金

是指企业按照国家《住房公积金管理条例》规定的基准和比例计算，向住房公积金管理机构缴存的住房公积金。

（五）工会经费和职工教育经费

是指企业为了改善职工文化生活、提高职工业务素质，用于开展工会活动和职工教育及职业技能培训，根据国家规定的基准和比例，从成本费用中提取的金额。

（六）非货币性福利

包括企业以自己的产品或其他有形资产发放给职工作为福利、企业向职工无偿提供使用自己拥有的资产（如提供给企业高级管理人员的汽车、住房等）、企业为职工无偿提供商品或类似医疗保健的服务等。

（七）因解除与职工的劳动关系给予的补偿（辞退福利）

辞退福利是指在职工劳动合同到期之前解除与职工的劳动关系，或者为鼓励职工自愿接受裁减而提出补偿建议的计划中给予职工的经济补偿。辞退福利包括：在职工劳动合同尚未到期前，不论职工本人是否愿意，企业决定解除与职工的劳动关系而给予的补偿；在职工劳动合同尚未到期前，为鼓励职工自愿接受裁减而给予的补偿，职工有权利选择继续在职或接受补偿离职。

（八）股份支付

股份支付，是指企业为获取职工和其他方提供的服务而授予权益工具或者承担以权益工具为基础确定负债的交易。股份支付分为以权益结算的股份支付和以现金结算的股份支付。

在进行职工薪酬费用核算时，应划清工资总额组成与非工资总额组成的界限。例如为生产工人购买劳动保护用品的支出，属于劳动保护费，应作为制造费用计入产品成本；又如职员出差的伙食补助和误餐补助，以及职工市内交通补助（属于差旅费），应作为管理费用开支。这些款项，有的虽然随同工资发给职工，但都不属于工资总额的组成内容，不应计为工资费用。

对于这些职工薪酬的具体核算，在《中级财务会计》中介绍，此处从略。

二、工资的计算

工资是职工薪酬的主要内容，工资的计算是企业直接工资费用归集的基础，也是企业与职工之间进行工资结算的依据。企业可以根据具体情况采用各种不同的工资制度，其中最基本的工资制度是计时工资制度和计件工资制度。

（一）计时工资的计算

计时工资是根据每一职工的考勤记录和规定的工资标准计算的。工资标准按其计量的时间长短不同形成了不同的工资计算和结算制度。有按月计算的月薪制，有按周计算的周薪制，有按日计算的日薪制，甚至有按小时计算的小时工资制。企业固定职工的计时工资一般按月薪计算；临时职工的计时工资大多按日薪计算，也有按小时工资计算的。采用月薪制，不论各月日历日数多少，每月的标准工资相同。下面着重讲述月薪制计时工资的计算方法。

在月薪制下，虽然职工各自的月工资标准是相同的，但由于职工的每月出勤和缺勤的情况不同，每月的应得计时工资也就不尽相同，在职工有缺勤的情况下，计算其应得计时工资有两种基本方法：其一，按月标准工资扣除缺勤天数应扣工资额计算；其二，直接根据职工的出勤天数计算。具体计算公式如下：

（1）月标准工资扣除缺勤工资方法下的计时工资计算公式。

$$\begin{aligned}\text{某职工应得} \atop \text{计时工资} = {\text{该职工月} \atop \text{标准工资}} - \left({\text{事假、旷工} \atop \text{天数}} \times {\text{日标准} \atop \text{工资率}}\right) - \left({\text{病假} \atop \text{天数}} \times {\text{日标准} \atop \text{工资}} \times {\text{病假} \atop \text{扣款率}}\right)\end{aligned}$$

（2）按出勤天数直接计算方法下的计时工资计算公式。

$$\begin{aligned}\text{某职工应得} \atop \text{计时工资} = {\text{该职工本月} \atop \text{出勤天数}} \times {\text{日标准} \atop \text{工资}} + {\text{病假} \atop \text{天数}} \times {\text{日标准} \atop \text{工资}} \times \left(1 - {\text{病假} \atop \text{扣款率}}\right)\end{aligned}$$

采用月薪制计算应付工资，由于各月日历日数不同，因而同一职工各月的日工资率不尽相同。在实际工作中，为了简化日工资的计算工作，日工资率一般按以下两种方法之一计算：1）每年总天数按国家统计口径 360 天计算，每月固定按 30 天计算；以月工资标准除以 30 天，算出每月的日工资率。2）每月固定按年日历日数 365 天减去 11 个法定节假日和 104 个周末休息日，再除以 12 个月算出的平均工作日数 20.83 天计算；以月工资标准除以 20.83 天算出每月的日工资率。

综上所述，计算计时工资有两种基本方法，计算日标准工资也有 30 天和 20.83 天之分，所以二者组合，就产生了计算计时工资的四种基本方法：1）按 30 日算月工资率，按出勤日数算月工资；2）按 30 日算工资率，按缺勤日数扣月工资；3）按 20.83 日算日工资率，按出勤日数算月工资；4）按 20.83 日算日工资率，按缺勤日数扣月工资。采用哪一种方法，由企业自行确定；确定以后，不应任意改变。我国大多数企业采用第二种方法。

在按 30 日计算日工资率的企业中，由于节假日也算工资，因而出勤期间的节假日，也按出勤日算工资。事假、病假等缺勤期间的节假日，也按缺勤日扣工资。在按 20.83 日计算日工资率的企业中，节假日不算、不扣工资。

例 3—7　某企业某工人的月工资标准为 2 700 元。8 月份 31 日，病假 3 日，事假 2 日，星期休假 8 日，出勤 18 日。根据该工人的工龄，其病假工资按工资标准的 90% 计算。该工人的病假和事假期间没有节假日。现按上述四种方法分别计算该工人 8 月份的标准工资。

(1) 按 30 日算日工资率，按出勤日数算月工资：

日工资率＝2 700÷30＝90（元）

应算出勤工资＝90×（18＋8）＝2 340（元）

应算病假工资＝90×3×90%＝283（元）

应付月工资＝2 340＋283＝2 623（元）

(2) 按 30 日算日工资率，按缺勤日数扣月工资：

应扣缺勤病假工资＝90×3×（1－90%）＝27（元）

应扣缺勤事假工资＝90×2＝180（元）

应付月工资＝2 700－27－180＝2 493（元）

(3) 按 20.83 日算工资率，按出勤日数算月工资：

日工资率＝2 700÷20.83＝129.62（元）

应算出勤工资＝129.62×18＝2 333.16（元）

应算病假工资＝129.62×3×90%＝349.97（元）

应付月工资＝2 333.16＋349.97＝2 683.13（元）

(4) 按 20.83 日算工资率，按缺勤日数扣月工资：

应扣缺勤病假工资＝129.62×3×（1－90%）＝38.89（元）

应扣缺勤事假工资＝129.62×2＝259.24（元）

应付月工资＝2 700－38.89－259.24＝2 401.87（元）

从以上各种计算方法的举例中，可以看出，在按 30 日计算日工资率的情况下，按出勤日数算工资与按缺勤日数扣工资的计算结果不一样。前者比后者多算 130

元（即 2 623—2 493），即大约 1 天的工资。这是因为，作为计算日工资率依据的天数（30 天）与该月日历天数（31 天）不同。按出勤日数算工资，是以 31 天（上例为出勤 26 天、病假 3 天、事假 2 天，共 31 天）为基础计算的，而按缺勤日数扣工资，是以 30 天（月标准工资 2 700 元为 30 天与日工资率的乘积）为基础扣算的。两者相差大约 1 天的工资额。如果是 30 天的月份，作为计算日工资率依据的日数与月份日历日数相同，则按出勤日数算工资与按缺勤日数扣工资两者计算结果相同。

从以上举例中还可以看出，在按 20.83 日计算日工资率的情况下，按出勤日数算工资与按缺勤日数扣工资的计算结果也不一样。前者比后者多算 281.26 元（即 2 683.13—2 401.87），即大约 2.17 天的工资。这是因为，该月的法定工作日数是 23 天（31—8）。按出勤日数算工资是以法定工作日数（上例为出勤 18 日、病假 3 日、事假 2 日，共 23 日）为基础计算的，而按缺勤日数扣工资，是按 20.83 天（月标准工资 2 700 元为 20.83 天与日工资率的乘积）为基础扣算的。两者相差 2.17 天（即 23—20.83）工资额。

上述四种方法相比较，按 20.83 天计算日工资率，节假日不算工资，更能体现按劳分配的原则；职工缺勤日数一般比出勤日数少，计算缺勤工资一般比计算出勤工资简便。

（二）计件工资的计算

计件工资一般情况下是针对生产工人所采用的计算方法。采用计件工资制时，根据产量和工时记录中登记的每一生产工人或班组完成的工作量，乘以事前规定的计件工资进行计算。计件工资按照结算对象不同分为个人计件工资和集体计件工资。

1. 个人计件工资的计算

职工的计件工资，应根据产量记录中登记的每一工人的产品产量，乘以规定的计件单价计算。同一工人在月份内可能从事计件工资单价不同的各种产品的生产，因而计件工资的计算公式为：

$$应付工资 = \sum 月份内生产的每种产品的产量 \times 该产品的计件单价$$

这里的产量包括合格品产量和不是由于工人本人过失造成的不合格品产量（如料废产品数量）；由于本人过失造成的不合格品（如工废产品），不计算工资，有的还应由工人赔偿损失。

产品的计件单价是根据工人生产单位产品所需要的工时定额和该级工人每小时的工资率计算出的。因此，在同一工人生产不同计件单价产品的情况下，为了简化计件工资的计算工作，也可以根据每一工人完成的定额工时总数和小时工资率计算计件工资。

例 3—8 甲、乙两种产品均应由二级工人加工。甲产品的工时定额为 15 分钟；乙产品的工时定额为 24 分钟。该级工的小时工资率为 15 元。8 月份某二级工共加工甲产品 500 件，乙产品 300 件。

该两种产品的计件工资单价及应付工资计算如下：

甲产品计件单价＝15×（15÷60）＝3.75（元）

乙产品计件单价＝15×（24÷60）＝6（元）

应付计件工资＝3.75×500＋6×300＝3 675（元）

为了简化计算，也可以根据每一工人完成的产品定额工时总数和小时工资率计算计件工资。假定仍然采用前面的资料，计算过程如下：

该工人完成的定额工时为：

甲产品定额工时＝（15÷60）×500＝125（小时）

乙产品定额工时＝（24÷60）×300＝120（小时）

该工人按完成的定额工时和小时工资率计算的计件工资为：

15×（125＋120）＝3 675（元）

以上两种方法计算结果相同。由于产量记录中填有每种产品的定额工时数，而且每一工人完成的各种产品的定额工时数可以加总，因而后一种方法比较简便。

在计算计件工资时，合格产品可完全按计件单价计算，但料废产品并不一定都是完工以后发现的，因此料废产品并不一定都完成整个加工过程，当然也就不能按计件单价全额计算工资。此时，可按生产工人完成的定额工时计算计件工资。

2. 集体计件工资的计算

集体计件工资是根据某一集体完成工作量的多少和计件单价计算，并与集体进行结算的工资。

按生产小组等集体计件工资的计算方法与上述相同。不同之处是：集体计件工资还要在集体内部各工人之间按照贡献大小进行分配。由于工人的级别或工资标准一般体现工人劳动的质量和技术水平，工作日数一般体现劳动的数量，因而集体内部大多按每人的工资标准和工作日数（或工时数）的乘积为比例进行分配。

例3—9 某企业某生产班组由4名不同等级的工人组成，共同完成一项工作任务，按计件工资计算，该班组共获得计件工资15 000元。该集体各成员的工作时间和工资等级以及应得计件工资的分配标准如表3—8所示。

表3—8　　　　　　　　　　　　**集体计件工资分配标准**

集体成员姓名	工资等级	小时工资标准	实际工作时间（小时）	分配标准	分配率	各成员应得计件工资（元）
		(1)	(2)	(3)=(1)×(2)	(4)	(5)=(3)×(4)
王鹏	2	20	160	3 200	0.813	2 601.6
陈春	3	25	175	4 375	0.813	3 556.88
汪胜	3	30	170	5 100	0.813	4 146.3
李达	4	35	165	5 775	0.813	4 695.22
合计	×	×	670	18 450	0.813	15 000

班组内部工资分配率＝15 000÷18 450≈0.813

三、工资结算和支付的核算

人工费用的汇总和结算都是以工资计算为基础的。通过计算，应付每个职工的工资总额为计时工资、计件工资、加班加点工资、计入工资总额的奖金、各种工资性质的津贴和补贴等的合计数。但计算出的应付工资往往和实发工资不一致。在实际工作中，为了减少现金收付工作，便于职工收付有关款项，企业在向职工支付工资时，一般随同支付某些福利费和交通补助费等代发款项，并且扣除职工应付个人所得税、应由个人负担的住房公积金等。

支付工资时，实际应发给每名职工工资的计算公式为：

实发金额＝应付工资＋代发款项－代扣款项

（一）工资结算凭证的填制

工资结算凭证主要是工资单和工资汇总表。工资单，一般按车间、部门分别填制，每月一张，单内按职工分行填列应付工资、代发款项、代扣款项和应发金额；工资汇总表是根据工资单编制的，用以反映全厂工资结算的总括情况，是企业全部工资的汇总。

1. 工资单

工资单应按月分车间（或部门）进行编制，分职工类别和每一职工反映企业应付的工资额。在实际工作中，工资结算还包括企业发给职工的但不属于工资总额组成内容的其他结算款项，如上下班交通补贴费等，以及企业应从职工工资中扣下的企业已代垫或将代付的各种应扣款项。工资单也是全厂工资费用汇总的原始凭证。其一般格式如表3—8所示。

在上述工资结算单中，"应付工资"各栏，应根据前述计算方法和有关的规定计算填列；"代发款项"各栏，应根据有关规定计算填列；"代扣款项"各栏，应根据有关部门的扣款通知填列。

工资发放期末，工资结算单中尚未盖章签收的工资，即为超过工资发放期限尚未发出的待领工资。对于待领工资，应该抄列清单或明细表，以便转账。在由各车间、部门分别发放工资的企业中，还应将尚未发出的现金退回会计部门。会计部门将未发出的工资转入"其他应付款"。

2. 工资汇总表

工资汇总表是根据工资单汇总编制的，为反映企业全部工资的结算情况，并据以进行工资结算总分类核算和汇总全厂工资费用的结算凭证。由于工资汇总表是按车间、部门和工资的不同用途汇总了全厂的工资费用，所以它也是企业进行工资费用分配和向银行提取现金的依据。其格式和内容由企业根据实际情况自行规定，根据工资汇总表可编制工资及其他结算款项的会计分录。

红叶工厂本年7月份根据各车间、部门的工资结算单（见表3—9），按人员类别和工资性质分别汇总以后，编制的工资汇总表见表3—10。

表3—9

车间：基本生产车间

工资单

200×年7月

组别	姓名	级别	月工资标准	日工资标准	奖金	补贴	津贴	病假天数	病假%	病假金额	事假天数	事假金额	应付工资合计	福利补助费	独生子女补助费	住房公积金	养老金	个人所得税	合计	应发金额	签收盖章
1	陈春	2	900	30	500	7.5	4	3	10	9	2	60	1 342.5	10	2.5	70	15	22.88	107.9	1 247.13	
1	张红	3	1 350	45	750	7.5							2 107.5	10	2.5			104.8	104.8	2 015.25	
1	李琳	4	1 800	60	1 000	7.5	8			9	4	240	2 575.5	10		9		150.7	159.7	2 425.85	
1	小计	×	4 050	135	2 250	22.5	12	×	×	9	×	300	6 025.5	30	5	79	15	278.3	372.3	5 688.23	
⋯			⋯		⋯	⋯	⋯	⋯	⋯	⋯	⋯	⋯	⋯	⋯	⋯	⋯	⋯	⋯	⋯	⋯	
	生产工人合计		15 200	×	5 850	195	79	×	×	80	×	450	200 794	100	40	75	90	160	325	1 739	
⋯			⋯		⋯	⋯	⋯	⋯	⋯	⋯	⋯	⋯	⋯	⋯	⋯	⋯	⋯	⋯	⋯	⋯	
	管理人员合计		8 250	×	1 500	300	79	×	×	30	×	60	9 960	50	15	10	18	25	53	226	
	车间总计		23 450	×	7 350	495	79	×	×	110	×	510	30 745	150	55	85	108	185	378	1 965	

表 3—10 　　　　　　　　　　　　红叶工厂工资汇总表

200×年9月　　　　　　　　　　　　　　　　　　　　单位：元

车间或部门 （人员类别）	应付职工工资					合　计
	计时工资	计件工资	奖金	津贴和 补贴	加班加 点工资	
1. 基本生产车间	96 000		4 200	3 000	2 000	105 200
产品生产工人	90 000		4 000	3000	2 000	99 000
车间管理人员	6 000		200			6 200
2. 辅助生产车间	12 000		900	200		13 100
生产工人	10 000		800	200		11 000
车间管理人员	2 000		100			2 100
3. 企业管理人员	8 000					8 000
4. 专设销售机构人员	1 600		400			2 000
5. 固定资产建造工程人员		4 000				4 000
合　计	117 600	4 000	5 500	3 200	2 000	132 300

（二）职工福利费、保险费等的计算

职工福利费和应向社会保险经办机构缴纳的医疗保险费、养老保险费、失业保险费、工伤保险费、生育保险费等社会保险费，应向住房公积金管理中心缴纳的住房公积金，以及应向工会部门缴纳的工会经费等，应当按照国家统一规定的计提基础和计提比例计提。国家没有明确规定计提基础和计提比例的，企业应当根据历史经验和自身实际情况，计算确定应付职工薪酬金额。

职工福利费和医疗保险费、养老保险费、失业保险费、工伤保险费、生育保险费等社会保险费，以及住房公积金、工会经费等可以通过分别编制提取职工福利费计算表、社会保险费计算表、住房公积金计算表、工会经费和职工教育经费计算表等计算。

例 3—10　红叶工厂200×年7月份工资汇总表确定的工资总额见表 3—9，职工福利费计提比例为工资总额的 14%，据此编制的职工福利费计算表见表 3—11。

表 3—11 　　　　　　　　　　　红叶工厂职工福利费计算表

200×年9月　　　　　　　　　　　　　　　　　　　　单位：元

车间或部门（人员类别）	工资总额	计提比例	应计提职工福利费
1. 基本生产车间	105 200		14 728
产品生产工人	99 000		13 860
车间管理人员	6 200		868
2. 辅助生产车间	13 100		1 834
生产工人	11 000		1 540
车间管理人员	2 100		294
3. 企业管理人员	8 000		1 120

续前表

车间或部门（人员类别）	工资总额	计提比例	应计提职工福利费
4. 专设销售机构人员	2 000		280
5. 固定资产建造工程人员	4 000		560
合　计	132 300	14%	18 522

例 3—11　红叶工厂 200×年 9 月份工资汇总表确定的工资总额见表 3—9，医疗保险费、养老保险费、失业保险费、工伤保险费、生育保险费等社会保险费等的提取比例分别为工资总额的 8%、20%、2%、0.8%、0.8%，据此编制社会保险费计算表见表 3—12。

表 3—12　　　　　　　　　　红叶工厂社会保险费计算表

200×年 9 月　　　　　　　　　　　　　　　　　　　单位：元

车间或部门（人员类别）	工资总额	医疗保险费	养老保险费	失业保险费	工伤保险费	生育保险费	合　计
计提比例		8%	20%	2%	0.8%	0.8%	
1. 基本生产车间	105 200	8 416	21 040	2 104	841.6	841.6	33 243.2
产品生产工人	99 000	7 920	19 800	1 980	792	792	31 284
车间管理人员	6 200	496	1 240	124	49.6	49.6	1 959.2
2. 辅助生产车间	13 100	1 048	2 620	262	104.8	104.8	4 139.6
生产工人	11 000	880	2 200	220	88	88	3 476
车间管理人员	2 100	168	420	42	16.8	16.8	663.6
3. 企业管理人员	8 000	640	1 600	160	64	64	2 528
4. 专设销售机构人员	2 000	160	400	40	16	16	632
5. 固定资产建造工程人员	4 000	320	800	80	32	32	1 264
合　计	132 300	10 584	26 460	2 646	1 058.4	1 058.4	41 806.8

例 3—12　红叶工厂 200×年 9 月份工资汇总表确定的工资总额见表 3—9，住房公积金计提比例为工资总额的 8%，据此编制的住房公积金计算表见表 3—13。

表 3—13　　　　　　　　　　红叶工厂住房公积金计算表

200×年 9 月　　　　　　　　　　　　　　　　　　　单位：元

车间或部门（人员类别）	工资总额	计提比例	应计提住房公积金
1. 基本生产车间	105 200		8 416
产品生产工人	99 000		7 920

续前表

车间或部门（人员类别）	工资总额	计提比例	应计提住房公积金
车间管理人员	6 200		496
2. 辅助生产车间	13 100		1 048
生产工人	11 000		880
车间管理人员	2 100		168
3. 企业管理人员	8 000		640
4. 专设销售机构人员	2 000		160
5. 固定资产建造工程人员	4 000		320
合　计	132 300	8%	10 584

例3—13 红叶工厂200×年9月份工资汇总表确定的工资总额见表3—9，工会经费和职工教育经费计提比例分别为工资总额的2%和1.5%，据此编制的工会经费和职工教育经费计算表见表3—14。

表3—14　　　　　　　红叶工厂工会经费和职工教育经费计算表

200×年9月　　　　　　　　　　　　　　　　单位：元

车间或部门（人员类别）	工资总额	应计提工会经费	应计提职工教育费
（计提比例）		2%	1.5%
1. 基本生产车间	105 200	2 104	1 578
产品生产工人	99 000	1 980	1 485
车间管理人员	6 200	124	93
2. 辅助生产车间	13 100	262	196.5
生产工人	11 000	220	165
车间管理人员	2 100	42	31.5
3. 企业管理人员	8 000	160	120
4. 专设销售机构人员	2 000	40	30
5. 固定资产建造工程人员	4 000	80	60
合　计	132 300	2 646	1 984.5

（三）工资结算支付的账务处理

为了总括地反映企业与职工之间有关工资的结算、支付和工资费用的分配情况，监督企业工资总额计划的执行情况，应该设置"应付职工薪酬"总账科目。凡是包括在工资总额以内的各种工资、津贴、补贴和奖金等，不论是否在当月支付，均应通过该科目核算。发放工资时代发的款项，不属于工资总额的组成内容，不应通过该科目核算。

每月发放工资以前，应该根据全厂工资结算单中应发金额总数，向银行提取现金，借记"库存现金"科目，贷记"银行存款"科目。支付工资时，借记"应付职工薪酬"科目，贷记"库存现金"科目。从应付工资中扣还的各种款项（如代垫的房租、住房公积金、个人所得税等），借记"应付职工薪酬"科目，贷记"其他应收款"、"其他应交款"、"应交税费——应交个人所得税"等科目。职工在规定期限内未领取的工资，由发放的单位及时交回财务会计部门，借记"库存现金"科目，贷记"其他应付款"科目。

企业按规定将应发给职工的住房补贴存入专户时，借记"应付职工薪酬"科目，贷记"银行存款"等科目。

例3—14 某公司本月发生与工资发放有关的业务如下：

（1）企业根据工资汇总表中所列应发金额 132 300 元，开出现金支票，向银行提取现金时。

借：库存现金	132 300
贷：银行存款	132 300

（2）发放工资时（工资汇总表中，应付职工工资总额为 132 300 元，代扣公积金 10 584 元，代扣个人所得税 5 405 元，代发交通补助费 895 元）。

借：应付职工薪酬	116 311
管理费用	895
贷：库存现金	117 206

（3）根据单中所列代扣款项 15 989 元进行转账，将应付职工薪酬转为其他应付款时。

借：应付职工薪酬	15 989
贷：其他应付款	10 584
应交税费——应交个人所得税	5 405

（4）将职工未领的款项 3 800 元交回会计部门，转为其他应付款时。

借：库存现金	3 800
贷：其他应付款	3 800

四、职工薪酬费用分配的核算

（一）职工薪酬费用分配的方法

职工薪酬费用的分配，是指将企业职工的工资、福利等薪酬，作为一种费用，按照它的用途分配计入各种产品成本、经营管理费用等，或由规定的资金来源开支。

直接进行产品生产的生产工人薪酬，专门设有"直接人工"成本项目。其中计件工资属于直接计入费用，应根据职工薪酬结算凭证直接计入某种产品成本的这一成本项目；计时工资一般属于间接计入费用，应按产品的生产工时（实际工时）比例，分配计入各有关产品成本的这一成本项目；奖金、津贴和补贴，以及特殊情况下支付的工资等，一般也属于间接计入费用，可按生产工时等比例，分配计入各有关产品成本的这一成本项目。

分配计算的公式为：

（1）生产薪酬费用分配率＝$\dfrac{各种产品生产薪酬总额}{各种产品生产工时之和}$

（2）某种产品应分配的生产薪酬＝该种产品生产工时×生产薪酬费用分配率

如果取得各种产品的实际生产工时数据比较困难，而各种产品的单件工时定额比较准确，也可以按产品的定额工时比例分配薪酬费用。其分配计算的公式如下：

（1）某种产品耗用的定额工时＝该种产品投产量×单位产品工时定额

（2）生产薪酬费用分配率＝$\dfrac{各种产品生产薪酬总额}{各种产品定额工时之和}$

（3）某种产品应分配的生产薪酬＝该种产品定额工时×生产薪酬费用分配率

例3—15 假定红叶工厂基本生产车间生产甲、乙、丙三种产品，应付生产工人薪酬（包括计时工资、奖金、津贴和补贴）155 529元，规定按生产工时比例分配。这三种产品的生产工时为：甲产品5 500小时，乙产品4 800小时，丙产品4 200小时。应分配计算如下：

$$生产薪酬费用分配率＝\frac{155\ 529}{5\ 500＋4\ 800＋4\ 200}＝10.726\ 1（元/小时）$$

甲产品应分配生产薪酬＝5 500×10.726 1＝58 993.55（元）

乙产品应分配生产薪酬＝4 800×10.726 1＝51 485.28（元）

丙产品应分配生产薪酬＝155 529－58 993.55－51 485.28＝45 050.17（元）

上述的分配过程，也可以通过编制基本生产车间薪酬分配表进行分配。

例3—16 根据例3—15中的基本生产车间的应付职工薪酬数额和上述生产薪酬费用分配的算式，编制该车间薪酬费用分配表如表3—15所示。

表3—15　　　　　　　　　红叶工厂基本生产车间（部门）薪酬费用分配表

基本生产车间　　　　　　　　　　　200×年9月

应借科目		成本或费用项目	生产工人薪酬	
			生产工时	分配金额（分配率：10.7261）
基本生产成本	甲产品	直接人工	5 500	58 993.55
	乙产品	直接人工	4 800	51 485.28
	丙产品	直接人工	4 200	45 050.17
	小　计		14 500	155 529

（二）职工薪酬费用分配的账务处理

上述直接进行产品生产的工人薪酬设有"直接人工"成本项目，应单独记入"基本生产成本"总账科目和所属明细账的借方；直接进行辅助生产、设有"直接人工"成本项目的生产工人工资，间接进行基本生产和辅助生产没有专设成本项目的职工薪酬，专设的销售部门人员薪酬，行政管理部门人员薪酬，用于固定资产购建工程的薪酬，以及应计入管理费用的长期病假人员薪酬等，则应分别记入"辅助生产成本"、"制造费用"、"销售费用"、"管理费用"和"在建工程"等总账科目和所属明细账的借方。已分配的薪酬总额，应记入"应付职工薪酬"科目的贷方。

企业应当设置"应付职工薪酬"明细账，按照职工类别分设账页，按照薪酬的组成内容分设专栏，根据工资单或工资汇总表进行登记。

根据红叶工厂200×年9月份工资汇总表（见表3—10），职工福利计算表（见表3—11），社会保险费计算表（见表3—12），住房公积金计算表（见表3—13），工会经费和职工教育经费计算表（见表3—14）和基本生产车间薪酬费用分配表（见表3—15），编制分配职工薪酬的会计分录如下（红叶工厂辅助生产车间单独核算制造费用）：

借：基本生产成本——甲产品		58 993.55
——乙产品		51 485.28
——丙产品		45 050.17
辅助生产成本		17 281
制造费用——基本生产车间		9 740.20
——辅助生产车间		3 299.10
管理费用		12 568
销售费用		3 142
在建工程		6 284
贷：应付职工薪酬——工资		132 300
——职工福利		18 522
——社会保险费		41 806.80
——住房公积金		10 584
——工会经费		2 646
——职工教育经费		1 984.50

第四节　折旧费用、利息费用、
税金和其他费用的核算

一、折旧费用的核算

固定资产在生产经营过程中因损耗而逐渐转移的价值，称为固定资产折旧。分期转入产品成本、期间费用等的折旧，称为折旧费用。

折旧费用应按照固定资产使用的车间、部门和用途，分别记入"制造费用"、"管理费用"和"其他业务成本"等总账科目和所属明细账的借方（在明细账中记入"折旧费"费用项目）。固定资产折旧总额应记入"累计折旧"科目的贷方。

折旧费用的分配应通过折旧费用分配表进行。

例 3—17　红叶工厂的折旧费用分配表如表 3—16 所示。红叶工厂辅助生产车间单独核算制造费用。

表 3—16　　　　　　　　　　　红叶工厂折旧费用分配表

200×年 9 月　　　　　　　　　　　　　　　　　单位：元

应借科目	车间、部门	8月固定资产折旧额	8月增加固定资产折旧额	8月减少固定资产折旧额	本月（9月）固定资产折旧额
制造费用	基本生产第一车间	15 200	1 200	800	15 600
	基本生产第二车间	16 400	800	360	16 840
	小计	31 600	2 000	1 060	32 540
	辅助生产（机修）车间	3 500	880	300	4 080
	辅助生产（运输）车间	1 580	490	230	1 840
	小计	5 080	1 370	530	5 920
	合计	36 680	3 370	1 590	38 460
管理费用	行政管理部门	6 800	1 570	2 010	6 360
总　计		43 480	4 940	3 600	44 820

根据表 3—16，编制会计分录如下：

借：制造费用——基本生产车间	32 540
——辅助生产车间	5 920
管理费用	6 360
贷：累计折旧	44 820

二、利息费用的核算

利息费用不是产品成本的组成部分，而是经营管理费用中财务费用的组成部分，在财务费用中设立"利息净支出"项目进行核算。

平时不需要对短期借款利息进行处理，但是在资产负债表日，应将按合同利率计算确定的短期借款利息金额，借记"财务费用"等科目，贷记"银行存款"、"应付利息"等科目。

例 3—18 红叶工厂 200×年 11 月 1 日取得商业周转借款 200 万元，期限 3 个月，月利率 4.5‰。

12 月 31 日，红叶公司应确认两个月的利息费用 18 000 元（2 000 000×4.5‰×2），并进行如下会计处理：

借：财务费用	18 000
贷：应付利息	18 000
2 月 1 日到期归还本息时：	
借：短期借款	2 000 000
应付利息	18 000
财务费用	9 000
贷：银行存款	2 027 000

在资产负债表日，企业应按长期借款的摊余成本和实际利率计算确定长期借款的利息费用，并借记"在建工程"、"财务费用"、"制造费用"等科目，按借款本金和合同利率计算确定应付未付利息，并贷记"应付利息"科目，按其差额，贷记"长期借款——利息调整"科目。企业归还长期借款，按归还的长期借款本金，借记"长期借款——本金"科目，按转销的利息调整金额，贷记"长期借款——利息调整"科目，按实际归还的款项，贷记"银行存款"科目，按借贷双方之间的差额，借记"在建工程"、"财务费用"、"制造费用"等科目。

三、税金的核算

税金也不是产品成本的组成部分，它是经营管理费用中管理费用的组成部分，在管理费用中按照税金的种类分设费用项目（或者为各种税金合设一个费用项目）进行核算。作为管理费用核算的税金包括房产税、车船税、土地使用税和印花税。

房产税、车船税和土地使用税，需要预先计算应交金额，然后缴纳。这些税金应该通过"应交税费"科目核算。算出应交税费时，应借记"管理费用"总账科目和所属明细账（在明细账中分别记入"房产税"、"车船税"和"土地使用税"各费用项目，或全部记入"税金"一个费用项目），贷记"应交税费"科目；缴纳税金时，应借记"应交税费"科目，贷记"银行存款"等科目。

印花税，一般情况下，企业需要预先购买印花税票，待发生应税行为时，再根据凭证的性质和规定的比例税率或者按件计算应纳税额，将已购买的印花税票粘贴在应纳税凭证上，并在每枚税票的骑缝处盖戳注销或者划销，办理完税手续。企业缴纳的印花税，不会发生应付未付税款的情况，不需要预计应纳税金额，同时也不存在与税务机关结算或清算的问题，因此，企业缴纳的印花税不需要通过"应交税费"科目核算，于购买印花税票时，直接借记"管理费用"，贷记"银行存款"科目。

四、其他费用的核算

工业企业各种要素费用中的其他费用，是指除了前面所述各要素以外的各种费用，包括邮电费、租赁费、印刷费、图书资料报刊办公用品订购费、试验检验费、排污费、差旅费、误餐补助费、交通费补贴、保险费、职工技术培训费等。这些费用有的是产品成本的组成部分，有的则不是。其中属于产品成本组成部分的各种费用一般没有专门设立成本项目。因此，在发生这些费用时，应该按照发生的车间、部门和用途，分别借记"制造费用"、"管理费用"、"其他业务成本"等科目，贷记"银行存款"或"库存现金"等科目。

各种要素费用通过以上所述的核算、分配，已经按照费用的用途分别记入"基本生产成本"、"辅助生产成本"、"制造费用"、"销售费用"、"管理费用"、"财务费用"、"在建工程"等科目的借方进行归集。其中记入"基本生产成本"科目借方的费用，已经分别记入各有关产品成本明细账的"直接材料"、"燃料及动力"和"直接人工"成本项目。

实务案例

随意列支成本，调节利润

某税务专管员对某厂 200×年 9 月份生产费用和产品成本计算进行审查，通过审阅原始凭证、记账凭证及有关总账和明细账户，发现该厂成本计算工作中存在下列情况：

（1）原材料领用单中，工具车间设备改良用钢材 1 500 千克，单价 1.50 元，计入产品成本单；产品用原料 320 千克，单价 5 元，记入"在建工程"账户。

（2）医务人员工资 480 元，记入"管理费用"账户。

(3) 材料采购人员薪酬 588 元，记入"制造费用"账户。

(4) 职工市内交通补贴 860 元，按工资比例分摊，转入基本生产成本（直接人工）650 元，制造费用 120 元，管理费用 90 元。

(5) 3 月 26 日支付下半年财产保险费 1 500 元，记入"制造费用"账户。

针对上述情况，作了如下税务调整：

(1) 借：在建工程   2 250
      贷：基本生产成本   2 250
借：基本生产成本   1 600
      贷：在建工程   1 600

(2) 借：应付职工薪酬   480
      贷：管理费用   480

(3) 借：管理费用   588
      贷：制造费用   588

(4) 借：管理费用   770
      贷：基本生产成本   650
            制造费用   120

(5) 借：管理费用   1 500
      贷：制造费用   1 500

本章小结

　　要素费用主要包括材料费用、燃料费用、外购动力费用、职工薪酬费用、折旧费用、利息费用等。要素费用的核算是生产费用进行归集的基础。各项要素费用分配的基本原理，为各项具体要素费用及其他费用的分配打下了基础，因为它们的分配原理是相同的。费用分配的基本原理包括：（1）分配标准的选择，它必须与分配对象密切联系，分配标准一般有成果类、消耗类和定额类；（2）分配费用的各种基本计算公式；（3）基本核算程序，即计算分配过程、编制各种费用分配表及会计分录，以及登记有关的总账和明细账。原材料分配是重点，以定额消耗量或定额费用为标准进行分配，列示了计算公式、计算过程并配有实例。其他各项要素费用分配原理与此类似。

思考题

1. 间接计入费用的分配标准有哪些？
2. 原材料如果是间接计入费用，一般应采用哪些分配方法？怎样进行分配？
3. 职工薪酬包括哪些内容？薪酬费用如何分配？
4. 计时工资与计件工资分别如何计算？

第四章　辅助生产费用的核算

学习要点

❶ 了解辅助生产费用的种类
❷ 了解辅助生产费用核算的内容
❸ 掌握辅助生产费用的分配方法
❹ 掌握辅助生产费用分配表的编制
❺ 掌握辅助生产费用的会计分录

导入案例

一、案例资料

光华服装厂主要生产各种男女服装，该厂有一个基本生产车间和一个供热车间，供热车间在冬天可以为基本生产车间和厂部等部门供应暖气，会计人员把基本生产车间的生产费用通过"基本生产成本"账户进行归集，并在各种产品之间按照一定的比例分配计入产品成本中，但供热车间的暖气并不是服装生产必需的原料，和服装生产没有直接的联系，而且该车间的暖气除了供应生产车间之外，还有厂部等其他部门。

二、讨论题

1. 光华服装厂的会计人员应该如何处理供热车间发生的各项费用？
2. 该车间的费用应该怎样进行归集？
3. 不同的受益部门和产品之间应怎样分配供热车间的费用？

第一节　辅助生产费用核算概述

一、辅助生产及辅助生产费用的概念

企业的生产按其生产性质可分为基本生产和辅助生产两类。工业企业的基本生产

是指从事主营产品的生产，如食品加工企业的食品加工，机器制造企业的铸造、锻压和装配等生产活动，钢铁企业的炼铁、炼钢和轧钢生产活动等，都属于基本生产活动。从事基本生产活动的车间称为基本生产车间。工业企业的辅助生产是指为基本生产和经营管理服务而进行的产品生产和劳务供应，如机器制造厂为基本生产提供的修理作业和提供的工具、刀具、模具等，钢铁厂的电力供应等均属于辅助生产活动。从事辅助生产活动的车间称为辅助生产车间。辅助生产所生产的产品有工具、模具、修理用备件等；劳务供应有运输、修理、供水、供电、供热等。辅助生产提供的产品和劳务主要为本单位生产管理服务，有时也对外销售。企业通常设置专门的辅助生产车间来组织辅助产品的生产和劳务的供应，如供水车间、供电车间、修理车间、模具车间等，这些车间可以只生产一种产品或提供一种劳务，也可以生产多种产品或提供多种劳务。根据所生产产品、提供劳务作业的品种，辅助生产可分为两种类型：一类是只生产一种产品或者只提供一种劳务的辅助生产，称为单产品辅助生产，如供电、供水、供风、供汽、运输等；另一类是生产多种产品或提供多种劳务、作业的辅助生产，称为多品种辅助生产，如机械修理、模具制造等。

辅助生产车间在生产产品或提供劳务过程中所耗用的原材料费用、动力费用、工资及福利费用以及辅助生产车间的制造费用，称为辅助生产费用。虽然辅助生产主要是向基本生产提供产品或服务，但同时也可能向管理部门、在建工程以及对外单位提供产品或劳务。因此，辅助生产费用应由受益对象负担，不能将其视同于基本生产而直接作为产品成本。此外，有些企业的辅助生产车间之间相互提供产品或劳务，如供水车间为供电车间供应水，而供电车间为供水车间提供电，这样各辅助车间归集的费用应包括从其他辅助车间转入的辅助生产费用，因此增加了辅助生产费用分配的复杂性。某种产品或劳务所耗费的辅助生产费用即该产品或劳务的辅助生产成本。辅助生产车间生产的产品和劳务，被基本生产车间、管理部门等耗用后，辅助生产费用应当分配转入基本生产成本、管理费用、制造费用等。

二、辅助生产成本核算

由于辅助生产车间主要是为基本生产车间或其他部门提供产品和劳务，因此其费用要在各受益对象之间进行分配。一般情况下，辅助生产成本核算主要包括辅助生产费用的归集和分配核算，具体核算内容如下：

（1）正确、及时地归集辅助生产车间生产产品和劳务所发生的费用。

（2）将辅助生产所发生的费用，期末按一定的分配标准在各受益对象之间进行分配。

（3）监督、控制和考核辅助生产成本，努力降低辅助生产成本，以降低基本生产成本，提升企业经营利润。

辅助生产车间生产的产品和提供劳务的成本，最终由各受益产品和部门负担，因此，其费用的高低，对企业基本生产成本和各项期间费用有直接的影响，而且只有在辅助生产费用分配之后，才能计算基本生产成本。所以，正确、及时地组织辅助生产费用的归集和分配，对于加强成本管理，组织产品成本计算具有重要意义。

第二节　辅助生产费用的归集核算

辅助生产费用的归集是指按照辅助生产车间以及产品和劳务类别对耗用的辅助生产费用进行归集，计算辅助生产产品成本和劳务成本的过程。

为了全面反映企业的生产费用和产品成本，按照企业会计准则，企业应设置"生产成本"总分类账户，为了区分基本生产耗费和辅助生产耗费，在"生产成本"总分类账户下设置"基本生产成本"和"辅助生产成本"两个二级明细账户，企业发生的辅助生产费用通过"辅助生产成本"账户进行核算，该账户借方登记各辅助车间本身发生的直接和间接费用，以及从其他辅助生产部门分配的费用，贷方登记辅助生产费用的结转分配数，单产品辅助生产一般无期末余额。账户应按辅助生产车间及其生产的产品、劳务的种类进行明细核算，按成本项目设置专栏。企业也可以根据实际工作需要，将"生产成本"科目分设为"基本生产成本"和"辅助生产成本"两个总账科目（一级科目），分别核算基本生产成本和辅助生产成本。本教材出于简化需要，采用将"生产成本"科目分设为"基本生产成本"和"辅助生产成本"两个总账科目的做法。

在辅助生产费用归集的过程中，因辅助车间规模大小和发生间接费用的多少不同，辅助生产车间的制造费用归集的程序也不同。一般有两种归集方法：通过"制造费用"账户归集和不通过"制造费用"账户归集。

如果辅助生产车间规模很小、制造费用很少，而且辅助生产不对外提供产品，为简化核算工作，辅助生产车间的所有费用直接记入"辅助生产成本"账户，直接或分配计入辅助生产产品或劳务的成本。

如果辅助生产车间规模较大，间接费用较多，或者对外提供产品或劳务，则应在"制造费用"账户下设置"辅助生产车间"二级账对辅助生产车间的制造费用进行单独归集。这种核算方法与基本生产的制造费用一样，先通过"制造费用"账户进行单独归集，然后转入"辅助生产成本"账户，计入辅助生产产品或劳务的成本。该明细账借方归集辅助生产车间为组织和管理生产而发生的制造费用，贷方登记转入"辅助生产成本"账户及所属明细账的费用，期末一般无余额。

辅助生产成本明细账的设置及其格式与辅助生产类型有关。

对于单品种辅助生产车间，可以按车间设置明细账，并根据费用项目管理要求在明细账内开设专栏，其格式见表4—1。

表 4—1 　　　　　　　　　　　辅助生产成本明细账

车间：　　　　　　　　　　提供产品或劳务名称：　　　　　　　　　　单位：

200×年		凭证号	摘要	费用明细项目										合计
月	日			材料	工资	福利费	折旧	水电	修理	保险	办公费	差旅	其他	
			合计											

对于多品种辅助生产车间，需要按不同种类的产品或劳务设置辅助生产成本明细账，在明细账内按规定的成本项目（一般为直接材料、直接人工和制造费用）开设专栏，其格式如表 4—2 所示。同时，为了核算辅助车间的制造费用，还应按车间设置辅助生产的制造费用明细账，在明细账内根据企业对制造费用的管理要求开设专栏，其格式如表 4—3 所示。

表 4—2 　　　　　　　　　　　辅助生产成本明细账

车间：　　　　　　　　　　提供产品或劳务名称：　　　　　　　　　　单位：

20××年		凭证号	摘要	成本项目			合计
月	日			直接材料	直接人工	制造费用	
			合计				

表 4—3 　　　　　　　　　　　辅助生产车间制造费用明细账

车间：××辅助生产车间　　　　　　　　　　　　　　　　　　　　单位：

200×年		凭证号	摘要	费用明细项目								合计
月	日			工资	福利费	折旧	水电	修理	保险	办公费	差旅	其他	
			合计									

辅助生产成本明细账应根据材料费用分配表、工资薪酬分配表、固定资产折旧分配表以及其他有关原始凭证登记。在辅助生产车间之间相互提供劳务和产品的情况下，还需要根据辅助生产成本分配表进行登记。单品种辅助生产车间的各项费用可按其经济性质登记在该车间明细账中相应的专栏内。多品种辅助生产车间的各项费用首先要区分直接费用和间接费用，某一产品或劳务的直接费用记入该产品或劳务的成本明细账中的"直接材料"和"直接人工"项目内，间接费用先记入按车间设置的辅助生产车间制造费用明细账中各相应栏目内，期末采用一定的分配方法在各产品或劳务之间进行分配，并编制辅助生产车间制造费用分配表，根据分配表的分配结果，登记在按产品设置的成本明细账中的"制造费用"项目内。有关制造费用归集和分配的程序和方法将在第五章详细阐述。

辅助生产成本归集的会计分录如下：

借：辅助生产成本
  贷：原材料
      应付职工薪酬
      累计折旧
      银行存款等

例 4—1　某公司模具生产车间2月份领用原材料200件，共10 000元，支付工人工资5 000元，固定资产折旧费2 000元，修理费200元，该车间只生产一种模具。

首先核算该生产车间的制造费用：

借：制造费用——模具生产车间	2 200
贷：累计折旧	2 000
银行存款	200

由于该车间只生产一种模具，因此把该车间的制造费用直接转入产品成本即可：

借：辅助生产成本	17 200
贷：原材料	10 000
应付职工薪酬	5 000
制造费用——模具生产车间	2 200

如果该车间生产多种模具，则该车间的制造费用需按照一定的标准在不同产品之间进行分配，编制制造费用分配表，根据分配结果核算各产品的生产成本。按照各费用的经济性质，登记到辅助生产成本的各专栏内。

第三节　辅助生产费用的分配核算

归集在"辅助生产成本"账户借方的辅助生产费用，构成辅助生产产品或劳务的成本。由于辅助生产车间生产的产品和提供的劳务主要是为基本生产车间或其他部门使用的，因此其成本期末要在各受益对象之间进行分配。

一、辅助生产成本分配原则

辅助生产成本分配的一般原则是：

（一）区分辅助生产产品的已耗成本和未耗成本

在大多数情况下，辅助生产车间所归集的辅助生产费用首先在完工产品和在产品之间进行分配，完工入库的产品转入存货成本，基本生产车间或其他部门领用这些存货时才转入"基本生产成本"或"管理费用"等账户。因此要正确核算辅助生产车间的完工产品成本，准确把握领用产品和未领用产品的数量，只有领用的完工产品成本才是辅助生产成本分配的对象。尚未完工或者尚未领用的产品成本并不进行分配。

（二）已耗成本按受益对象分配

被领用的辅助生产车间的产品凡是能确认是由某一基本生产车间或某一产品、订单所耗用的，直接转入该基本生产车间的制造费用或直接计入该种产品或订单的成本中。凡不能确认的辅助生产成本，必须按照受益比例在各受益单位之间进行分配。

（三）选择合理的分配方法

辅助生产成本分配方法应力求简单、合理和容易操作，既不能只求分配方法简单而忽视成本分配的合理性，也不能一味追求成本分配的准确性而过分复杂地分配辅助生产成本。

二、辅助生产费用分配的特点

不论采用哪一种程序归集辅助生产费用，辅助生产完工的产品或劳务成本，均应从"辅助生产成本"账户和所属明细账的贷方转出，期末时，按不同的受益单位，转入"基本生产成本"、"原材料"、"制造费用"等账户和所属明细账。辅助生产费用的分配，即指按一定的标准和方法，将辅助生产费用分配到各受益单位或产品上去的过程。

辅助生产费用分配的特点是交互分配。因为辅助生产车间除了为生产车间和管理部门提供产品和劳务外，辅助生产车间之间也在相互使用产品和劳务，因此，为了正确计算产品和劳务的成本，并分配给辅助生产以外的受益对象，就需先计算辅助生产部门之间相互提供的产品和劳务的成本，即交互分配。

三、辅助生产成本的分配程序

归集在"辅助生产成本"账户借方的辅助生产费用，构成辅助生产产品或劳务的成本。由于辅助生产的产品和提供的劳务种类不同，其转出分配的程序也不相同。对于生产工具、模具的辅助生产车间，应在产品完工入库时从"辅助生产成本"账户的贷方分别转入"周转材料"、"原材料"等账户的借方。各车间、各部门领用工具、模具及备件时，再从"周转材料"、"原材料"等账户中转出，记入有关的"制造费用"、"管理费用"等账户的借方。对于提供动力、机修、运输等产品或劳务的辅助生产车间，由于这些产品或劳务不具备物资形态，没有在产品，因而归集在"辅助生产成本"账户借方的生产费用就是企业向外提供的产品或劳务的成本，应在各受益单位之间进行分配，从"辅助生产成本"账户的贷方转入有关的"制造费用"、"管理费用"等账户的借方。具体的分配程序如图4—1所示。

辅助生产提供的产品和劳务，除了为基本生产车间和行政管理部门服务外，在某些辅助生产车间之间，也存在相互提供产品和劳务的情况。例如，供电车间为修理车

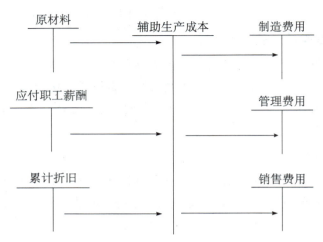

图 4—1　辅助生产费用分配图

间提供电力，修理车间为供电车间修理设备。这样，为了计算供电成本，就要确定修理成本；为了计算修理成本，就要确定供电成本。因此，为了正确计算这种辅助生产产品和劳务的成本，以便正确确定基本生产产品和各部门所耗用的数量和金额，在分配辅助生产费用时，也应在各辅助生产车间之间进行费用的交互分配。辅助生产费用分配要编制辅助生产费用分配表，分配表不仅是辅助生产费用分配计算的结果，而且是各受益部门耗用辅助生产费用的入账依据。辅助生产费用分配表的格式如表 4—4所示。辅助生产费用分配的核算，是辅助生产费用核算的关键。

表 4—4　　　　　　　　　　　　　　　辅助生产成本分配表

供应部门	待分配费用	供应数量	计量单位	分配率	受益部门				合计
					名称		名称		
					数量	金额	数量	金额	
合计									

四、辅助生产费用的分配方法

　　辅助生产费用分配方法有直接分配法、交互分配法、代数分配法和计划成本分配法等。

（一）直接分配法

　　直接分配法是不考虑各辅助生产车间之间相互提供劳务或产品的情况，将各种辅助生产费用直接分配给辅助生产车间以外的各受益单位。即使各辅助生产车间相互提供了产品或劳务，也忽略不计。其基本计算公式为：

$$费用分配率 = \frac{待分配辅助费用总额}{接受分配的各单位耗用产品或劳务总量}$$

某受益单位应分配的辅助生产费用 = 该单位耗用产品或劳务量 × 费用分配率

其中，接受分配的各单位耗用产品或劳务总量中不包括向辅助车间本身和其他辅助车间提供的产品和劳务量。

例4—2 某企业有修理和运输两个辅助生产车间，其待分配的辅助生产费用总额分别为6 000元和9 000元，其受益对象和数量见表4—5。假设该企业的产品生产成本只设"直接材料"、"直接人工"和"制造费用"三个栏目，辅助生产费用直接记入"辅助生产成本"账户。

表4—5　　　　　　　　　　某企业辅助生产的受益对象和数量

供应对象		修理车间（小时）	运输车间（公里）
供应部门	修理车间	—	300
	运输车间	100	—
基本生产车间		1 800	6 600
行政管理部门		200	600
合计		2 100	7 500

根据上述资料，直接分配法下修理和运输车间费用分配率为：

$$\text{修理车间费用分配率} = \frac{\text{待分配辅助费用总额}}{\text{接受分配的各单位耗用产品或劳务总量}} = \frac{6\ 000}{2\ 000} = 3\ \text{（元/小时）}$$

$$\text{运输车间费用分配率} = \frac{\text{该车间待分配辅助费用总额}}{\text{接受分配的各单位耗用产品或劳务总量}} = \frac{9\ 000}{7\ 200} = 1.25\ \text{（元/公里）}$$

两车间辅助生产费用分配表如表4—6所示。

表4—6　　　　　　　　　　直接分配法下辅助生产费用分配表

供应部门	待分配费用	供应数量	计量单位	分配率	受益部门				合计
					基本生产车间		管理部门		
					数量	金额	数量	金额	
修理车间	6 000	2 000	小时	3	1 800	5 400	200	600	6 000
运输车间	9 000	7 200	公里	1.25	6 600	8 250	600	750	9 000
合计	15 000	—	—	—		13 650		1 350	15 000

在直接分配法下，由于辅助生产费用只对外分配，辅助生产内部相互提供产品或劳务不分配成本，因此成本分配率应以待分配费用总额除以提供基本生产车间和管理部门劳务总量。基本生产车间分配的辅助生产费用属于生产产品的间接费用，因此这部分成本先记入"制造费用"账户，随同其他制造费用一起分配计入产品成本。如果能够确切地分清楚辅助生产是为某种产品提供的劳务，那么这部分辅助费用也可直接计入该产品的生产成本中。企业行政管理部门分担的辅助生产费用，记入"管理费用"账户；在建工程分配的辅助生产成本记入"在建工程"账户。

根据辅助生产费用分配表，编制会计分录如下：

借：制造费用　　　　　　　　　　　　　　　　　　　　　　　　13 650
　　管理费用　　　　　　　　　　　　　　　　　　　　　　　　 1 350

贷：辅助生产成本——修理车间	6 000
——运输车间	9 000

由上例可以看出，采用直接分配法分配辅助生产成本时，不考虑各辅助生产车间之间相互提供产品和劳务，而只对辅助车间以外的受益部门直接分配，一次完成，计算工作最简便。但由于各辅助生产车间的成本不够全面，如例4—2中修理车间的成本中不包括为其提供运输服务的运输车间的成本，因此分配结果不够准确。所以直接分配法只能在辅助生产内部相互提供劳务或产品不多、不进行辅助生产费用的交互分配对辅助生产成本或企业产品成本影响较小的情况下采用。

（二）交互分配法

大多数情况下，辅助生产车间不仅为基本生产车间和其他部门提供产品或劳务，辅助生产车间之间也相互提供服务。例4—2中修理车间和运输车间之间就相互提供劳务。为了精确地核算辅助生产的成本，需要确定该车间承担其他辅助车间的费用以及分配给其他受益辅助车间的费用，即首先要在辅助生产车间交互分配辅助生产费用，然后再对外分配。

采用交互分配法分配辅助生产成本时需要分两步进行：首先根据各辅助生产车间相互提供产品或劳务的数量和交互分配前的费用分配率，在各辅助生产车间之间进行一次交互分配。然后，将各辅助生产车间交互分配后的实际费用（即交互分配前的费用加上交互分配转入的费用，减去交互分配转出的费用），按提供产品或劳务的数量和交互分配后的费用分配率，在辅助生产车间以外的各受益单位之间进行分配。

（1）在辅助车间进行交互分配时，根据各辅助车间相互提供的产品或劳务数量和交互分配前的各产品或劳务的单位成本（成本分配率），在辅助生产车间之间进行一次相互分配，其他受益对象暂不分配。基本公式如下：

$$\frac{\text{交互分配前某产品}}{\text{或劳务的单位成本}}=\frac{\text{该辅助生产车间交互分配前的辅助生产成本总额}}{\text{该车间提供的产品或劳务总量}}$$

$$\frac{\text{某车间应承担的其他}}{\text{车间辅助生产成本}}=\sum\left(\begin{array}{c}\text{某产品交互分配}\\\text{前的单位成本}\end{array}\times\begin{array}{c}\text{该车间使用}\\\text{该产品的数量}\end{array}\right)$$

（2）将各辅助生产车间交互分配后的辅助生产费用按照受益量对外部各受益对象进行分配，基本计算公式为：

$$\frac{\text{某辅助生产车间}}{\text{对外分配率}}=\frac{\text{该车间交互分配后的辅助生产费用}}{\text{该车间对辅助车间外部提供的产品或劳务总量}}$$

$$\frac{\text{某外部车间应承担的}}{\text{辅助生产成本}}=\sum\left(\begin{array}{c}\text{某辅助车间}\\\text{对外分配率}\end{array}\times\begin{array}{c}\text{该车间使用}\\\text{产品的数量}\end{array}\right)$$

$$\frac{\text{某辅助生产车间交互}}{\text{分配后的生产费用}}=\frac{\text{该车间交互分配}}{\text{前的生产费用}}+\frac{\text{从其他辅助生产车}}{\text{间分配转入的费用}}-\frac{\text{本车间分配转出}}{\text{其他车间的费用}}$$

例 4—3 例 4—2 中辅助生产费用采用一次交互分配法进行分配的操作如下：

交互分配前修理车间的单位成本＝6 000÷2 100＝2.857 1（元/小时）

交互分配前运输部门的单位成本＝9 000÷7 500＝1.20（元/公里）

修理车间应承担运输车间的辅助生产费用＝1.2×300＝360（元）

运输车间应承担修理车间的辅助生产费用＝2.857 1×100＝285.71（元）

修理车间交互分配后的辅助生产费用＝6 000＋360－285.71＝6 074.29（元）

运输车间交互分配后的辅助生产费用＝9 000＋285.71－360＝8 925.71（元）

修理车间对外分配率＝6 074.29÷2 000＝3.037 1（元/小时）

运输车间对外分配率＝8 925.71÷7 200＝1.239 7（元/公里）

基本生产车间承担的修理费用＝1 800×3.037 1＝5 466.78（元）

基本生产车间承担的运输费用＝6 600×1.239 7＝8 182.02（元）

行政管理部门承担的修理费用＝6 074.29－5 466.78＝607.51（元）

行政管理部门承担的运输费用＝8 925.71－8 182.02＝743.69（元）

根据上述计算资料编制的辅助生产费用分配表如表 4—7 所示。

表 4—7　　　　　　　　　　交互分配法下辅助生产费用分配表

项目	待分配费用	供应量	计量单位	分配率	受益部门								合　计
					修理车间		运输车间		基本生产车间		管理部门		
					数量	金额	数量	金额	数量	金额	数量	金额	
交互:修理	6 000	2 100	小时	2.857 1	300	360	100	285.71					
运输	9 000	7 500	公里	1.2									
小计	—	—	—	—		360	—	285.71					
对外:修理	6 074.29	2 000	小时	3.037 1					1 800	5 466.78	200	607.51	6 074.29
运输	8 925.71	7 200	公里	1.239 7					6 600	8 182.02	600	743.69	8 925.71
小计	15 000									13 648.8		1 351.2	15 000
合计	15 000									13 648.8		1 351.2	15 000

根据上述成本费用分配表，编制会计分录如下：

（1）交互分配的会计分录。

借：辅助生产成本——修理车间　　　　　　　　　　　　　　360
　　　　　　　　——运输车间　　　　　　　　　　　　　　285.71
　　贷：辅助生产成本——运输车间　　　　　　　　　　　　360
　　　　　　　　　　——修理车间　　　　　　　　　　　　285.71

（2）对外分配的会计分录。

借：制造费用　　　　　　　　　　　　　　　　　　　　13 648.80
　　管理费用　　　　　　　　　　　　　　　　　　　　1 351.20

贷：辅助生产成本——修理车间		6 074.29
——运输车间		8 925.71

　　交互分配法由于对辅助生产车间相互提供的产品或劳务全部进行了交互分配，基本上反映了辅助生产车间之间的交互服务关系，弥补了直接分配法的不足，分配结果的准确性较高。但核算工作量大，而且由于交互分配的费用分配率是根据交互分配前的待分配费用计算的，所以据此计算的分配结果仍不十分精确。该方法主要适用于辅助生产车间相互提供产品或劳务较多、无顺序、各月辅助生产费用相差不多的企业。为了简化计算工作，在各月辅助生产的费用相差不多的情况下，可用上月的辅助生产费用分配率作为本月交互分配的费用分配率。

（三）代数分配法

　　代数分配法是运用多元一次联立方程的原理进行辅助生产费用分配的方法。采用代数分配法首先应根据辅助车间之间相互服务的关系以及各辅助车间已归集的成本和提供的产品或劳务总量建立多元一次方程组，通过求解方程组求得各辅助车间产品或劳务的成本分配率，然后根据各受益单位（包括辅助生产车间）的受益量分配辅助生产成本。

例 4—4　　例 4—2 中辅助生产费用采用代数分配法进行分配法的操作如下：

　　设修理车间的实际单位成本为 x，运输车间的实际单位成本为 y，根据资料设计如下方程组：

$$\begin{cases} 6\,000+300y=2\,100x \\ 9\,000+100x=7\,500y \end{cases}$$

　　求解该方程组即可得 x 和 y 的值：$x=3.03$，$y=1.24$

　　根据上述计算结果，编制辅助生产费用分配表如表 4—8 所示。

表 4—8　　　　　　　　　　　　代数分配法下辅助生产费用分配表

供应部门	供应量	计量单位	分配率	受益部门								合　计	
				修理车间		运输车间		基本生产车间		管理部门			
				数量	金额	数量	金额	数量	金额	数量	金额	数量	金额
修理	2 100	小时	3.03			100	303	1 800	5 454	200	606		6 363
运输	7 500	公里	1.24	300	372			6 600	8 184	600	744		9 300
小计	—	—	—		372		303		13 638		1 350		15 663

　　根据辅助生产费用分配表，编制会计分录如下：

借：辅助生产成本——修理车间		372
——运输车间		303
制造费用		13 638
管理费用		1 350
贷：辅助生产成本——修理车间		6 363
——运输车间		9 300

该方法的分配结果最准确。但在辅助生产车间、部门较多，未知数较多的情况下，计算复杂，因此该方法适用于辅助生产车间较少或者电算化程度较高的企业。

（四）计划成本分配法

计划成本分配法是按确定的产品或劳务的计划单位成本作为分配率分配辅助生产费用的方法。由于辅助车间提供的产品或劳务的计划成本是由企业内部制定的，因此计划成本分配法又称为内部价格分配法。该方法也要经过两个步骤分配辅助生产费用：

首先根据各受益部门（包括辅助生产车间）的实际受益量和各产品或劳务的计划成本，计算各受益单位应分配的辅助生产费用的计划成本，基本公式如下：

$$某车间应承担的辅助生产成本计划 = \sum \left(\begin{array}{l} 辅助产品或劳务 \\ 的单位计划成本 \end{array} \times \begin{array}{l} 该车间使用 \\ 产品的数量 \end{array} \right)$$

然后进行调整分配，即将各辅助生产车间实际发生的总成本（包括计划成本分配前已归集的辅助费用和按计划成本分配时辅助生产车间之间交互分配转入的成本）与该车间按计划成本转出的费用的差额，即辅助生产费用的成本差异，对辅助生产车间外部受益单位承担的辅助生产费用进行调整：计划成本小于实际成本的应追加分配；反之，计划成本大于实际成本的应冲减。调整分配一般有两种处理方法：一是将成本差异按辅助生产车间外部受益单位的受益比例进行分配，二是将成本差异全部计入管理费用，不再分配给其他受益单位。在实际工作中，为了简化辅助生产费用的分配工作，采用第二种处理方法的较多，因为第一种方法太烦琐，也不利于对辅助生产车间的评价和考核。

计划成本分配法的计算步骤如下：

（1）按拟定的辅助生产费用计划单位成本计算各受益对象应分配的辅助生产费用。

$$某受益部门计划成本分配额 = \begin{array}{l} 该部门耗用辅助 \\ 生产产品或劳务量 \end{array} \times \begin{array}{l} 相应计划 \\ 单位成本 \end{array}$$

（2）计算各辅助生产车间实际发生的费用。

$$某辅助生产车间实际成本 = \begin{array}{l} 该辅助生产车间 \\ 直接费用 \end{array} + \begin{array}{l} 交互分配转入的 \\ 其他辅助车间费用 \end{array}$$

（3）计算各辅助生产车间的成本差异并进行处理。

$$某辅助车间成本差异 = 该车间实际成本 - 该车间计划成本$$

实际成本小于计划成本为节约，实际成本大于计划成本为超支，超支用蓝字结转，节约用红字结转。

例4—5 仍沿用例4—2的资料，假定修理车间的单位计划成本为3元/小时，运输车间的单位计划成本为1.5元/公里，运用计划成本分配法对辅助生产费用进行分配的分配表如表4—9所示。

表4—9 计划成本分配法下辅助生产费用分配表

项目	待分配费用	供应量	计量单位	分配率	修理车间 数量	修理车间 金额	运输车间 数量	运输车间 金额	基本生产车间 数量	基本生产车间 金额	管理部门 数量	管理部门 金额	合计
计划:													
修理	6 000	2 100	小时	3			100	300	1 800	5 400	200	600	6 300
运输	9 000	7 500	公里	1.5	300	450			6 600	9 900	600	900	11 250
小计	—	—	—	—	—	450	—	300		15 300		1 500	17 550
调整:													
修理	150	2 000	小时									150	150
运输	−1 950	7 200	公里									−1 950	−1 950
小计	15 000									15 300		−1 800	−1 800
合计	15 000					450		300		15 300		−300	15 750

表中辅助生产车间成本差异计算如下：

    修理车间成本差异＝6 000＋450－6 300＝150（元）
    运输车间成本差异＝9 000＋300－11 250＝－1 950（元）

根据分配表编制会计分录如下：

（1）按计划成本分配时。

    借：辅助生产成本——修理车间　　　　　　　　　　　　450
    　　　　　　　　——运输车间　　　　　　　　　　　　300
    　　制造费用　　　　　　　　　　　　　　　　　　15 300
    　　管理费用　　　　　　　　　　　　　　　　　　 1 500
    　　　贷：辅助生产成本——修理车间　　　　　　　　 6 300
    　　　　　　　　　　——运输车间　　　　　　　　　11 250

（2）调整分配差异时。

    借：管理费用　　　　　　　　　　　　　　　　　　 1 800
    　　　贷：辅助生产成本——修理车间　　　　　　　　　 150
    　　　　　　　　　　——运输车间　　　　　　　　　 1 950

　　采用计划成本分配法，各辅助车间内部的交互分配只进行一次，而且辅助车间的产品或劳务的计划单位成本是事先确定的，不必计算各辅助车间的分配率，因而计算工作较简单。通过计算辅助生产成本差异，能反映和考核辅助生产成本计划的执行情况。如果辅助生产成本差异采用简化方法，全部计入管理费用，其他各受益对象所负担的辅助生产费用均不包括辅助生产费用成本差异，则可以分析和考核各受益单位的计划成本完成情况，有利于分清企业内部各部门的经济责任，便于成本业绩考核。但该方法要求辅助生产车间各产品或劳务的计划单位成本制定合理，否则过大的成本差异转入管理费用，影响分配结果的准确性。另外，由于计划成本分配法和交互分配法一样，辅助生产车间内部的交互分配只按计划成本分配一次，分配结果的准确性不高。这种方法适用于成本计划水平较高的企业。

　　总而言之，辅助生产费用的分配方法很多，每一种方法都有其优点和局限，有一定的适用范围。会计人员在分配辅助生产车间的辅助生产费用时，应结合企业的实际情况和成本管理的要求，选择适当的分配方法。

实务案例

　　上海贝斯特设备制造公司在 2008 年 7 月份新增了一个辅助生产车间，即供汽车间，主要生产蒸汽，用的燃料是原煤。该车间的蒸汽主要供机械加工、冲压、供电和修理等车间使用，其他车间和部门很少使用。该公司的辅助生产车间原来只有供电车间和修理车间。7 月份供汽车间发生费用 80 万元，供电车间发生费用 120 万元，修理车间发生费用 90 万元，各辅助车间提供的劳务及受益单位耗用情况如表 4—10 所示。

表 4—10　　　　　　　　各辅助车间提供的劳务及受益单位耗用情况

受益单位		供汽车间（立方米）	供电车间（度）	修理车间（小时）
供汽车间			10 000	12 000
供电车间		20 000		4 000
修理车间		5 000	25 000	
第一车间	产品耗用	30 000	50 000	68 000
	一般耗用	4 000	26 000	2 000
第二车间	产品耗用	1 000	60 000	13 000
	一般耗用	1 500	18 000	9 000
行政管理部门		2 000	17 000	7 000
在建工程		1 500	14 000	5 000
合　　计		65 000	220 000	120 000

请分析计算：

　　1. 原来企业采用直接分配法分配辅助生产费用，这种分配方法现在是否还能继续使用？为什么？

　　2. 若需要改变辅助生产费用分配方法，采用什么方法比较合适？请提供几种分配方案并分别说明其优劣和适用范围。

本章小结

　　辅助生产费用是指为基本生产和经营管理服务而进行的产品生产和劳务供应，辅助生产提供的产品或劳务主要是为本单位生产管理服务的，有时也对外销售。根据辅助车间提供的产品种类可分为单品种辅助生产车间和多品种辅助生产车间。辅助车间发生的材料费用、工资费用和间接费用总和称为辅助生产费用，辅助生产费用的核算直接影响产品成本和其他费用，因此在成本核算中具有重要的意义。

辅助生产费用的核算主要包括辅助生产费用的归集和分配。辅助生产费用的归集是按照辅助生产车间以及产品或劳务类别对耗用的辅助生产费用进行归集，计算辅助生产产品或劳务成本的过程。为了全面反映企业的辅助生产费用，按照企业会计准则，应设置"辅助生产成本"核算辅助生产成本的变动，该账户借方登记各辅助车间本身发生的直接和间接费用，以及从其他辅助生产部门分配的费用，贷方登记辅助生产费用的结转分配数，单产品辅助生产成本一般无期末余额。该账户应按辅助生产车间及其生产的产品、劳务的种类进行明细核算，按成本项目设置专栏。由于辅助生产车间提供的产品或劳务主要是为基本生产车间或其他部门提供服务的，因此期末应将辅助生产费用在受益对象之间进行分配。分配的原则一般是把已耗用的辅助生产费用按各受益对象的受益量大小进行分配，分配的方法有直接分配法、交互分配法、代数分配法和计划成本分配法等。直接分配法是把各辅助车间的生产费用直接向非辅助生产部门的受益对象进行分配，计算过程简单，容易操作，但分配结果不准确。交互分配法首先在各辅助车间之间按照将要分配费用的单位成本进行分配，然后根据该车间的直接费用加上分配转入的辅助费用减去分配转出其他辅助车间的费用对该辅助车间进行分配，该方法分配结果较准确，但计算量比较大。代数分配法采用联立多元一次方程组的原理进行辅助生产费用的分配，计算结果最准确，但计算量复杂，适用于采用电算化的企业。计划成本分配法则和交互分配法一样，进行两次分配，首次分配费用时采用事先确定的辅助生产费用的单位计划成本在全部受益对象之间进行分配，然后再分配成本差异，计算过程相对简单，但需要企业有较好的计划成本管理系统。

思 考 题

1. 辅助生产车间和基本生产车间有什么差异？
2. 辅助生产费用核算的主要内容是什么？
3. 辅助生产费用归集的主要程序是什么？
4. 简述辅助生产费用分配的常用方法及其优缺点和适用范围。

第五章　制造费用的核算

❶ 明确制造费用的内容

❷ 了解制造费用的归集程序

❸ 掌握制造费用的分配方法

❹ 了解作业成本法下制造费用的核算

❺ 了解传统制造费用核算和作业成本核算的区别

导入案例

一、案例资料

王军是一家公司的总经理，他看到最近财务报告显示的利润又下降了，公司近3年非但没有实现预期利润，利润反而呈逐年下降趋势。公司在提高利润方面所面临的瓶颈一直困扰着王军。毕竟这家公司一直是该行业的佼佼者，拥有三家分公司，每年向市场推出的产品种类多达100种以上。为找出利润下降的原因，王军要求生产副总和销售副总负责调查在公司采取很低的定价政策时其他竞争对手仍然得到订单的原因。一个月后，王军收到这样一份调查报告：我们在调查中发现了一些值得关注的情况。我们和一些流失的客户进行了沟通，发现这些客户大都曾是我公司主要产品的采购者，即使我们对这些产品的定价已经很低了，但一些产品种类较少的小竞争者仍然能提供比我们的定价更低的同类产品，有时他们的产品定价低得令我们吃惊。我们接下来着重调查这些竞争厂商，发现他们并没有采用可显著降低成本的新技术，没有证据显示他们的生产效率高于我们公司。令人奇怪的是，我们产量低的产品的利润空间似乎更大。对于一些产品，我们公司是目前唯一能够提供此类产品的公司。不过一些生产经理提出要停止生产这些产品，他们认为在这些产品上花费的精力超过了其价值，但这些产品的盈利水平却很高。我们就这个问题和财务经理进行讨论，他认为可能是因为我们目前采用的产品成本分配方法是造成低产量产品的利润率远远大于主要产品利润率的主要原因。他提出目前所采用的以人工为基础的传统成本核算方法，可能会歪曲产品成本，从而影响产品的定价。结合其他调查结果，我们认为这一现象值得进一步研究。

二、讨论题

如果该公司利润确实是由于产品成本分配方式造成的，那么会计主管应当怎样改进呢？

第一节　制造费用核算概述

制造费用是指工业企业生产车间（部门）为生产产品和提供劳务而发生的应计入产品成本的各项间接费用，是产品制造成本的重要组成部分。除了转入的辅助生产费用以外，大部分制造费用是基本生产车间或分厂间接发生的费用，这些费用在发生时无法确定成本的归属对象，因此应先按发生的地点进行归集，期末按一定的标准和方法在各受益产品或劳务之间进行分配计入生产成本之中。

一、制造费用的内容

从构成内容上看，制造费用主要包括企业各生产车间为了组织和管理生产所发生的各项间接费用，直接用于产品生产，但较难辨认其产品归属，或金额较小、管理上不要求单独设置成本项目核算的费用，如设计制图费等也计入制造费用。具体内容如下：

（1）工资及福利费。主要指生产部门（分厂、车间等）除生产人员之外的管理人员、工程技术人员和其他生产人员的工资及计提的福利费。

（2）折旧费。指生产单位的房屋、建筑物、机器设备等固定资产按规定的折旧方法计提的折旧费。

（3）租赁费。指生产单位经营租入固定资产和专用工具而支出的租金，但融资租入固定资产的租赁费除外。

（4）机物料消耗。指生产单位为维护生产设备等管理上所消耗的各种材料。不包括专门进行固定资产修理和劳动保护用的材料。

（5）周转材料的摊销。周转材料的摊销是指生产单位使用的各种周转材料的摊销费。

（6）取暖费。指生产单位用于职工防寒取暖而发生的费用，不包括支付给职工的取暖津贴。

（7）水电费。水电费是指生产单位管理上耗用水电而发生的费用，不包括生产工艺耗用的水电费用。

（8）办公费。办公费是指生产单位耗用的文具、印刷、邮电、办公用品等费用，不包括图纸和制图用品费。

（9）差旅费。差旅费是指生产单位职工因公出差而发生的交通、住宿、出差补助等费用。

（10）运输费。运输费是指生产单位耗用的厂内、厂外的运输劳务费用。

（11）保险费。保险费是指生产单位应负担的财产物资保险费，从保险公司取得的赔偿款应从本项目中扣除。

（12）设计制图费。设计制图费是指生产单位应负担的图纸费、制图用品费和委托其他设计部门设计图纸而发生的费用，不包括企业设计部门发生的费用。

（13）试验检验费。试验检验费是指生产单位应负担的对材料、半成品、产品进行试验或进行检查、化验、分析的费用，包括企业中心实验室、检验部门为生产单位进行试验、检验所耗用的材料，破坏性实验的样品，以及委托外单位进行检查试验所发生的费用。

（14）劳动保护费。劳动保护费是指生产单位为保护职工劳动安全所发生的劳动用品费，如劳保眼镜、工作服、工作鞋、工作幅、手套等。不包括构成固定资产价值的安全装置、卫生设备、通风设置等发生的费用。

（15）季节性、修理期间的停工损失。季节性、修理期间的停工损失，不包括生产单位单独核算的停工损失。

（16）其他。是指以上各项以外的应计入产品成本的其他制造费用，如在产品盘亏、毁损损失。

按照用途的不同，可将上述制造费用分为如下三种类型：

（1）直接用于产品生产，但管理上不要求核算或者核算中由于计算过于烦琐不便于单独核算，而没有专设成本项目的费用。如：车间生产用机器设备的折旧费，经营租赁费和保险费，生产用周转材料摊销费等。

（2）间接用于产品生产的费用。如：车间生产用房屋及建筑物的折旧费，经营租赁费和保险费，车间生产用的照明费、取暖费、劳动保护费以及季节性停工损失等。

（3）车间（部门）为组织管理生产而发生的费用。包括车间（部门）管理人员的人工费，车间（部门）管理用房屋、设备的折旧费，经营租赁费，保险费，车间（部门）管理用的水电费、办公费、差旅费、取暖费等。

二、制造费用的核算

制造费用按其发生的范围可分为分厂制造费用、辅助车间制造费用和基本生产车间制造费用。分厂和基本生产车间属于企业的生产单位，所发生的制造费用要按照一定的分配标准和分配方法分配到各受益产品或劳务。辅助车间的制造费用首先计入辅助生产成本，然后分配计入生产成本或制造费用。传统生产中，产品生产以手工为主，制造费用很低，因此制造费用的核算对企业产品成本影响不大。但是随着产品生产的自动化程度提高，其技术含量也不断提高，尤其是自动化生产线的运用，使制造费用在产品成本中所占的比例日益增加。正确地归集和分配制造费用对成本核算、业绩考核以及定价决策等意义重大。

第二节　传统制造费用的归集和分配

制造费用的核算包括两个步骤：首先将发生的各项制造费用进行归集，期末按照一定的分配标准和分配方法在各受益产品之间进行分配。

一、制造费用核算账户的设置

制造费用的核算通过设置"制造费用"账户进行。该账户借方归集月份内发生的制造费用，贷方反映期末制造费用的分配，除季节性生产企业外，"制造费用"账户月末一般无余额。对于基本生产车间，为了管理控制制造费用，不管是生产多种产品还是一种产品，都应对制造费用单独核算。而对于辅助生产车间，若生产产品或劳务单一且制造费用金额不多，则可不对制造费用单独设账，而将其直接计入辅助生产成本。所以为了分别反映各车间、部门各项制造费用的支出情况，该账户还应按不同的车间、部门设置明细账，账内按照费用项目设置专栏或专户。制造费用的组成内容较多，企业在设置明细账专栏时，一般是按相同性质或根据费用比重的大小和管理要求将费用项目合并设立，如将车间、分厂生产用房屋、建筑物的折旧费合并设立一个"折旧费"项目，而不论其是直接用于产品生产、间接用于产品生产还是用于组织和管理生产，以简化核算工作。制造费用的费用项目一般可设置职工薪酬费、折旧费、周转材料摊销、保险费、租金、机物料消耗、水电费以及其他等专栏，费用项目一经确定，不得任意变更，以利于各期成本费用资料的比较。

企业发生制造费用时，应根据各种记账凭证（付款凭证、转账凭证）和材料费用分配表、职工薪酬费用分配表、动力费用分配表、折旧费用分配表、辅助生产费用分配表等各种费用分配表，按其发生地点和用途归集于"制造费用"账户借方及其所属明细账的有关费用项目，登记"制造费用"及其所属明细账。制造费用明细账如表5—1所示。

表 5—1　　　　　　　　　　　　　制造费用明细账

车间名称：

200×年		凭证号	摘要	费 用 明 细 项 目										合计
月	日			工资费	福利费	折旧费	水电费	机物料消耗	运输费	保险费	办公费	差旅费	其他	
			合计											

二、制造费用归集的会计核算

（一）固定资产折旧费用

生产部门固定资产的折旧费用和修理费用，是制造费用的主要内容之一。固定资产折旧费用是通过编制折旧费用表确定本期折旧后计入制造费用的。

例5—1 某厂采用分类折旧率计提固定资产折旧，根据该厂月初应计提折旧的固定资产总值和月分类折旧率编制的固定资产折旧费用计算表如表5—2所示。

表5—2　　　　　　　　　　固定资产折旧费用计算表　　　　　　　　　单位：元

车间或部门	固定资产类别	月初固定资产原值	折旧率	月折旧额
基本生产车间	房屋	1 200 000	2.7	3 240
	设备	800 000	8.1	6 480
	小计	2 000 000		9 720
辅助生产车间	房屋	600 000	2.7	1 620
	设备	400 000	8.1	3 240
	小计	1 000 000		4 860
行政管理部门	房屋	1 000 000	2.7	2 700
	设备	200 000	5.6	1 120
	小计	1 200 000		3 820
合　　计		4 200 000		18 400

根据表5—2编制会计分录如下：

借：制造费用——基本生产车间　　　　　　　　　　　9 720

　　　　　　　——辅助生产车间　　　　　　　　　　　4 860

　　管理费用　　　　　　　　　　　　　　　　　　　3 820

　　贷：累计折旧　　　　　　　　　　　　　　　　　　18 400

（二）机物料消耗和周转材料的摊销

制造费用中的机物料消耗主要包括用于机器设备的润滑油、清洁工具等。机物料消耗一般可以根据耗用材料汇总表中确定的金额，直接计入制造费用。

周转材料主要包括企业能够多次使用、逐渐转移其价值但仍保持原有形态不确认为固定资产的低值易耗品和包装物。生产部门耗用的周转材料有的属于基本生产费用，如产品生产的专用模具、工具等；有的属于一般用具，如管理用具等。因此属于基本生产费用的周转材料计入产品的成本，而一般用具则计入制造费用。周转材料的价值较低，可以一次性计入成本或费用，也可以分期计入有关成本或费用。

例5—2 某厂周转材料采用实际成本法核算，根据耗用材料汇总表可知，本月基本生产车间领用一批管理用具，成本为5 000元，采用一次摊销法核算。则编制的会计分录为：

借：制造费用	5 000	
贷：周转材料——低值易耗品		5 000

（三）其他费用

生产部门管理人员的工资及福利费，应当根据工资结算汇总表和提取福利费计算表编制会计分录，计入制造费用。办公费、差旅费、取暖费、运输费、设计制图费、试验检验费、劳动保护费、财产保险费等，通常以现金或银行存款支付，应当根据有关付款凭证，计入制造费用。

例 5—3 某厂基本生产车间本月支付差旅费 1 000 元，办公费 6 000 元，劳动保护费 2 000 元，车间管理人员的工资 50 000 元，计提的福利费 7 000 元。

借：制造费用	66 000	
贷：应付职工薪酬		57 000
银行存款		9 000

企业发生的制造费用，应当根据相关凭证登记制造费用明细账。

三、制造费用分配的会计核算

（一）制造费用的分配原理

无论基本生产车间还是辅助生产车间发生的制造费用，都是为生产产品而支付的，最终要由产品承担，期末按照一定的方法分配计入产品成本中。辅助生产车间的制造费用如果通过"制造费用"账户归集的，首先在各辅助车间进行分配，计入辅助生产成本，然后分配辅助生产成本，将其中应由基本生产车间负担的部分计入基本车间的制造费用，最后再将基本生产车间的制造费用分配计入产品成本。

生产单一产品的生产单位，其产品即为制造费用的受益对象，因此该生产单位所归集的制造费用全部由该产品承担，期末直接由"制造费用"账户结转至生产成本即可。生产多品种产品的生产单位，因制造费用的受益对象品种较多，所归集的制造费用应采用适当的方法在各受益对象之间进行分配，分别计入各受益产品的生产成本中。

合理分配制造费用的关键在于正确选择分配标准。选择分配标准时应遵循的原则是：分配标准的资料比较容易取得，并与制造费用之间存在客观的因果关系等。常用的分配标准有生产工人工时、生产工人工资、机器工时和标准产量等。

（二）制造费用的分配方法

制造费用分配方法一般有：按生产工人工资、按生产工人工时、按机器工时、按耗用原材料的数量或成本、按直接成本、按产品产量和按年度计划分配率分配法。企业具体采用哪一种分配方法，由企业自行决定。分配方法一经确定，不得随意变更。如需变更，应当在会计报表附注中加以说明。

在成本核算实务中，最常见的有按生产工人工时比例分配法、按生产工人工资比例分配法、按机器工时比例分配法和按年度计划分配率分配法等四种方法。

1. 按生产工人工时比例分配法

按生产工人工时比例分配法，简称生产工时分配率法，是按照各种产品耗用生产工人工时的比例分配制造费用的方法。计算公式为：

$$\frac{某车间制造}{费用分配率}=\frac{该车间制造费用总额}{该车间各种产品生产工时之和}$$

$$\frac{某产品应分担}{的制造费用}=\frac{该产品耗用}{的生产工时}\times\frac{制造费用}{分配率}$$

例 5—4 某企业一车间的制造费用为 82 450 元，该车间生产两种产品，甲产品耗用的生产工时为 2 000 小时，乙产品耗用的生产工时为 3 000 小时。二车间的制造费用为 12 560 元，该车间只生产丙产品。该企业采用生产工时比例分配法分配制造费用。

则：

一车间制造费用分配率＝82 450÷（2 000＋3 000）＝16.49

甲产品应承担的制造费用＝2 000×16.49＝32 980（元）

乙产品应承担的制造费用＝3 000×16.49＝49 470（元）

二车间只生产一种丙产品，其全部制造费用由丙产品承担，不需进行分配。根据上述计算结果，编制制造费用分配表如表 5—3 所示。

表 5—3　　　　　　　　　制造费用分配表（生产工时比例分配法）

	生产工时（小时）	分配率	分配金额（元）
一车间	5 000	16.49	82 450
甲产品	2 000		32 980
乙产品	3 000		49 470
二车间			12 560
丙产品			12 560
合　计			95 010

按照生产工人工时比例分配制造费用，能将劳动生产率与产品负担的费用水平联系起来，分配的结果较为合理。同时为了取得生产工人工时数据，要求企业正确组织产品生产工时的核算，而做好生产工时的记录和核算工作，不仅是计算产品成本的一项基础工作，对于考核和分析劳动生产率水平、加强生产管理和劳动管理也有着重要意义。但是如果固定资产折旧费、修理费等间接费用占制造费用的比重比较大，且各受益产品的机械化程度不同时，按照生产工时分配制造费用，会造成机械化程度高的产品分担的制造费用较少，从而使分配结果与现实不符。因此按照生产工人工时分配

率法适用于各受益产品机械化程度相差不大的情况。

2. 按生产工人工资比例分配法

按生产工人工资比例分配法是按照直接计入各受益产品成本的生产工人的实际工资比例分配制造费用的方法。计算公式为：

$$某车间制造费用分配率 = \frac{该车间制造费用总额}{该车间各种产品生产工人工资总额}$$

$$某产品应分担的制造费用 = 该产品耗用的生产工人工资 \times 制造费用分配率$$

例5—5 假定例5—4中采用按生产工人工资比例分配制造费用，甲产品生产工人的工资为152 000元，乙产品生产工人的工资为353 000元。

则：

一车间制造费用分配率＝82 450÷（152 000＋353 000）＝0.16

甲产品应承担的制造费用＝152 000×0.16＝24 320（元）

乙产品应承担的制造费用＝82 450－24 320＝58 130（元）

根据此结果编制制造费用分配表如表5—4所示。

表5—4　　　　　　　制造费用分配表（生产工人工资比例分配法）

	生产工人工资	分配率	分配金额
一车间	505 000	0.16	82 450
甲产品	152 000		24 320
乙产品	353 000		58 130
二车间			12 560
丙产品			12 560
合　计			95 010

由于产品成本计算单中有生产工人工资资料，分配标准容易取得，分配计算过程也较为简单。但采用这种方法时，各种产品生产的机械化程度或产品加工的技术等级不能相差太大，否则机械化程度高、产品加工技术等级低的产品，由于较少的工资费用而承担的制造费用较少，影响费用分配的合理性，从而影响产品成本计算的正确性。因此该方法适用于各受益产品机械化程度和产品加工等级大致相同的情况。

3. 按机器工时比例分配法

按机器工时比例分配法是按照各种受益产品所耗用机器设备运转时间的比例分配制造费用的一种方法。采用这种方法时，如果生产车间机器设备类型大小不同，应将机器设备划分为若干类别，按照不同类别归集和分配制造费用，也可以对不同机器设备按系数折算成标准工时进行分配，提高分配结果的合理性。计算公式为：

$$某车间制造费用分配率 = \frac{该车间制造费用总额}{该车间各种产品机器工时总额}$$

$$某产品应分担的制造费用 = 该产品耗用的机器工时 \times 制造费用分配率$$

例5—6 某重型机器厂生产甲、乙两种产品，共同发生制造费用36 000元，甲产品耗用机器工时4 860小时，乙产品耗用机器工时5 140小时。采用机器工时比例分配法分配制造费用。

甲、乙产品应分配的制造费用如下：

制造费用分配率＝36 000÷（4 860＋5 140）＝3.60
甲产品应承担的制造费用＝4 860×3.6＝17 496（元）
乙产品应承担的制造费用＝5 140×3.6＝18 504（元）

根据上述计算结果编制的制造费用分配表如表5—5所示。

表5—5　　　　　　　　　制造费用分配表（机器工时比例分配法）

	机器工时（小时）	分配率	分配金额（元）
制造费用	10 000	3.6	36 000
甲产品	4 860		17 496
乙产品	5 140		18 504

机器工时比例分配法适用于机械化、自动化程度较高的生产单位，因为这种企业所发生的制造费用中，折旧费、动力费等间接费用所占比重较大，这些费用和机器设备的运转和使用密切相关，因此按机器工时比例分配制造费用较为合理。以手工为主的车间或分厂等与机器运转无直接关联的生产单位不应采用这种方法。

4. 年度计划分配率分配法

年度计划分配率分配法是按照生产单位年度制造费用预算和计划产量的定额工时及事先确定的年度计划分配率分配制造费用的一种方法。该方法不管各月实际发生的制造费用是多少，都按照年度计划确定的计划分配率进行分配，对各月按计划分配率分配的制造费用与实际发生的制造费用之间的差额，不进行分配，结转到下月。各月"制造费用"余额可能是借方余额，也可能是贷方余额，借方余额表示实际发生的制造费用超过了预算额，贷方余额表示实际发生的制造费用小于预算额。年末将逐月累积的制造费用余额，按已分配的比例分配计入12月份的各产品成本中，年末"制造费用"账户无余额。其计算公式为：

$$\frac{某车间制造费用}{年度计划分配率}=\frac{该车间制造费用预算额}{该车间各产品计划产量的定额工时总额}$$

$$\frac{某月某产品应}{分担的制造费用}=\frac{该产品该月实际产量}{的定额工时数}\times\frac{制造费用}{计划分配率}$$

例5—7 某企业某基本生产车间全年制造费用预算额为68 000元，甲、乙两产品全年计划产量分别为3 000件和2 000件，产品定额工时分别为40小时和100小时。5月份两产品的实际产量为200件和150件，本月发生的制造费用为5 200元，按年度计划分配率分配法分配制造费用。

$$\text{某车间制造费用} \atop \text{年度计划分配率} = \frac{68\,000}{3\,000 \times 40 + 2\,000 \times 100} = 0.212\,5$$

$$\text{5月甲产品应} \atop \text{分担的制造费用} = 200 \times 40 \times 0.212\,5 = 1\,700\,(元)$$

$$\text{5月乙产品应} \atop \text{分担的制造费用} = 150 \times 100 \times 0.212\,5 = 3\,187.5\,(元)$$

$$\text{5月该车间分配} \atop \text{转出的制造费用} = 1\,700 + 3\,187.5 = 4\,887.5\,(元)$$

根据上述计算结果编制的制造费用分配表如表5—6所示。

表5—6　　　　　　　　　　制造费用分配表（年度计划分配率分配法）

产品	定额工时	实际产量	实际产量定额工时	计划分配率	分配金额（元）
甲产品	40	200	8 000		1 700
乙产品	100	150	15 000		3 187.5
合　计				0.212 5	4 887.5

根据制造费用分配表编制如下会计分录：

借：基本生产成本——甲产品　　　　　　　　　　　1 700

　　　　　　　　——乙产品　　　　　　　　　　　3 187.5

　贷：制造费用　　　　　　　　　　　　　　　　　4 887.5

年终，假定该车间"制造费用"账户有借方余额5 000元，按年度计划分配率分配法甲产品12月份分配的制造费用为4 000元，乙产品分配的制造费用为5 000元，则按该比例将制造费用借方余额继续分配：

甲产品应再分配制造费用＝5 000×4 000÷（4 000＋5 000）＝2 222（元）

乙产品应再分配制造费用＝5 000×5 000÷（4 000＋5 000）＝2 778（元）

根据计算结果编制会计分录如下：

借：基本生产成本——甲产品　　　　　　　　　　　2 222

　　　　　　　　——乙产品　　　　　　　　　　　2 778

　贷：制造费用　　　　　　　　　　　　　　　　　5 000

继续分配后，"制造费用"账户年末无余额。

　　按年度计划分配率分配法在一定程度上简化了分配手续，便于及时计算产品成本，特别是季节性生产企业，生产旺季和淡季的产量悬殊很大，而各月的制造费用却相差不多，如果按实际分配率法进行分配，则可能导致产品成本水平波动很大，淡季成本水平偏高，旺季成本水平偏低，从而不利于成本管理。此外，这种方法还可以按旬或按日提供产品成本预测所需要的产品制造费用资料，有利于产品成本的日常控制。但采用年度计划分配率分配法要求企业必须有较高的计划工作和定额管理水平，否则制造费用预算额与实际相差太远会影响成本计算的正确性。

四、传统制造费用分配方法的局限性

（一）传统制造费用分配法可能歪曲成本信息

传统制造费用分配法是建立在"业务量是影响成本的唯一因素"这一假定基础之上，从而将成本的产生过程简单化。在劳动密集型企业里，这一假定通常符合成本产生的实际情况。因为生产中涉及的主要成本是直接材料和直接人工，两者均可直接追溯到相关产品上，制造费用占总成本的比重一般较低，而且大部分制造费用和直接人工成本密切相关，因此制造费用以直接人工工时作为分配标准在产品之间进行分摊的结果并不会造成成本信息的扭曲。

但在高级制造环境中，企业生产过程高度自动化，直接材料和直接人工费用在总成本中所占的比例很小，制造费用所占的比重很大，而且大部分制造费用和直接人工无关，产品成本的结构和劳动密集型企业有很大差异，传统成本计算法中以直接人工工时标准分配制造费用从而确定的成本信息就会发生严重的扭曲，无法为管理者提供有用的信息。

（二）提供的成本信息不及时

传统制造费用分配法一般在期末才进行费用分配，不利于企业对成本的产生过程进行控制，同时成本的分摊和实际生产过程及产品组合不一致，当成本信息无法正确追溯至各产品时，成本信息就无法提供，管理人员也就无法进行成本决策。

（三）过分关注短期绩效

传统制造费用仅仅包括生产车间的间接费用，而将有益于企业长期发展的支出如研发费用、广告与促销费用等作为期间费用，直接计入当期损益，不构成产品成本。企业管理者可能会减少这些费用而提高短期利润，从而造成错误的决策。

第三节　作业成本计算法

在新的制造环境下，传统的制造费用分配方法所提供的成本信息已经不能满足企业经营管理的需要，因此新的制造费用分配方法应运而生，其中备受关注的就是作业成本计算法。传统的制造费用分配方法以产品作为制造费用分配的对象，按照单位产品耗用某种资源（如工时）占当期该类资源消耗总额的比例对所有的间接费用进行分配；而作业成本计算法将作业作为成本归集和分配的中心，分配的依据是作业的耗用数量，对每种作业都单独计算分配率，从而把该作业成本分配到每一种产品。

一、作业成本法的产生与发展

作业成本法的研究开始于 20 世纪 40 年代初美国著名会计学家埃里克·科勒

(Eric Kohler) 提出的"作业会计"，他首次对作业、作业账户设置等问题进行了讨论。后来很多会计研究人员对作业成本的核算进行研究。但作业成本的运用在80年代才逐渐开始。当时由于外部环境的变化，特别是高科技的迅速发展及生产经营自动化程度的提高，传统成本核算所提供的成本信息不能满足企业成本管理的需要，很多学者试图对传统的成本核算方法进行改进，提出了许多改进的成本计算方法，其中作业成本核算与即时生产（JIT）方式相结合的方法被广为接受。1988年罗宾·库珀（Robin Cooper）和罗伯特·卡普兰（Robert Kaplan）首次明确提出作业成本法（activity-based costing，ABC）。他们认为产品成本就是制造和运送产品所需全部作业的成本总和，成本计算的对象是作业，作业消耗资源，产品消耗作业。因此在分配间接费用时，以作业为基础进行才能使成本信息更加真实。随着制造技术的革新，生产日趋自动化，计算机辅助设计、计算机辅助工程等在企业生产经营中广泛运用，企业的管理思想从追求规模转向以客户为导向，从追求利润转向基于价值的管理，即时生产方式、弹性制造系统、物料需求计划、企业资源计划、全面质量管理等先进管理思想的渗透，加上信息技术的发展，这些为作业成本法在企业经营中的运用提供了必要性和可能性。

二、作业成本的基本概念

作业成本法是基于作业的一种成本核算方法，是指以作业作为间接费用的分配对象，通过资源动因的确认、计量来归集资源费用，形成作业成本，通过作业动因的确认、计量来归集作业成本，形成产品成本。了解作业成本法，必须首先理解几个基本概念。

（一）作业

作业是指企业为了实现经营目标从事的相互联系的一系列活动，是企业控制和管理的基本单元。作业消耗企业的资源，用于作业活动的资源耗费构成作业成本。作业贯穿企业经营活动的全过程，从产品设计到物料供应，从生产工艺流程的各个环节到质量检验直至发运销售。制造业中经常见到的作业有产品设计、订单处理、采购、储存、物料运输、机器调试、设备运行、质量检验、包装、销售、发货、装运、收账、售后服务和人员培训等等。库珀按作业水平不同将作业分为单位水平作业、批次水平作业、产品水平作业和维持水平作业四类：

（1）单位水平作业（unit-level activities）是生产单位产品时所从事的作业，如直接材料和直接人工成本等。单位水平作业成本与产量成比例变动。

（2）批次水平作业（batch-level activities）是生产每批产品所从事的作业。如对每批产品所做的机器准备、订单处理、原料处理、检验等。批次水平作业成本与产品批数成比例变动。

（3）产品水平作业（product-level activities）是为各种产品的生产而从事的作来。作业的目的是服务各项产品的生产和销售。如编制材料清单、数控规划、处理各项工程变更、测试线路等。产品水平作业成本与产量和批次无关，但与产品品种成比例变化。

（4）维持水平作业（facility-level activities）是为维持工厂生产而从事的作业。如工厂管理、厂房折旧等，是为全部产品的生产而发生的共同成本。

作业水平的分类为作业成本信息的使用者和核算者提供了帮助，因为作业水平与作业动因的选择有内在联系。

（二）成本动因

成本动因是指诱导成本发生的原因，是导致资源耗费发生的事件。对成本动因的分类有多种，作业成本法中涉及的成本动因有资源动因和作业动因两种。

1. 资源动因

作业成本法认为作业耗用资源，资源耗费与最终产品没有直接联系。这种资源耗用量与作业的关系称为资源动因，资源动因反映了资源耗费和作业的关系。可以利用资源动因评价作业对资源的利用效率。例如，假定一家企业的质检部门发生了两项资源耗费：10 000 元的工资和 20 000 元的材料，该部门设有"外购材料检验"、"在产品检验"和"产成品检验"三项作业。会计人员可以通过估计各个作业消耗的人力把工资分配到各项作业中。假如人力的估计是依据每一项作业的人数和每人在该作业上所花费的时间，如果外购材料检验的人员是 10 人，每人工作 100 个小时，每小时工资是 1 元，则外购材料检验作业所耗费的工资费用就是 1 000 元。资源动因作为一种分配基础，反映了作业耗费的资源大小，是将资源成本分配到作业的标准。

2. 作业动因

作业动因是将各项作业中归集的成本费用分配到产品的标准，反映每类产品消耗作业的数量。例如当"检验外购材料"为一个作业时，检验小时或检验次数就可以称为一个作业动因。如果检验外购材料 A 所花费的时间占总数的 30%，则作业"检验外购材料"的成本的 30% 应归集到 A 材料中。

作业动因与作业分类有关，单位水平作业的作业动因是产量，批次水平作业的作业动因是产品批量。当作业动因计量的耗费等于或接近产品对作业的实际耗费时，产品成本就能得到准确的核算。作业动因是产品和作业的纽带。

3. 资源动因和作业动因的区别和联系

资源动因是资源和作业的纽带，作业动因则是作业和产品的纽带。把资源分配到作业的是资源动因，把作业成本分配到产品的则是作业动因。比如，员工是企业的一种资源，把工资费用分配到"质量检验"的依据是质量检验部门的员工数，这个员工数就是资源动因。把作业"质量检验"的全部成本按产品检验的次数分配到产品，则检验次数就是作业动因。

当作业和产品一致时，资源动因也就是作业动因。

三、作业成本的核算程序

作业成本法认为：作业消耗资源，成本对象消耗作业；作业是成本计算的核心，产品的成本是制造和传递产品所需全部作业成本的总和。因此作业成本法的核算需要两个阶段：第一阶段将资源分配给作业，确定重要的作业，按每种作业耗用的资源比例，通过资源动因的计算，将间接费用分摊给作业，每种作业的间接费用就构成了一个作业成本库。第二阶段确认适合于每个作业成本库的作业动因，按照每个产品所耗用的作业动因量，分摊作业成本。作业成本的核算过程如图5—1所示。

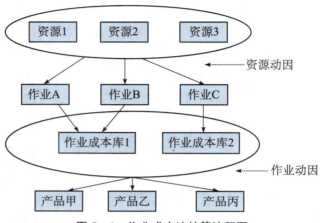

图5—1　作业成本法核算流程图

上图显示，在作业成本法下，将资源根据资源动因分配至作业，再根据作业动因将费用最终分配至产品或服务。下面介绍作业成本核算法的主要步骤。

（一）确定作业

作业是作业成本法的核心，是成本计算的对象。可以通过向企业全体员工发放调查表，让员工估计企业经营活动中存在的主要作业及各种作业实际消耗的时间，然后通过对调查表进行分析和归纳确定主要作业。也可以和各部门经理进行面对面交谈，利用各部门经理提供的相关信息确认部门所从事的主要作业。作业确定之后，可以编制作业清单列示企业主要的作业活动。

（二）按作业设立同成本动因相关的同质成本库，归集同质成本

在企业的生产经营中，作业的数量常常非常大，为了简化作业成本的计算，首先应将相关作业划分若干作业中心，形成同质成本库。所谓同质成本是指相同成本动因引起的制造费用。将相同成本动因发生的成本归集到一起即为同质成本库，制造费用初始发生时通常归集到按作业设立的同质成本库中。作业成本计算需要设立多少成本库？这一方面取决于作业及其成本是否能够明确区分，另一方面取决于管理的需要和成本效益原则。从管理来说，作业划分得越细、成本库越多越好，但信息的处理和成本的追踪费用较大，因此应注意成本与效益的比较。马什·万（Mahesh Wan）认为，一个不断不发展中的ABC系统一般有15～20个作业成本库。

同质成本库中的作业具备两个相同的属性：作业类别相同和具有相同的资源消耗比率。作业类别相同是指同一作业成本库的作业应同属于四类作业中的一类。即成本

库中的作业可以同为单位水平作业，也可同为批次、产品或维持水平的作业，但不能几类作业同在一个成本库中。相同的消耗比率指同一成本库中的作业可以使用相同的作业动因来分配成本。对于单位水平作业、批次水平作业和产品水平作业，因为它们均与产品相关，因此可以计算出不同产品对于三种成本的耗费量。对于维持水平成本，由于是为所有产品生产而支付的，成本动因有很大的综合性，无法将该类作业成本分配到各个产品中，因而把它归为期间费用。

（三）资源的确认

资源是企业生产耗费的原始状态。企业的人力、物力和财力都属于资源范畴。资源耗费的相关资料可从企业的会计和统计部门得到。作业成本法并不改变企业生产所耗用的资源总额，只是资源总额在各种产品之间的分配方式不同而已。将各种费用归集到各个作业成本库时，要选择合适的资源动因。一般情况下应遵循以下原则：

某一项资源耗费能直观地确定其为某一特定的产品所耗用，则直接计入该产品的成本，此时资源动因也就是作业动因。

如果某项资源可以从发生的领域上区分出为各个作业所用，则可以直接计入各作业成本库。

如果某项资源耗费不属于上述两种情况，则需要选择合适的量化标准，将该资源分配到各个作业成本库。

（四）以每种作业动因为基础，制定各作业成本库的作业成本分配率

对每一成本库中归集的成本，以该作业动因为分配基础，制定作业成本库的成本分配率，如材料的整理准备成本若以整理的材料数量为成本动因，则分配率计算如下：

$$材料整理准备作业成本分配率＝\frac{材料整理准备成本}{整理的材料数量}$$

（五）根据每种产品或服务消耗的成本动因和成本动因分配率，将作业成本库归集的作业成本分配给产品或服务

某产品的材料整理准备成本 ＝ 该产品材料用量×材料整理准备成本分配率

下面我们举例说明作业成本法的具体运用。

例5—8 明宁电器公司生产两种款式的彩电：数码彩电和普通彩电，制造费用原来一直按机器加工小时分配，但该公司的经理认为原来制造费用的分配不合理，决定改用作业成本计算法分配制造费用。

1. 确定作业和作业成本动因

200×年度明宁电器公司的制造费用总额为4 800 000元，根据成本和作业之间的关系分析，这些制造费用由六种作业引起：焊接、搬运、质量控制、订货、设备动力和设备调整，与各项作业相关的成本数据如表5—7所示。

表 5—7　　　　　　　　　　　明宁电器公司个作业相关数据

作　业	成本动因	总作业量	制造费用（元）
焊接	焊接次数	1 570 000	942 000
搬运	搬运次数	20 000	860 000
质量控制	检验次数	77 500	1 240 000
订货	订单数	190 080	950 400
设备动力	机器加工小时	192 000	57 600
设备调整	调整次数	30 000	750 000
合　计			4 800 000

通过作业成本动因分析，焊接以成本动因焊接次数为分配基础，搬运以成本动因搬运次数为分配基础，质量控制与检验次数相关，以成本动因检验次数为分配基础，订货以成本动因订单数为分配基础，设备动力以成本动因机器加工小时为分配基础，设备调整以成本动因调整次数为分配基础。

该公司 200×年数码彩电和普通彩电的生产量和消耗作业量资料如表 5—8 所示。

表 5—8　　　　　　　　　　明宁公司两种产品生产量和销售作业量

项　目	普通彩电	数码彩电
生产数量（台）	8 000	2 000
直接人工工时/台	1.5	3.5
小时工资率（元/小时）	30	30
直接材料（元/台）	600	1 800

2. 按资源动因确定制造费用分配率

根据以上资料，六种作业成本库成本按资源动因计算的分配率如表 5—9 所示。

表 5—9　　　　　　　　　　　　　资源分配表

成本库	成本总额（元）	成本动因	分配率
焊接	942 000	1 570 000	0.6 元/次
搬运	860 000	20 000	43 元/次
质量控制	1 240 000	77 500	16 元/次
订货	950 400	190 080	5 元/件
设备动力	57 600	192 000	0.30 元/小时
设备调整	750 000	30 000	25 元/次

3. 按各产品消耗的作业动因分配制造费用

根据前面表的数据，将各作业成本库中的制造费用在两种产品之间进行分配。分配结果如表 5—10 所示。

表5—10 制造费用在产品之间进行分配

作业	分配率	普通彩电		数码彩电	
		消耗作业量	分配成本（元）	消耗作业量	分配成本（元）
焊接	0.60元/次	1 100 000	660 000	470 000	282 000
搬运	43元/次	15 000	645 000	5 000	215 000
质量控制	16元/次	56 000	896 000	21 500	344 000
订货	5元/件	80 000	400 000	110 080	550 400
设备动力	0.30元/小时	176 000	52 800	16 000	4 800
设备调整	25元/次	17 000	425 000	13 000	325 000
合　计			3 078 800		1 721 200

4. 计算产品单位成本和总成本

根据上面的资料，计算该公司2005年普通彩电和数码彩电的单位成本和总成本如表5—11所示。

表5—11 产品成本计算表

成本要素	普通彩电（8 000 台）		数码彩电（2 000 台）	
	单位成本（元/台）	总成本（元）	单位成本（元/台）	总成本（元）
直接材料	600	4 800 000	1 800	3 600 000
直接人工	$1.5 \times 30 = 45$	360 000	$3.5 \times 30 = 105$	210 000
制造费用	$3\,078\,800/8\,000 = 384.85$	3 078 800	$1\,721\,200/2\,000 = 860.60$	1 721 200
合　计	1 029.85	8 238 800	2 765.60	5 531 200

四、作业成本法的优缺点

（一）作业成本法的优点

作业成本计算是一个以作业为基础的科学信息系统。它贯穿于作业管理的始终，通过对所有作业活动进行追踪，动态反映成本的变化，因此可以更好地为决策和控制提供所需要的成本信息，以促进整个作业管理水平的不断提高。

作业成本计算法与传统成本计算法的最大不同，在于它不是就成本论成本，而是把着眼点放在成本发生的前因后果上。从前因看，成本是由作业引起的，形成一个作业的必要性要追踪到产品的设计环节。因为是产品的设计环节决定产品生产的作业组成和每一作业预期的资源消耗水平以及通过作业的逐步积累而形成的产品，最终决定可对顾客提供价值的大小以及由此可取得顾客愿意支付的代价（企业收入）。从后果看，作业的执行以至完成实际耗费了多少资源？这些资源的耗费可对产品最终提供给顾客的价值作多大贡献？对这些问题及时进行动态分析，可以提供有效信息，促进企业改进产品设计，提高作业完成的效率和质量水平，在所有环节上减少浪费，寻求最有利的投资方向。由此可以看到，作业成本计算提供的动态信息，可以促使作业管理把重点放在产品设计、适时生产系统和全面质量管理这些基本环节的改进和提高上。

高新技术和计算机在生产过程中的广泛应用，使得生产过程的自动化程度不断提高，产品成本构成上出现了相应的变化，制造费用在产品成本中所占的比重大大提高。在这种情况下，无论从提高产品成本计算的准确性看，还是从提高成本控制的有效性看，都要求把工作重点放在制造费用上，对制造费用的核算进行革命性变革。而传统的制造费用分配法，是将产品成本中除直接材料、直接人工外，其余的都归入制造费用，采用单一的分配标准，按各产品所用的直接人工小时或机器工作小时的比例进行分配，形成各种产品应负担的制造费用成本。这样做往往会使产量大、技术上不很复杂的产品成本偏高，产量较小、技术上比较复杂的产品成本偏低，形成不同产品之间成本的严重歪曲，使得出的成本指标不能如实反映不同产品生产耗费的基本面貌。而作业成本计算法，就能较好地解决这一问题。因为作业成本法由全厂统一分配改为由若干个成本库分别进行分配，缩小制造费用的分配范围；由单一标准改为多标准，即按各个作业的成本动因进行分配，增加了分配标准。作业成本法通过分别设置多样化的成本库并按多样化的成本动因进行制造费用分配，使成本计算，特别是比重日趋增长的制造费用按产品对象化的过程大大明细化了，从而使成本的可归属性大大提高，提高了成本计算的准确性。

经济发展和人们物质文化水平的提高，使得市场需求呈现多样化、个性化、时尚化，导致制造业产品的多样化、个性化和不断求新的竞争态势。产品生产的多样化和个性化，使得不同产品要求的工艺过程不同，操作程序不同，在作业链中流动的路径不一样，产品生产对不同作业的需用量不同，因而采用统一的成本分配基础不能反映不同作业成本与不同产品的关系。传统制造费用分配方法已不能满足经营管理对成本信息的要求，而作业成本计算法将成本与作业联系起来，按作业来归集和分配成本，追踪分析作业与成本的关系，正得到越来越多的应用。

（二）作业成本法的局限

作业成本法较传统制造费用分配方法有着明显的优点，一方面它大大提高了产品成本信息的准确度，从而有利于企业的决策层做出更好的决策；另一方面它促进了企业的作业管理，提高作业完成的效率和质量水平，尽可能在所有环节上减少浪费并降低资源消耗，促使作业管理把重点放在产品设计、适时生产系统和全面质量管理这些基本环节的改进和提高上。但是作业成本法较传统成本法更加复杂，增加了计量活动，因此增加核算成本。作业成本法实施初期需要大量费用，并且需要会计人员、生产人员、销售人员、管理人员等通力合作。作业划分得越细，成本和相关数据传输和处理的成本就越高。

因此，是否实施作业成本法，实际上是由不准确计量而产生的决策失误成本与计量成本之间的一个平衡。计量成本是指作业成本法下因成本管理系统所要求的计量活动而发生的成本，失误成本是指在非作业成本法可能提供的不准确的产品成本信息（或一般来说是不佳的成本信息）基础上做出错误决策而引起的成本。在理想状态时应使计量成本小于失误成本。近些年新制造环境的变化，计算机等信息技术的运用，降低了计量成本。随着计量成本的降低，失误成本增加了，计量成本逐渐小于失误成本，因此新制造环境的出现，使得作业成本法显示出了更大的优势。

实务案例

皮尔森制造公司的成本核算

皮尔森制造公司生产工业用化学产品。它的一间工厂专门为制铜行业供应化学产品，主要生产两种化合物：X-12 和 S-15。X-12 是公司自行开发的产品，主要用于从低级矿石中提炼铜。生产 X-12 的专利权已到期，市场竞争十分激烈。该厂多年以来生产 X-12，且 X-12 为唯一产品。直到 5 年前，才开始生产 S-15，S-15 工艺复杂且需特殊的搬运和生产准备。生产 S-15 的前三年，利润一直增加。但近两年，工厂面临的竞争日趋激烈，X-12 的销售量大幅下降。事实上，最近的一个报告期内工厂还出现了小额亏损。该厂经理认为竞争对手正以低于成本的价格出售 X-12，其原因可能是为了扩大市场份额。以下是工厂经理王林和分部营销经理李安之间的谈话，其中反映了二人在工厂前景及产品上的意见分歧。

李安："王总，分部经理对工厂的发展趋势很关心。他说在这样的竞争条件下，我们没有能力去继续经营亏损的工厂。上个月，我们的一家工厂就因竞争失利而倒闭了。"

王林："我刚刚接到了一位重要客户的电话，他说另一个公司 X-12 的报价为每千克 10 元，比我们的要价约低 6 元，我们很难与这样的价格竞争，也许这个工厂真的过时了。"

李安："我不这样认为。我们技术过关，效率较高，而 X-12 的成本是 6 元多一点，我真不明白那些公司为什么出价那样低？我们出不起这个价，也许我们应把产销重点放在 S-15 上。S-15 的毛利较高，而且没有竞争对手。我们最近提高了 S-15 的售价，而客户们一点都不在乎。"

王林："你说得对。我想，把价格提得更高一些也不会丢掉生意。我给几个客户打了电话，说要提价 25％，他们都说仍要购买同样数量的 S-15。"

李安："听起来很好，不过，在我们做决定之前，最好找出其他的理由。S-15 的市场潜力比 X-12 小得多。我想知道我们的生产成本和竞争对手相比究竟是怎样？也许我们可以提高效率，找到一个赢得 X-12 正常回报的办法。此外，工人们也不喜欢生产 S-15，它的生产工艺太复杂。"

会谈之后，王林要求对生产成本和效率展开调查，并聘请了独立的顾问人员。经 3 个月的评估，顾问组提供的生产作业和产品成本的有关资料如表 5—12 所示。

表 5—12 　　　　　　　　　　　生产作业和产品成本资料

项　　目	X-12	S-15
产量（千克）	1 000 000	200 000
售价（元）	15.95	12
单位制造费用	4.27	2.89
单位主要成本	6.41	3.13
生产循环次数	100	200
验收通知单	400	1 000
机器工时	125 000	60 000
直接人工工时	2 50 000	22 500
工程小时	5 000	5 000
材料搬运	500	400

单位制造费用是根据直接人工工时为基础的全厂统一分配率计算而来。

顾问组建议采用作业法分配制造费用，他们认为作业成本分配法更为准确，能够为决策提供更为有用的信息。为此，他们根据相同的工序、作业水准和消耗比率，把全厂作业分成几个同质作业库。作业库的有关成本如表 5—13 所示。

表 5—13 　　　　　　　　　　　作业库成本资料

制造费用	金额（元）
生产准备成本	240 000
机械成本	1 750 000
验收成本	2 100 000
工程成本	2 000 000
材料搬运成本	900 000
合　　计	6 990 000

要求：

1. 以直接人工小时为基础分配制造费用，并验证顾问组报告的单位制造费用，计算每种产品的单位毛利。

2. 用作业成本计算法重新计算每种产品的单位成本和毛利。

3. 公司是否应该针对战略重点由高产量产品转向低产量产品？评论工厂经理"竞争对手以低于成本价出售 X-12"言论的正确性。

4. 请解释为什么 S-15 没有遇到竞争对手？对客户们愿接受 25％的提价去购买 S-15 加以评述。

本章小结

制造费用是工业企业生产车间为生产产品和提供劳务而发生的应计入产品成本的各项间接费用，是产品制造成本的重要组成部分。制造费用主要包括车间管理人员工资及福利费、折旧费、经营租赁费、机物料消耗等费用。按照用途分类，制造费用可以分为直接用于产品生产，但管理上不要求单独核算或由于计算过于烦琐不便于单独核算的费用，间接用于产品生产的费用和车间为组织管理生产而发生的费用三种；按发生的范围可以分为分厂制造费用、辅助车间制造费用和基本生产车间制造费用。制造费用的核算包括两步，首先将发生的制造费用进行归集，然后在期末按照一定的标准在各受益产品之间进行分配。制造费用通过"制造费用"账户进行归集，该账户借方归集月份内发生的制造费用，贷方登记期末制造费用的分配额，一般情况下该账户无余额。为了分别反映各车间、部门的制造费用，应按照不同车间和部门设置明细账，并按照制造费用的具体项目设置专栏。制造费用是为生产产品而支付的，需要最终产品承担，期末按照一定的方法分配计入产品成本。传统上常用的制造费用分配方法有生产工人工时比例分配法、生产工人工资比例法、机器工时比例分配法和年度计划分配率法分配法等。各种分配方法既有优势也有劣势，有各自的适用条件。传统成本计算方法有很大的局限，尤其在间接费用占总费用的比例比较大并且和直接费用关系不大时，传统成本核算就可能造成成本信息的扭曲，导致企业作出错误的决策。而作业成本法则可避免这种情况。

作业成本法产生于 20 世纪 40 年代，随着竞争环境的变化和企业制造系统的发展而得以广泛应用。作业成本法是基于作业的一种成本核算方法。它以作业作为间接费用的分配对象，通过资源动因的确认和计量归集资源耗费，形成作业成本库，通过作业动因的确认和计量归集作业成本，形成产品成本。作业是企业为实现经营目标而从事的一系列活动，是企业控制和管理的基本单元。按作业水平不同，企业的作业可以分为单位水平作业、批次水平作业、产品水平作业和维持水平作业。成本动因是指诱导成本发生的原因，是导致资源发生的事件。作业成本法中经常使用的动因有资源动因和作业动因两种。资源耗用量和作业的关系称为资源动因，产品与作业的关系称为作业动因。资源动因和作业动因有一定的区别，但当作业和产品一致时，资源动因和作业动因是一样的。作业成本法的基本步骤分为确定作业，设立并归集同质成本库，资源确认，制定作业成本库的作业成本分配率和计算产品成本五个步骤。作业成本法提供的成本信息更加准确和全面，具有传统成本法不可比拟的优势，但是该方法也增加了大量的计算成本，因此在使用的时候要进行成本效益分析。

思考题

1. 简述制造费用的主要内容。
2. 传统的制造费用分配方法有哪些？它们各适用于什么情形？
3. 与传统的制造费用分配法相比，作业成本法有什么优势？

第六章 生产损失的核算

学习要点

❶ 了解生产损失的概念和种类
❷ 了解废品的种类
❸ 掌握废品损失的核算方法
❹ 理解质量成本的概念和种类
❺ 了解质量管理观点和质量控制程序
❻ 掌握停工损失的会计核算方法

导入案例

一、案例资料

李宏最近应聘到一家制造企业财务部任成本会计核算员，这家企业的质量管理效果不佳，产品完工前经常有废品发生，有的废品进行重新加工修理后可以达到质量标准成为合格品，但有的产品不能修复。企业经常因为产品质量问题遭到顾客投诉，这给企业带来了很大的损失。废品产生的原因很多，废品种类也不同，不同的废品给企业带来的损失当然也不同。

二、讨论题

李宏应该怎样对这些废品进行分类？又应该怎样分类核算废品对企业的经济影响？

第一节 生产损失核算概述

前几章各项费用的分配核算均假定产品是符合质量要求的。实际上，生产过程中由于生产工艺、生产管理水平、生产设备、生产工人等诸多因素的影响，常常发生各种各样的损失，这些损失有的是正常损失，有的是非正常损失，一般情况下成本会计中的生产损失指生产车间的正常损失。

一、生产损失的含义及种类

生产损失是指企业在产品生产过程中由于生产原因而发生的各种损失。如由于制造不合格产品而产生的废品损失；由于机器设备故障被迫停工而造成的停工损失；由于半成品等管理不善而发生的在产品亏损、毁坏霉烂变质等损失。一般情况下，生产损失主要包括废品损失和停工损失两类。在不同的企业里，由于产品种类、技术水平、管理水平等因素不同，生产损失的大小也不同。产生生产损失的原因很多，如生产工艺、生产用材料、工人素质、企业管理水平等。如果生产损失数额较少，为了简化成本核算工作，可不进行单独核算，计入成本项目中其他成本费用即可。但如果生产损失较大，为了降低生产损失对企业的影响，也为了明确经济责任，提高企业生产管理水平，保证企业生产的正常进行，有必要对生产损失进行单独核算。

二、生产损失核算的内容

生产损失过大，不仅会使企业的经济效益受到很大影响，同时也是人力、物力和财力的极大浪费，而生产损失的核算不仅能让企业管理者明白生产损失对企业经济效益的影响，也能帮助企业发现生产损失产生的原因，以帮助企业制定更好的管理措施避免不必要的损失。生产损失核算的主要内容有：

（1）正确核算生产过程中的损失，以便明确经济责任，加强生产管理。企业应根据本企业生产情况确定恰当的核算方法，并明确生产损失发生的环节、原因和责任人，便于改进生产管理，提高经济效益。

（2）合理分配生产损失。生产损失产生的部门、环节和原因不同，账务处理的方式也不同，有的应计入产品成本，而有的则计入营业外支出。企业会计人员应根据管理要求和生产损失产生的种类和原因，合理归集和分配生产损失。

（3）及时检查生产计划和定额的制定和执行情况。归根结底，生产损失是由于生产计划的制定和执行造成的，因此应及时检查生产计划的制定是否合理，生产计划执行过程中存在哪些不足等，以便加强生产控制，尽量降低生产损失。

第二节　废品损失的核算

一、废品损失的内容

废品是指经检验不符合质量标准，不能按原定用途使用或需重新加工修理后才符合质量标准的产品。废品的产生，客观上增加了完工产品的成本，也降低了企业资源利用的效率和效果。因此应对废品影响成本的方式和金额进行准确的核算和严格的控制。

废品可以按照不同的标准进行分类。按其产生的原因可以分为料废品和工废品两种：料废品是指由于材料质量、规格或性能不符合要求而导致产品不合格，料废品的产生应由供应部门承担责任，而不应由生产工人承担；工废品则是指在产品生产过程中，由于加工工艺技术、工人操作方法、技术水平等方面的缺陷而产生的废品，工废品的产生和工人的操作密切相关，应由生产工人承担责任。分清废品的种类有利于查明废品产生的责任，贯彻经济责任制。按其废损程度和在经济上是否具有修复性，废品可以分为可修复废品和不可修复废品：可修复废品是指经过重新加工修理后可达到质量标准，而且修复费用在经济上是合算的废品；不可修复的废品是指在技术上不可修复，或者修复费用太高，在经济上不合算的废品。

废品损失是指由于废品而产生的损失。不同种类的废品其损失也是不同的。具体而言，不可修复废品产生的损失，是为生产该废品而支付的各种实际成本扣除残料回收价值的净额；可修复废品的损失则是指在返修过程中发生的各种费用。若废品产生后由责任人赔偿损失，则赔偿额应冲减上述废品损失。除了直接损失外，废品给企业还带来各种间接损失，如废品返修增加了生产周期从而可能延误交货期的违约赔偿，损害企业生产技术水准的社会形象，影响企业销售利润等。在成本会计中，废品损失一般仅包括生产完工之前所发现废品而产生的直接损失，完工之后废品的各种间接损失不计算在内。完工后经检验确认的废品，其低价销售给企业带来的销售利润损失，不作为废品损失处理。如果入库时经检验为合格产品，由于保管不善、包装或运输不当导致产品破损而发生的各种损失，作为产成品毁损处理，不纳入废品损失核算范围。销售后发现的废品，因"三包"（包退、包修、包换）而支付的运杂费、修理费等费用，废品的实际成本扣除残值后的净损失，均可列入当期的管理费用，不计入废品损失。

二、废品损失的归集

当企业质量检验部门或产生废品的生产单位发现废品时，应填写"废品通知单"。"废品通知单"是进行废品损失归集和分配的原始凭据，在单内要详细填写废品名称、种类、数量，产生废品的原因、工序和过失人责任及废品生产工时，修复费用和生产成本等情况。该单一式三联：一联由生产单位存查，一联交质量检验部门，一联交财会部门核算废品损失。企业财会部门和质量检验部门应当对"废品通知单"所列各项目进行审核。企业可以单独设置"废品损失"账户进行归集，也可以在"基本生产成本"账户中设置专栏进行归集。

单独设置"废品损失"账户的企业，"废品损失"账户核算废品损失的发生和分配。该账户应按产品品种设立明细账，并按成本项目设置专栏进行核算，废品损失明细账的具体格式见表6—1。不可修复废品的生产成本和可修复废品的修复费用，在该账户的借方登记。其中不可修复废品的生产成本，应根据不可修复废品损失计算表，借记"废品损失"账户，贷记"基本生产成本"账户；可修复废品的修复费用，应根据各种费用分配表，借记"废品损失"账户，贷记"原材料"、"应付职工薪酬"、"制造费用"

等账户。因此单独设置"废品损失"账户的生产单位，在编制各种费用分配表时，应该增加"修复废品"行次。废品材料回收的价值和应收的责任人赔偿额，抵减废品损失，应贷记"废品损失"账户。"废品损失"账户期末借方余额，就是本期的废品净损失，应分配结转到本期同种产品成本，借记"基本生产成本"，贷记"废品损失"。

表6—1 　　　　　　　　　　　　　　　废品损失明细账

凭证号	摘　　要	直接材料	直接人工	制造费用	其他费用	合　　计
略	分配材料费用					
	分配人工费用					
	分配辅助生产费用					
	分配制造费用					
	不可修复废品成本					
	回收残料					
	合　　计					
	转出废品净损失					

如果企业的废品损失不是很多，也可以不单独设置"废品损失"账户，对于所发生的各项修复费用，直接记入"基本生产成本"账户及其所属明细账有关的专栏内；对于不可修复的废品所发生的废品损失，只需在相应产品中扣除不可修复的废品数量，不用结转其成本，并将废品的残料回收价值和责任者赔偿额从产品成本中扣除即可。

三、废品损失的核算

（一）不可修复废品损失的核算

不可修复废品损失是指不可修复废品的生产成本扣除废品残料和赔偿款后的净损失。核算不可修复废品净损失时，首先需计算不可修复废品已耗用的生产成本。由于前期核算时并不知该产品为不可修复废品，此废品成本包括在所有产品成本之中，因此需要采用一定的方法分离出不可修复废品成本，然后扣除废品残料价值和赔偿额，才能核算出该不可修复的废品净损失。不可修复废品损失的核算一般有两种方法。

1. 按废品所耗用的实际费用核算

这种方法按照成本项目将费用在合格产品和废品之间进行分配。当原材料在开始生产时一次投产时，材料费用可按合格产品与废品的数量比例进行分配；如果是按照生产进程分次投产，则可采用适当的方法，将废品折合成合格品的数量进行分配，其他成本项目可按合格品和废品的工时比例进行分配，具体计算公式为：

$$材料费用分配率 = \frac{材料费用总额}{合格品数量 + 废品数量}$$

$$废品的材料费用 = 废品数量 \times 材料费用分配率$$

$$其他费用分配率 = \frac{某项费用总额}{合格品工时 + 废品工时}$$

$$废品的其他费用 = 废品工时数 \times 该项费用的分配率$$

例 6—1 某企业第一基本生产车间生产甲产品125件，生产过程中发现其中10件为不可修复废品。该产品成本明细账所显示的生产费用为：原材料125 000元，直接人工费用为50 000元，制造费用为40 000元，合计215 000元。合格产品的生产工时为4 800小时，废品的生产工时为200小时，原材料是在生产开始是一次投入的。废品的残料为100元，应收过失人的赔偿50元。

$$原材料的分配率＝12 500÷125＝100（元/件）$$
$$废品应承担的材料费用＝10×100＝1 000（元）$$
$$直接人工费用分配率＝50 000÷5 000＝10（元/小时）$$
$$废品应分担的直接人工费用＝200×10＝2 000（元）$$
$$制造费用分配率＝40 000÷5 000＝8（元/小时）$$
$$废品应分担的制造费用＝200×8＝1 600（元）$$

根据上述结算和资料编制的废品损失计算表如表6—2所示。

表 6—2 **废品损失计算表（实际成本法）**

车间名称：第一生产车间　　　　　　　　200×年×月×日　　　　　　　　产品：甲产品

项　　　目	产量	生产工时	直接材料	直接人工	制造费用	合　计
生产成本	125	5 000	125 000	50 000	40 000	215 000
费用分配率			100	10	8	
废品生产成本	10	200	1 000	2 000	1 600	4 600
减：残料价值			150			150
废品损失			850	2 000	1 600	4 450

根据表6—2编制会计分录如下：

（1）结算废品生产成本时。

借：废品损失——甲产品　　　　　　　　　　　　　　　　4 600
　　贷：基本生产成本——甲产品——直接材料　　　　　　1 000
　　　　　　　　　　　　　　　——直接人工　　　　　　2 000
　　　　　　　　　　　　　　　——制造费用　　　　　　1 600

（2）回收废品残料和应收责任人赔偿时。

借：原材料　　　　　　　　　　　　　　　　　　　　　　100
　　其他应收款　　　　　　　　　　　　　　　　　　　　50
　　贷：废品损失——甲产品　　　　　　　　　　　　　　150

（3）期末结转废品净损失时。

借：基本生产成本——甲产品——废品损失　　　　　　　4 450
　　贷：废品损失——甲产品　　　　　　　　　　　　　　4 450

按实际成本核算废品损失的结果较为准确，但工作量大，并且只能在月末产品生产费用结算出来后才能进行，不利于及时控制废品损失。

2. 按废品的定额成本核算

按定额成本核算时，首先按废品数量和各项费用定额计算不可修复废品成本，扣除废品材料回收价值和责任人的赔偿额，得到废品的净损失，废品的实际成本和定额成本的差额全部由合格产品承担。

例6—2 某企业第二基本生产车间本月生产乙产品，发现不可修复废品50件，按其所耗用的定额成本核算废品损失。该产品原材料定额200元，该废品已耗用生产工时250小时，每小时人工费用定额4元，每小时制造费用定额2元，收回的废品材料价值500元。

根据上述资料编制废品损失核算表如表6—3所示。

表6—3   **废品损失核算表（定额成本法）**

车间名称：第二生产车间   200×年×月×日   产品：乙产品

项 目	直接材料	工时定额	直接人工	制造费用	合 计
费用定额	200				
废品定额成本	10 000	250	1 000	500	11 500
减：残料价值	500				500
废品损失	9 500		1 000	500	11 000

根据表6—3编制会计分录如下：

（1）结算废品的定额成本时。

    借：废品损失   11 500

        贷：基本生产成本——乙产品——直接材料   10 000

                         ——直接人工   1 000

                         ——制造费用   500

（2）收回材料时。

    借：原材料   500

        贷：废品损失——乙产品   500

（3）结转废品净损失时。

    借：基本生产成本——乙产品——废品损失   11 000

        贷：废品损失——乙产品   11 000

按定额成本核算废品损失时，由于定额成本事先制定，核算工作相对简便，也有利于成本考核和分析废品损失和产品成本。但是这种方法必须具备准确的成本定额资料，否则会影响成本计算结果的准确性。

（二）可修复废品损失的核算

可修复废品损失主要是为修复废品而支付的各种费用。可修复废品返修前的加工成本不是废品损失，应在"基本生产成本"及其明细账中核算，不必转出。在发现可修复废品并决定返修时，要编制可修复废品损失计算单，核算废品修复过程中支付的各种费用。根据废品修复费用的大小，企业可以单独设置"废品损失"账户核算废品损失。修复废品发生修复费用时，应借记"废品损失"账户，贷记"原材料"、"应付职工薪酬"或"银行存款"等账户；如果有收回的残料或赔偿收入，则冲减废品损失，借记"原材料"和"其他应收款"；期末应将废品净损失转入基本生产成本，借记"基本生产成本"账户，贷记"废品损失"账户，结转后"废品损失"账户无余额。也可以不单独设置"废品损失"账户，直接在"基本生产成本"账户中核算废品损失，在这种情况下，"基本生产成本"账户归集的总费用，既有合格产品的生产费用，也有可修复废品的返修费用，总费用扣除废品残料价值和赔偿款后即为合格品产品成本。这样核算简化了会计核算工作，但由于没有单独核算废品损失，不利于对废品损失进行控制。

例6—3 某企业第三基本生产车间生产丙产品，发现可修复废品20件，返修前的生产成本为50 000元，返修过程中领用了原材料1 000元，支付了生产工人的工资及福利费500元，间接制造费用200元。返修完工时收回残料100元。修复后经检验产品合格，验收入库。

根据上述资料，编制废品损失核算表如表6—4所示。

表6—4   **废品损失核算表（可修复废品）**

车间名称：第三生产车间   200×年×月×日   产品：丙产品

项 目	直接材料	直接人工	制造费用	合 计
废品返修成本	1 000	500	200	1 700
减：残料价值	100			100
废品损失	900	500	200	1 600

1. 单独核算废品损失的单位根据表6—4编制的会计分录如下：

（1）返修过程中发生的费用。

    借：废品损失——丙产品   1 700

        贷：原材料   1 000

              应付职工薪酬   500

              制造费用   200

（2）收回残料时。

    借：原材料   100

        贷：废品损失——丙产品   100

（3）结转废品净损失时。

    借：基本生产成本——丙产品——废品损失   1 600

        贷：废品损失——丙产品   1 600

2. 不单独核算废品损失的单位根据表6—4编制会计分录如下：

（1）返修过程中发生的费用。

    借：基本生产成本——丙产品   1 700

> 　　　　贷：原材料　　　　　　　　　　　　　　　　　　1 000
> 　　　　　　应付职工薪酬　　　　　　　　　　　　　　　　500
> 　　　　　　制造费用　　　　　　　　　　　　　　　　　　200
> （2）收回残料时。
> 　　借：原材料　　　　　　　　　　　　　　　　　　　　　100
> 　　　贷：基本生产成本——丙产品　　　　　　　　　　　　100
> 不用编制结转会计分录。

第三节　产品质量控制

　　从上一节的核算中我们发现，废品的出现不仅增加合格产品的成本从而降低了企业的利润，同时也会给企业带来不良的社会影响。提高质量管理水平、减少废品的出现无疑会增加企业经济和社会收益，但是提高产品质量是需要成本的，即所谓质量成本，企业应该在提高产品质量所带来的收益和为此付出的成本之间进行平衡。

一、质量和质量成本

　　广义地说，质量是指产品或服务满足客户需求的程度。美国质量控制协会（American Society for Quality Control）认为：质量是产品或服务本身所具备的特性，这种特性在被购买和使用过程中可以满足顾客的要求。可见质量高低与产品或服务满足顾客需求的程度密切相关。质量包括两方面的因素：一是产品或服务的设计质量；二是实际性能与设计性能的符合程度，即符合性质量。

　　质量成本指企业为保证或提高产品质量所发生的费用或者由于产品未达到质量标准而造成的损失。因此企业为保证产品质量而从事一定作业所花费的支出即为质量成本。与质量相关的作业包括控制作业和故障作业。企业所采取的为了防止产品质量下降的作业即为控制作业，包括预防作业和鉴定作业；故障作业是指企业出现低质量的产品后所作出的反应或补救作业，包括内部故障作业和外部故障作业。这些作业所花费的支出即为质量成本。图6—1描述了质量相关作业及其成本分类。

　　预防成本发生在企业生产的研发阶段，是为了保证产品质量符合相关质量标准所发生的费用以及为提高质量水平而发生的相关费用。预防成本的目的是为防止在生产过程中出现废品。如产品设计、加工程序设计、供应商的评估和筛选、员工质量培训等作业引发的成本。

　　鉴定成本是为了确保产品质量达到预定标准而对原材料、零部件、产成品等进行检测而发生的相关费用。鉴定成本支付的目的是防止将不合格的产品交付顾客而造成故障成本。如原材料的抽查测试、在产品的测试、加工过程的验收等。

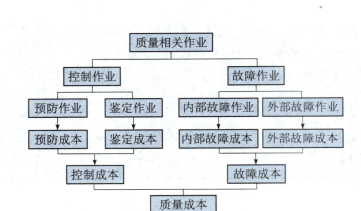

图 6—1　质量作业及成本分类

内部故障成本是指因为产品达不到质量要求造成的资源浪费。如废品损失、原料质量缺陷导致的设备故障和停工损失、对相关设计进行更改的开支等。

外部故障成本是在产品售出之后由于质量原因给企业带来的损失。诸如产品召回损失、顾客投诉处理费用等。在所有的质量成本中，外部故障成本对企业的影响最大。近年来，很多公司因质量问题从市场召回产品而蒙受巨大损失，也有很多企业因为售出产品的重大质量问题而陷入危机。

在上述质量成本中，预防成本和鉴定成本属于企业事先可以规划和控制的成本，也称为可控成本，该类成本是企业为确保产品质量达到预定标准必须采取的作业成本，因此是不可避免的；故障成本则属于企业无法事先控制的成本，故称为不可控成本，如果预防作业和鉴定作业的效果十分理想，那么故障成本则是可以避免的。一般情况下，可控质量成本和故障成本之间存在反向关系。可控质量成本越高，产品的质量越高，故障成本则越低；反之，可控质量成本越低，企业对产品的质量监控不到位，随后发生的质量故障就越多，故障成本就越大。

二、质量成本核算

质量成本核算是现代成本会计的主要内容之一，通过质量成本核算，企业管理层可以了解生产过程中各项费用的支出和各种质量损失，了解管理、技术和员工等方面可能存在的质量问题，以便更有效地实施质量监管。质量水平的优劣是决定企业生存与发展的大计，但质量意味着成本，产品的质量越高，成本势必也越高。一味追求质量是缺乏经济效益的。通过质量核算，企业管理层可以确定在一定生产管理条件下最经济合理的质量水平。

质量成本核算包括账外核算和账内核算两种方式。账外核算强调质量成本核算体系的独立性，将其与会计日常核算区分开来，单独设置质量成本记录。账内核算则利用会计核算的现有体系，在原有的会计科目中增设"质量成本"一级科目，下设预防成本、鉴定成本、内部故障成本、外部故障成本和质量成本调整五个二级会计科目，分别对质量成本具体项目进行核算。

三、质量成本控制

质量成本控制是企业依据预定的质量成本目标，对质量成本形成过程中的支出进行核算和控制。企业主要通过质量成本核算和质量成本绩效报告实施质量成本控制。企业根据设定的质量成本绩效标准，通过实际质量成本和绩效标准的比较，分析其差异的大小和原因，以便采取必要措施，以较小的质量成本达到较高的质量水平。

质量成本控制体系的构建是否完善，在很大程度上确定了企业质量成本控制的成效。质量成本控制的程序如下：

（1）建立全面质量管理的组织体系。建立质量成本责任中心，确定生产流程中的质量控制点。如鉴定成本由质检部门负责。对供应商评估和选择由采购部门负责，内部故障成本则由生产部门负责，质量成本总额由质量管理部门负责。对质量成本进行分级对口管理。

（2）确定质量控制目标。企业管理层确定质量控制总目标，并把总目标进行层层分解至各成本责任中心，通过目标管理进行质量控制。

（3）确定各成本项目的成本控制指标和偏差范围，将废品消灭在产品生产的过程中。尽可能降低故障成本，尤其是外部故障成本。另外，对各质量成本项目制定出允许的偏差范围，以其上下限作为控制的依据，并按照"例外管理"原则进行控制。

（4）实行全面质量管理，对产品的整个生命周期，包括设计阶段、生产阶段、试用阶段实施全过程的质量成本控制。

四、常见的质量成本管理观点

质量成本管理的最终目的是以最少的质量成本生产出最优质量的产品。对质量成本管理存在以下常见的几种观点：

（一）传统的最优质量观点

传统观点认为，控制成本与故障成本存在反向关系，两者之间存在一个平衡点即质量总成本的最低点，此时控制成本的任何增加额将超过故障成本的减少额，企业应该以此时的质量成本水平进行质量管理。任何一项产品的质量特征都应设有上下限控制，不超过该范围就属于正常。也就是说，允许企业生产一定比例的不合格产品。

这种观点其实具有很大的局限，允许甚至鼓励企业生产次品的观点，对企业和消费者来说都是有害的。因为对于企业而言，产品出现百分之一或千分之一不合格品的比例可能不算高，但对于某个消费者来说，其权益却可能受到百分之百的损害。同时，只要次品率不超过企业质量认可的范围，就可以认为是正常生产，产品质量水平是正常的，就不再努力提高质量水平，这样就必然使不合格品的生产一直延续下去，故障成本就会发生，甚至对企业影响很大的外部故障成本也不可避免。

（二）现代最优质量观

近年来，质量上的"零缺陷"观点逐渐被很多管理人员所接受。"零缺陷"要求产品生产无缺陷，无次品，不合格产品的出品率为零。这样一方面提高了企业的经济效益，另一方面也确保了消费者的权益。20世纪80年中期，健全质量模型（robust quality model）在"零缺陷"的观点上进行改进，认为只要企业生产的产品与预定的质量标准存在偏差，就会造成损失，偏差的程度越大，造成损失的可能性和金额就会越大。该模型对不合格品的定义更加严格，更加强调质量成本的代价。

传统质量观反映的是静态质量成本，而现代质量观反映的则是动态的质量成本，因为根据现代质量观点，质量总成本并非如传统观点所认为的那样，达到某一个平衡点后就稳定不变。随着控制成本的增加和故障成本的减少，质量总成本也会相应减少，而预防成本和鉴定成本在增加到一定程度后也可以减少，从而使质量总成本出现永久性减少的趋势。可见，质量成本水平是动态的。

现代最优质量成本主要观点认为：当趋近于零缺陷状态时，企业的控制成本不会无限增加，而可能出现先增加后减少的态势，故障成本有可能完全减少为零。比如，当某企业计划通过重新设计生产工艺提高产品质量时，开始阶段必然产生大量的诸如研发费、咨询费、人工费等预防成本，一旦进入生产实施阶段，企业的故障成本发生了明显的减少（如返工率下降、投诉减少、返修率下降等），产品检测、客户服务中心等的开支也会随着减少，最终质量总成本减少，而质量水平却提高了。

（三）全面质量管理

全面质量管理是一种全新的质量管理观念，强调全员参与、覆盖产品生命周期全过程的、以工作质量保证产品质量和服务质量的管理体系。相对于传统质量管理，全面质量管理具有以下特征：

（1）全面质量管理的目标是产品质量的"零缺陷"。

（2）全面质量管理是对产品生命周期的全过程进行质量控制，而不仅仅是生产过程。

（3）由于故障成本尤其是外部故障成本可能会远远大于控制成本，因此企业应尽可能及时消除产品的质量隐患，减少和避免完工后的返工和售后出现故障。

（4）质量检验部门并不是唯一的质量监管部门，全面质量管理需要企业各部门参与质量管理，需要各岗位员工积极献计献策，进行质量控制。

（5）从战略发展的高度权衡质量和成本之间的关系，兼顾企业长远利益与短期利益，确定合理的成本结构。

第四节　停工损失的核算

一、停工损失的核算内容

停工损失是指生产车间或车间内某班组在停工期间发生的各项费用。主要包括停工期间支付的生产工人工资和提取的福利费、所消耗的燃料和动力费以及应负担的制造费用等。企业停工分为计划内停工和计划外停工两种：计划内停工是指按计划规定应该停工，如计划减产、季节性停产等；计划外停工是指各种事故造成的停工，如停工待料、电力中断、设备故障和非常灾害等造成的停工。在管理上要求单独反映和控制停工损失的工业企业，应进行停工损失的核算。

发生停工的原因有多种，如原材料不足，机器设备发生故障或进行大修理，电力中断，发生非常灾害以及计划减产等，都可能引起停工。不同原因造成的停工损失在会计上的处理方法是不同的。在单独核算停工损失的情况下，停工损失一般应计入产品成本，但并不是所有的停工损失均计入产品成本。企业可以取得赔偿的损失应按索赔的金额冲减停工损失，由于自然灾害等引起的非正常停工损失应记入"营业外支出"账户；季节性和因固定资产修理停工以及全车间或一个班组停工不满一个工作日的停工损失，应记入"制造费用"总账及所属明细账"季节性和修理期间的停工损失"费用项目。

在停工时，生产车间应该填写停工报告单，会计部门和车间成本核算人员应对停工报告单所列停工范围、停工原因、停工时间、应计工人工资及福利费、过失单位等事项进行审核。只有经过审核后的停工报告单，才可作为停工损失核算的依据。

二、停工损失的归集与分配

企业为了核算停工损失，可以单独设置"停工损失"账户，也可以不单独设置"停工损失"账户，而是在"基本生产成本"中增加"停工损失"专栏核算停工损失。若单独设置"停工损失"账户，需要在成本项目中增设"停工损失"项目反映产品成本中包含的停工损失。

"停工损失"账户是为归集和分配停工损失而设置的，该账户应按生产部门或车间设立明细账，明细账内按照成本项目分设专栏，进行详细核算。该账户的借方核算停工期间所发生的各种损失，应取得的赔偿记入该账户的贷方，期末对于不同原因造成的损失进行分类结转。属于非正常原因造成的停工损失转入营业外支出，应计入产品成本的损失结转入基本生产成本。如果该车间只生产一种产品，则直接转入该产品的生产成本，如果生产多种产品，还需在各产品之间进行分配，结转后的"停工损失"账户无余额。如果本月没有产品完工，停工损失可保留在"停工损失"账户中，由下月生产的完工产品承担。单独核算停工损失时，在"制造费用"账户的费用项目下可不再单设"季节性和修理期间的停工损失"费用项目。

例6—4　200×年3月，某企业基本生产车间因设备出现故障停工10天，期间支付工人工资及福利等共计5 000元，制造费用3 000元，经协商，设备供应商答应赔偿4 000元。该企业对停工损失采取单独核算。

根据上述资料编制会计分录如下：

(1) 停工期间发生的费用。

```
   借：停工损失                                          8 000
     贷：应付职工薪酬                                     5 000
        制造费用                                        3 000
（2）供应商赔偿。
   借：其他应收款                                        4 000
     贷：停工损失                                        4 000
（3）结转停工净损失。
   借：基本生产成本                                      4 000
     贷：停工损失                                        4 000
```

　　在停工损失发生较少的企业车间中，为了简化核算，也可以不单独核算停工损失，不设立"停工损失"会计科目和成本项目。停工期间发生的属于停工损失的各项费用，直接记入"制造费用"和"营业外支出"等科目，分别反映。

　　以上所述的都是指基本生产车间的停工损失，辅助车间的停工损失一般规模不大，发生的停工损失较少，为了简化核算工作，一般不单独核算。

实务案例

某制造企业质量分析报告

　　目前甲产品作为宏达公司的主营产品之一，其质量问题已成为制约该企业可持续发展的关键瓶颈之一，以下是甲产品 2009 年的质量分析：该企业 2009 年显性质量损失已达到 9 653.9 万元，比上年增加 3 826 万元，平均每台质量成本 33.97 元。见图 6—2。

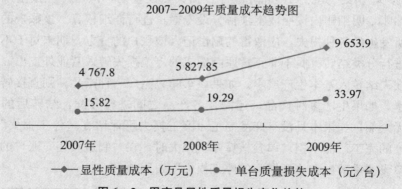

图 6—2　甲产品显性质量损失变化趋势

　　外部损失是攀升过快的主要表现——外部损失呈现出较快的攀升速度，2009年占到了显性质量损失的 70%。2009 年显性质量损失构成如图 6—3 所示。

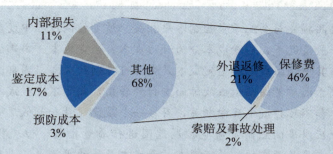

图6—3　2009年显性质量损失构成图

（1）2009年度该企业甲产品总体质量损失9 000多万元，占当年内销销售收入的2%以上。由此可见，该产品品质收益弹性较大，即通过提高品质降低总体质量损失而增加经营效益的潜力巨大。在竞争环境极度恶劣，该企业探索规模与利润平衡增长的盈利模式背景下，提高品质以增加事业部总体收益具有更加重要的现实经营意义与长远战略意义。

（2）居高不下的市场维修率与质量损失，不仅使公司在与竞争对手的相持中失去经营效益的比较优势，而且导致对顾客满意度、品牌、信誉等企业无形价值的损伤与蚕食。在行业策略转折点即将来临，无形资源竞争逐渐占据主导地位的形势下，公司的品质脆弱性会严重削弱公司可持续发展能力。为此，必须下决心改变主打产品的质量现状。

要求：针对该企业质量成本的问题，作出评论。

本章小结

生产损失是企业在生产过程中由于诸多因素的影响而发生的各种损失，主要包括废品损失和停工损失两类。生产损失核算有利于降低生产损失对企业经济利益的影响，同时也能明确生产损失责任，提高生产管理水平。废品是指经检验不符合质量标准的，不能按原定用途使用或需重新生产加工修理后才符合质量标准的产品。按照废品产生的原因不同，废品可以分为工废品和料废品；按照废品的废损程度可以分为可修复废品和不可修复废品。废品损失是指由于废品而产生的损失。不可修复的废品损失是为生产该废品而支付的各种实际费用扣除残料价值和责任人的赔偿款后的净额；可修复废品损失是指在返修过程中发生的各项费用。通过财务部门和质检部门审核合格的废品通知单是记录废品损失的原始凭证，企业根据废品损失的大小可以单独设置"废品损失"账户，也可以在"基本生产成本"明细账户中设置"废品损失"专栏进行反映。不可修复废品损失通常有两种核算方法，一种是实际费用核算，另一种是定额成本核算。无论哪种核算方法，关键是把废品成本从基本生产成本中分离出来，扣除废品收回的残料价值和责任人的赔偿，核算出废品净损失，最后结转到合格产品成本中。可修复的废品损失核算将修复过程中的费用扣除残料价值和赔偿额的净损失计入修复后合格的产品中。废品损失与企业质量控制水平相关。质量控制过程中发生的费用称为质量成本。一般情况下，质量成本分为预防成本、鉴定成本、内部故障成本和外部故障成本，其中预防成本和鉴定成本是企业可控制的成本，内部故障成本和外部故障成本属于因质量缺陷造成故障而支付的费用，属于不可控成本。传统观点认为可控成本和不可控成本反向相关，存在一个最优质量和最低质量成本总额的平衡点，企业应以平衡点制定质量控制范围进行质量控制。但现代质量管理认为，质量成本水平是动态的，并不存在质量成本最低的平衡点，当质量接近"零缺陷"时，质量成本可以达到最低。全面质量管理是实现质量"零缺陷"状态的有效管理方式，是对产品生命周期全过程质量进行监管，需要企业各部门全体员工共同参与的一种质量管理方式。停工损失是指在生产过程中由于各种原因停工而造成的损失。企业产生停工损失的原因不同，其会计处理的方式也不同。正常原因造成的损失计入产品成本，非正常原因的损失计入营业外支出，企业可以单独设立账户进行停工损失的核算，也可以不单独设置账户进行核算。

思考题

1. 停工损失核算的主要内容是什么？
2. 简述废品种类和废品损失的内容。
3. 简述废品损失核算的程序。
4. 简述质量成本的种类及其作用。
5. 什么是全面质量管理？与传统质量管理有什么区别？
6. 简述停工损失核算的程序。

第七章　生产费用在完工产品与在产品之间分配核算

学习目的

❶ 理解在产品的含义和确定方法

❷ 明确完工产品与月末在产品之间费用分配的原则

❸ 掌握约当产量比例法的应用

❹ 掌握定额比例法的应用

❺ 理解生产费用在完工产品和在产品之间分配的其他方法

导入案例

一、案例资料

某小型工业制造企业生产 A 产品，新任成本核算会计师小周发现该企业在产品数量较大且各月之间变化也较大，各种费用所占的比重相差不多，原材料费用大多在生产开始时一次投入，但在产品的完工程度不尽相同。而该厂在完工产品与在产品之间的费用分配问题上所采用的方法是：直接材料费、直接人工费和制造费用均按完工产品与在产品的实际数量比例分配。经调查该企业本月完工 A 产品 100 件，在产品 20 件。直接材料费 36 000 元，直接人工费 15 000 元，制造费用 18 000 元。在产品的完工率为 80%。

二、讨论题

1. 你认为该厂所有费用均按产成品和在产品实际数量比例分配是否科学？试解释你的理由。

2. 你觉得该厂应如何在完工产品与在产品之间分配费用才合理？

第一节　在产品的核算

一、在产品的含义

在产品是指没有完成全部生产过程、不能作为商品销售的产品，包括正在车间加工中的在产品、需要继续加工的半成品、等待验收入库的产品、正在返修和等待返修的废品等。对外销售的自制半成品属于商品产品，验收入库后不应列入在产品之内，不可修复废品也不包括在产品之内。以上在产品是从广义的或者就整个企业来说的在产品。从狭义的或者就某一车间或某一生产步骤来说，在产品只包括该车间或该生产步骤正在加工中的那部分在产品，车间或生产步骤完工的半成品不包括在内。

二、在产品数量的确定方法

在产品结存的数量，应同时具备账面核算资料和实际盘点资料。这就要求企业一方面要做好在产品收发存的日常核算工作，另一方面要做好在产品的清查工作。只有这样，才能既可以从账面上随时掌握在产品的动态，又可以清查在产品的实际数量。

车间在产品收发存的日常核算，通常是通过在产品收发结存账（即在产品台账）进行的。该账应分车间并且按照产品的品种和在产品的名称（如零部件的名称）设立，提供车间各种在产品的转入、转出和结存的数量。在产品台账的一般格式如表7—1所示。

表 7—1

红叶工厂在产品台账

车间名称：第一车间　　　　　　　　　　　　　　　　　　零件名称编号：2122
产品名称：甲产品　　　　　　生产工序：第二工序　　　　计量单位：个

××年		摘 要	收 入		转 出			结 存	
月	日		凭证字号	数量	凭证字号	合格品	废品	已完工	未完工
1	1	上月结转							80
	5	收入	39	400					480
	8	交出			46	80			400
		⋮							
		本月合计		1 000		1 000	10		70

认真做好在产品的计量、验收和交接工作，正确地进行在产品收发存数量的核算，对于正确计算产品成本，加强生产资金管理，有效控制生产过程以及保护在产品安全都具有重要意义。

三、在产品的清查及账务处理

为了核实在产品的数量，保证在产品的安全完整，企业必须认真做好在产品的清查工作。在产品可以定期进行清查，也可以不定期进行轮流清查。清查后，应根据盘点结果和账面资料编制在产品盘存表，填明在产品的账面数、实存数和盘存盈亏数，以及盈亏的原因和处理意见等；对于报废和毁损的在产品，还要登记残值。成本核算人员应对在产品盘存表所列各项资料进行认真的审核，并且根据清查结果进行账务处理。

在产品发生盘盈时，应按盘盈在产品的成本（一般按定额成本计算）借记"基本生产成本"科目，并记入相应的产品成本明细账各成本项目，贷记"待处理财产损溢"科目。经过批准进行处理时，则应借记"待处理财产损溢"科目，贷记"制造费用"科目，并从相应的制造费用明细账"在产品盘亏和毁损（减盘盈）"项目中转出，冲减制造费用。

在产品发生盘亏和毁损时，应借记"待处理财产损溢"科目，贷记"基本生产成本"科目，并从相应的产品成本明细账各成本项目中转出，冲减在产品成本。毁损在产品的残料价值，应借记"原材料"等科目，贷记"待处理财产损溢"科目，冲减损失。经过审批进行处理时，应分别不同情况将损失从"待处理财产损溢"科目的贷方转入各有关科目的借方：其中应由过失人或保险公司赔偿的损失，转入"其他应收款"科目的借方；由于意外灾害造成的非常损失，转入"营业外支出"科目的借方；由于车间管理不善造成的损失，转入"制造费用"科目的借方，并记入相应的制造费用明细账"在产品盘亏和毁损（减盘盈）"项目。

为了正确、及时地归集和分配制造费用，有关在产品盘存盈亏处理的核算，应该在制造费用结账以前进行，以便正确、及时地归集和分配制造费用。

例7—1　红叶工厂基本生产车间在产品清查结果：甲产品的在产品盘盈15件，单位定额成本10元；乙产品的在产品盘亏8件，单位定额成本15元，过失人赔款30元；丙产品的在产品毁损80件，单位定额成本12元，残料入库作价150元，属于自然灾害损失600元，应由保险公司赔偿180元，其余损失计入产品成本，都已经批准转账。

（1）在产品盘盈的核算。

①盘盈时：

借：基本生产成本——甲产品（15×10）　　　　　　　　　　150

　贷：待处理财产损溢　　　　　　　　　　　　　　　　　　150

②批准后转账：

借：待处理财产损溢　　　　　　　　　　　　　　　　　　150

　贷：制造费用　　　　　　　　　　　　　　　　　　　　150

（2）在产品盘亏的核算。

①盘亏时：

借：待处理财产损溢（8×15）　　　　　　　　　　　　　120

　贷：基本生产成本——乙产品　　　　　　　　　　　　　120

②批准后转账：

借：其他应收款　　　　　　　　　　　　　　　　　　　　30

　　制造费用　　　　　　　　　　　　　　　　　　　　　90

　贷：待处理财产损溢　　　　　　　　　　　　　　　　　120

（3）在产品毁损的核算。

①毁损转账：

借：待处理财产损溢（80×12）　　　　　　　　　　　　960

　贷：基本生产成本——丙产品　　　　　　　　　　　　960

②残料入库：

借：原材料　　　　　　　　　　　　　　　　　　　150

贷：待处理财产损溢　　　　　　　　　　　　　150

③批准后转账：

借：其他应收款（或银行存款）　　　　　　　　　　180

营业外支出　　　　　　　　　　　　　　　　　600

制造费用　　　　　　　　　　　　　　　　　　30

贷：待处理财产损溢　　　　　　　　　　　　　810

第二节　完工产品与在产品之间费用分配的核算

一、完工产品与在产品之间费用分配的原则

如何既合理又简便地在完工产品和月末在产品之间分配费用，是产品成本计算工作中又一个重要而复杂的问题。在产品结构复杂、零部件种类和加工工序较多的情况下更是如此。选择完工产品与在产品成本分配方法，应遵循合理正确、简便易行的原则。企业应根据在产品数量的多少、在产品价值的大小、各月在产品数量变化的大小、各项费用比重的大小，以及定额管理基础工作的好坏等具体条件，选择适当的分配方法。分配方法一经确定，不得随意变更。

月初在产品成本、本月生产费用、本月完工产品成本和月末在产品成本四者之间的关系，可用下式表示：

月初在产品成本＋本月生产费用＝本月完工产品成本＋月末在产品成本

为了便于理解上述各项条件与分配方法之间的联系，可将上式中月初在产品成本、本月生产费用、本月完工产品成本和月末在产品成本四者之间的相互关系移项为：

本月完工产品成本＝本月生产费用＋月初在产品成本－月末在产品成本

完工产品与在产品费用的分配，可以先确定在产品成本，即先对在产品计价，然后将汇总的生产耗费减去在产品成本，以求得完工产品成本；也可以先确定完工产品和在产品成本划分的分配标准，求得分配率，然后根据分配标准和分配率同时计算出完工产品与在产品的成本。此外，企业还可以根据各成本项目费用的比重和成本核算的重要性原则，对所占费用比重较大的主要成本项目的费用，在完工产品与在产品成本之间进行分配，其余成本项目的费用全部由完工产品负担。

二、完工产品与在产品之间费用分配的方法

完工产品与在产品之间费用分配的方法有：不计算在产品成本法、在产品按固定

成本计价法、在产品按所耗直接材料费用计价法、约当产量比例法、在产品按完工产品成本计算法、在产品按定额成本计价法和定额比例法。

（一）不计算在产品成本法

采用不计算在产品成本法时，虽然有月末在产品，但不计算成本。这种方法适用于各月月末在产品数量很少、价值较低的产品。如果各月月末在产品的数量很少，月初和月末在产品成本就很小，月初在产品成本与月末在产品成本的差额更小，算不算各月在产品成本对于完工产品成本的影响很小。因此，根据成本核算的重要性原则，为了简化产品成本计算工作，可以不计算在产品成本。例如，自来水厂、采掘企业等，由于在产品数量很少，价值又较低，月末在产品就可以不计算成本。

（二）在产品按固定成本计价法

采用在产品按固定成本计价法时，各月末在产品的成本按年初在产品成本计价，固定不变。这种方法适用于各月末在产品数量较少，或者虽然在产品数量较多，但各月末数量稳定、变化不大的产品。如果月末的在产品数量不是很少而是较多，仍然不计算在产品成本，会使产品成本核算反映的在产品资金占用不实，不利于资金管理；这些在产品不计价入账，成为账外财产，也会使会计反映失实。对于各月末在产品数量较多的产品来说，月初和月末在产品成本虽然较大，但由于各月末在产品数量变化不大，因而月初、月末在产品成本的差额仍然不大，算不算各月在产品成本的差额对于完工产品成本的影响不大。因此，为了简化产品成本计算工作，每月在产品成本可以固定不变，按年初的在产品成本计价。

采用这种分配方法的产品，每月发生的生产费用之和仍然就是每月该种完工产品的成本。但在年末，应该根据实际盘点的在产品数量，采用比较准确的计价方法具体计算在产品成本，并将算出的年末在产品成本作为下一年度各月固定的在产品成本，以免相隔时间过长，在产品成本与实际出入过大，影响产品成本计算的准确性。炼铁企业和化工企业的产品，由于高炉、化学反应装置和管道的容积固定，其在产品成本就可以采取这种方法计算。

（三）在产品按所耗直接材料费用计价法

采用在产品按所耗直接材料费用计价法时，月末在产品只计算其所耗用的直接材料费用，产品的加工费用（包括直接人工和制造费用等）全部由完工产品负担。这种分配方法适用于各月末在产品数量较多，各月在产品数量变化也较大，但直接材料费用在成本中所占比重较大的产品。这是因为，各月末在产品数量较多，各月在产品数量变化也较大的产品，不计算成本或按年初在产品成本固定计价，都会使成本计算脱离实际，因而必须具体计算每月末的在产品成本。但是，由于该种产品的直接材料费用比重较大，直接人工等加工费用比重不大，在产品成本中的加工费用，以及月初、月末在产品加工费用的差额不大，月初和月末在产品的加工费用基本上可以互相抵销。因此，为了简化计算工作，在产品可以不计算加工费用。这时，这种产品的全部生产费用，减去按所耗直接材料费用计算的在产品成本，就是该种完工产品的成本。

直接材料费用比较大的纺织、造纸和酿酒等工业的产品，都可以采用这种分配方法。

例 7—2 红叶工厂生产的甲产品直接材料费用比重较大，在产品只计算直接材料费用。该种产品月初在产品直接材料费用 202 000 元，本月发生直接材料费用 598 000元，直接人工费用 115 200 元，制造费用 57 600 元，完工产品 18 400 件，月末在产品1 600 件。原材料在生产开始时一次投入。

由于原材料是在生产开始时一次投入的，因而不论完工产品还是在产品，也不论在产品完工程度大小，每件完工产品和在产品所耗原材料的数量相等，直接材料费用可以按完工产品和在产品的数量分配。本月完工产品和月末在产品成本计算如下：

$$直接材料费用分配率=\frac{202\,000+598\,000}{18\,400+1\,600}=40\,（元/件）$$

月末在产品直接材料费用＝40×1 600＝64 000（元）

本月完工产品直接材料费用＝40×18 400＝736 000（元）

或　　　　　　　　　＝202 000＋598 000－64 000＝736 000（元）

本月完工产品总成本＝736 000＋115 200＋57 600＝908 800（元）

上述分配计算结果在甲产品生产成本明细账中的登记见表 7—2。

表 7—2　　　　　　　　　　　**红叶工厂产品成本计算表**

产品：甲产品　产量：18 400 件　　　　　　200×年9月　　　　　　　　金额单位：元

摘　　要	直接材料	直接人工	制造费用	合　　计
月初在产品成本	202 000			202 000
本月生产费用	598 000	115 200	57 600	770 800
生产费用合计	800 000	115 200	57 600	972 800
本月完工产品总成本	736 000	115 200	57 600	908 800
本月完工产品单位成本	40	6.26	3.13	49.39
月末在产品成本	64 000			64 000

（四）约当产量比例法

约当产量比例法是按完工产品数量和期末在产品的约当产量比例来分配生产费用，以确定完工产品成本和月末在产品实际成本的方法。所谓约当产量，是将期末在产品的数量按其完工程度或投料程度折算为完工产品的数量。该方法适用于月末在产品数量较多，各月末在产品数量变化也较大，同时产品成本中原材料费用和直接人工加工费用的比重相差不多的产品。

采用约当产量分配生产费用，是按成本项目分别进行的。计算公式如下所示：

（1）在产品约当产量＝在产品数量×完工百分比（或投料率）

（2）某项费用分配率＝$\dfrac{月初在产品该项费用＋本月该项费用}{完工产品产量＋在产品约当产量}$

（3）月末在产品该项费用＝在产品约当产量×该项费用分配率

(4) 完工产品该项费用＝完工产品产量×该项费用分配率

或　　　　　　　　＝该项费用总额－月末在产品该项费用

例7—3 假定某种产品本月完工 150 件，月末在产品 60 件。在产品完工程度为 40%。月初在产品和本月发生的直接人工费用共 13 050 元。分配计算如下：

月末在产品约当产量＝60×40%＝24（件）

直接人工费用分配率＝$\frac{13\ 050}{150+24}$＝75（元/件）

完工产品负担直接人工费用＝150×75＝11 250（元）

月末在产品负担直接人工费用＝24×75＝1 800（元）

1. 直接材料费用的分配

按在产品完工率计算的约当产量比例分配原材料费用。用以分配直接材料费用的在产品约当产量的计算为：用以分配直接材料费用的在产品约当产量应按原材料投入程度确定。在产品投料程度是指在产品已投材料与完工产品应投材料的百分比。在产品生产过程中，原材料的投入方式不同，其在产品投料程度的确定方法也不同。现分述如下：

(1) 若原材料系生产开始时一次投入，在产品的投料程度为 100%。这时不论在产品完工程度如何，用以分配直接材料成本的在产品约当产量即为在产品的实际数量，也就是说，直接材料成本可以直接按完工产品和月末在产品的数量分配。

(2) 若原材料随生产过程陆续投入，直接材料的投料程度与生产工时的投入进度基本一致，分配直接材料成本的在产品约当产量可按加工程度折算。

$$某道工序上的投料程度（\%）=\frac{前面各工序材料消耗定额之和+本工序材料消耗定额×50\%}{完工产品材料消耗定额}×100\%$$

(3) 若原材料系分阶段投入并在每道工序开始时一次投入，月末在产品投料程度可按下列公式计算：

$$某道工序上的投料程度（\%）=\frac{本工序为止的累计材料消耗定额}{完工产品材料消耗定额}×100\%$$

例7—4 红叶工厂甲产品的生产经三道工序，其原材料随生产过程陆续投入，其有关数据及计算如表 7—3 所示。

表 7—3　　　　　　　　按投料程度折算的在产品约当产量计算表

工序	原材料消耗定额（千克）	各工序在产品数量（台）	在产品投料程度	在产品约当产量（台）
1	40	20	40×50%÷100×100%=20%	20×20%=4
2	30	30	(40+30×50%)÷100×100%=55%	30×55%=16.5
3	30	40	(40+30+30×50%)÷100×100%=85%	40×85%=34
合计	100	90		54.5

若该产品本月完工 240 台，月初在产品和本月发生的直接材料费用累计数为 17 670元，则直接材料成本分配计算结果如下：

$$直接材料费用分配率 = \frac{17\ 670}{240 + 54.5} = 60（元/台）$$

$$完工产品所耗直接材料费用 = 240 \times 60 = 14\ 400（元）$$

$$月末在产品所耗直接材料费用 = 54.5 \times 60 = 3\ 270（元）$$

例 7—5 若例 7—4 中，原材料系分阶段投入并在每道工序开始时一次投入，则其有关数据重新计算如表 7—4 所示。

表 7—4 　　　　　　　　　　**按投料程度折算的在产品约当产量计算表**

工序	原材料消耗定额（千克）	各工序在产品数量（台）	在产品投料程度	在产品约当产量（台）
1	40	20	40÷100×100%＝40%	20×40%＝8
2	30	30	（40＋30）÷100×100%＝70%	30×70%＝21
3	30	40	（40＋30＋30）÷100×100%＝100%	40×100%＝40
合计	100	90		69

直接材料费用也重新分配为：

$$直接材料费用分配率 = \frac{17\ 670}{240 + 69} = 57.184\ 5（元/台）$$

$$完工产品所耗直接材料费用 = 240 \times 57.184\ 5 = 13\ 724.28（元）$$

$$月末在产品所耗直接材料费用 = 17\ 670 - 13\ 724.28 = 3\ 945.72（元）$$

2. 直接人工费、制造费用等加工费的分配

（1）在产品完工率的计算。在采用约当产量比例法分配加工费时，在产品完工程度的测定，对于费用分配的准确性影响很大。测定在产品完工率一般有两种方法。

1）平均计算，即一律按 50% 作为各工序在产品的完工程度。平均计算只能在各工序在产品数量和单位产品在各工序的加工量都相差不多的情况下使用。这是由于后面各工序在产品多加工的程度可以抵补前面各工序少加工的程度。这样，全部在产品完工程度可按 50% 平均计算。

2）各工序分别测定完工率。为了提高成本计算的准确性，可以根据各工序的累计工时定额数占完工产品工时定额数的比率，事前确定各工序在产品的完工率。在产品完工率的计算公式为：

$$某道工序在产品完工率（\%）= \frac{前面各工序工时定额之和 + 本工序工时定额 \times 50\%}{产品工时定额} \times 100\%$$

式中，本工序完工率一般均按 50% 计算，这是因为该工序中各件在产品的完工程度也不同，为了简化完工率的测算工作，都按平均完工 50% 计算。在产品从上一道工序转入下一道工序时，其上一道工序已经完工，因而前面各道工序的工时定额应按 100% 计算。

例 7—6 假定某产品的工时定额为 50 小时，经三道工序加工完成。其各工序工时定额分别为：16 小时、20 小时和 14 小时。各工序的完工率应计算确定如下：

$$第一工序完工率=\frac{16\times 50\%}{50}\times 100\%=16\%$$

$$第二工序完工率=\frac{16+20\times 50\%}{50}\times 100\%=52\%$$

$$第三工序完工率=\frac{16+20+14\times 50\%}{50}\times 100\%=86\%$$

（2）按在产品完工率计算的约当产量比例分配加工费用。在每月月末计算产品成本时，根据各工序的在产品数量和既定的完工率，即可计算各工序在产品的约当产量，据以分配加工费用。

例 7—7 假定例 7—6 中完工产品 3 000 件。各工序月末在产品数量为：第一工序 800 件；第二工序 1 000 件；第三工序 1 500 件。月初在产品和本月发生的燃料及动力费用共为 227 148 元。该项费用分配计算如下：

第一工序在产品约当产量 = 800×16% = 128（件）

第二工序在产品约当产量 = 1 000×52% = 520（件）

第三工序在产品约当产量 = 1 500×86% = 1 290（件）

月末在产品约当产量合计 = 1 938（件）

$$燃料及动力费用分配率=\frac{227\ 148}{3\ 000+1\ 938}=46（元/件）$$

完工产品燃料及动力费 = 3 000×46 = 138 000（元）

月末在产品燃料及动力费 = 1 938×46 = 89 148（元）

（五）在产品按完工产品成本计算法

在产品按完工产品成本计算法将在产品视同完工产品分配费用，即完工产品和月末在产品之间按其数量比例分配直接材料费用和其他各项加工费用。这种方法适用于月末在产品已经接近完工或者已经完工、只是尚未包装或尚未验收入库的产品。因为这种情况下的在产品成本已经接近完工产品成本，为了简化产品成本计算工作，在产品可以视同完工产品，按两者的数量比例分配生产费用。

例 7—8 假定工业企业某种产品的月初在产品成本为：直接材料 12 000 元，直接人工 8 000 元，制造费用 15 000 元，合计 35 000 元；本月生产费用为：直接材料 84 690元，直接人工 17 590 元，制造费用 26 580 元，合计 128 860 元。本月完工产品 1 200 件，月末在产品 300 件。月末在产品都已完工，尚未验收入库，可以视同完工产品分配各项费用。分配计算过程如下：

$$直接材料费用分配率=\frac{12\ 000+84\ 690}{1\ 200+300}=64.46（元/件）$$

完工产品直接材料费＝1 200×64.46＝77 352（元）

月末在产品直接材料费＝300×64.46＝19 338（元）

直接人工费用分配率＝$\dfrac{8\ 000+17\ 590}{1\ 200+300}$＝17.06（元/件）

完工产品直接人工费＝1 200×17.06＝20 472（元）

月末在产品直接人工费＝300×17.06＝5 118（元）

制造费用分配率＝$\dfrac{15\ 000+26\ 580}{1\ 200+300}$＝27.72（元/件）

完工产品制造费用＝1 200×27.72＝33 264（元）

月末在产品制造费用＝300×27.72＝8 316（元）

完工产品总成本＝77 352＋20 472＋33 264＝131 088（元）

月末在产品总成本＝19 338＋5 118＋8 316＝32 772（元）

上述各项费用分配率，应根据各该费用的累计数，除以完工产品数量与月末在产品数量之和计算；以各项费用分配率分别乘以完工产品数量和月末在产品数量，即为各费用的完工产品费用和月末在产品费用。

（六）在产品按定额成本计价法

在产品按定额成本计价法是按照预先制定的定额成本计算月末在产品成本。即月末在产品成本按其数量和单位定额成本计算。某种产品全部生产费用（月初在产品成本加本月生产费用），减月末在产品的定额成本，为完工产品成本。每月实际生产费用脱离定额的差异，全部计入当月完工产品成本。这种方法适用于定额管理基础比较好，各项消耗定额或费用定额比较准确、稳定，而且各月在产品数量变动不大的产品。因为对于这种产品来说，不仅月初和月末单件在产品费用脱离定额的差异不会大，而且月初在产品费用脱离定额差异总额与月末在产品费用脱离定额的差异总额也不会大，因而月末在产品按定额成本计价，不计算成本差异，对完工产品成本的影响不大，为了简化产品成本计算工作，可以采取该方法分配计算。

采用这种方法，应根据各种在产品有关定额资料，以及在产品月末结存数量，计算各种月末在产品的定额成本。有关计算公式如下：

月末在产品直接材料费用＝月末在产品实际数量×单位在产品材料定额成本

月末在产品直接人工费用＝月末在产品完成定额工时×单位工时定额工资

或　　　　　　　　　　　＝月末在产品实际数量×单位在产品定额工资

月末在产品制造费用＝月末在产品完成定额工时×单位工时定额制造费用

或　　　　　　　　　　＝月末在产品实际数量×单位在产品定额制造费用

例 7—9 红叶工厂生产的甲产品本年9月份月初在产品成本为288 460元（按定额成本计价），本月实际发生生产费用2 800 820元。本月完工甲产品2 000件，月末在产品800件，其中，第一工序300件，第二工序280件，第三工序220件。单位在产品直接材料费用定额第一工序 600 元，第二工序 700 元，第三工序 800 元；甲产品单位产品的定额工时为 90 小时，其中，第一工序 20 小时，第二工序 50 小时，第三工序 20 小时；月末在产品在各工序的加工程度均为 50%。甲产品每一定额工时的直接人工费用为 3 元，制造费用为 2 元。该产品采用在产品按定额成本计价法，月末在产品成本和本月完工产品成本计算如下：

（1）月末在产品定额成本。

在产品直接材料定额成本＝$300 \times 600 + 280 \times 700 + 220 \times 800$

$$= 552\ 000\ （元）$$

在产品完成的定额总工时＝$(20 \times 50\%) \times 300 + (20 + 50 \times 50\%) \times 280$

$$+ (20 + 50 + 20 \times 50\%) \times 220$$

$$= 33\ 200\ （小时）$$

在产品直接人工定额成本＝$33\ 200 \times 3 = 99\ 600\ （元）$

在产品制造费用定额成本＝$33\ 200 \times 2 = 66\ 400\ （元）$

在产品定额总成本＝$552\ 000 + 99\ 600 + 66\ 400 = 718\ 000\ （元）$

（2）完工产品实际总成本。

$$288\ 460 + 2\ 800\ 820 - 718\ 000 = 2\ 371\ 280\ （元）$$

在采用这种分配方法时，如果产品成本中直接材料费用所占比重较大，或者直接材料费用与直接人工费用之和所占比重较大，为了进一步简化成本计算工作，月末在产品成本也可以只按定额直接材料费用，或者按定额直接材料与定额直接人工费用之和计算。

（七）定额比例法

定额比例法是产品的生产费用按照完工产品和月末在产品的定额消耗量或定额费用的比例，分配计算完工产品成本和月末在产品成本的方法。其中，直接材料费用按照原材料定额消耗量或原材料定额费用比例分配；直接人工、制造费用等各项加工费用，可以按定额工时的比例分配，也可以按定额费用比例分配。

这种分配方法适用于定额管理基础较好，各项消耗定额或费用定额比较准确、稳定，各月末在产品数量变动较大的产品。因为月初和月末在产品费用之间脱离定额的差异，要在完工产品与月末在产品之间按比例分配，从而提高了产品成本计算的准确性。

按定额消耗量比例分配的计算公式如下所示：

$$消耗量分配率 = \frac{月初在产品实际消耗量 + 本月实际消耗量}{完工产品定额消耗量 + 月末在产品定额消耗量}$$

完工产品实际消耗量＝完工产品定额消耗量×消耗量分配率

完工产品成本＝完工产品实际消耗量×原材料单价（或单位工时的工资、费用）

月末在产品实际消耗量＝月末在产品定额消耗量×消耗量分配率

月末在产品成本＝月末在产品实际消耗量×原材料单价（或单位工时的工资、费用）

按照上述公式分配，不仅可以提供完工产品和在产品的实际费用资料，而且可以提供它们的实际消耗量资料，便于考核和分析各项消耗定额的执行情况。但是，这样分配的核算工作量较大，在所耗原材料的品种较多的情况下更是如此。为了简化分配计算工作，也可以按照下式的过程分配：

$$\frac{直接材料}{费用分配率}=\frac{月初在产品实际直接材料费用+本月实际直接材料费用}{完工产品定额直接材料费用+月末在产品定额直接材料费用}$$

$$\frac{完工产品}{直接材料费用}=\frac{完工产品定额直接材料费用}{}×\frac{直接材料费用分配率}{}$$

$$\frac{月末在产品}{直接材料费用}=\frac{月末在产品定额直接材料费用}{}×\frac{直接材料费用分配率}{}$$

$$或=\frac{月初在产品实际直接材料费用}{}+\frac{本月实际直接材料费用}{}-\frac{完工产品直接材料费用}{}$$

$$\frac{直接人工（其他费用）分配率}{}=\frac{月初在产品实际直接人工（其他费用）+本月实际直接人工（其他费用）}{完工产品定额工时+月末在产品定额工时}$$

$$\frac{完工产品直接人工（其他费用）}{}=完工产品定额工时×直接人工（其他费用）分配率$$

$$\frac{月末在产品直接人工（其他费用）}{}=月末在产品定额工时×直接人工（其他费用）分配率$$

$$或=\frac{月初在产品实际直接人工（其他费用）}{}+\frac{本月实际直接人工（其他费用）}{}-\frac{完工产品直接人工（其他费用）}{}$$

例7—10 假定某种产品月初在产品费用为：直接材料 85 000 元，燃料及动力 15 400 元，直接人工 5 800 元，制造费用 12 400 元，合计 118 600 元；本月生产费用为：直接材料 112 000 元，燃料及动力 23 640 元，直接人工 8 460 元，制造费用 26 350 元，合计 170 450 元；完工产品的定额直接材料 152 000 元，定额燃料及动力 36 000 元，定额工时 10 000 小时；月末在产品的定额直接材料 48 000 元，定额燃料及动力 14 000 元，定额工时 5 500 小时。在完工产品与月末在产品之间，直接材料和燃料及动力费用按各定额费用比例分配，其他各项费用按定额工时比例分配。

根据上述资料，分配计算如表 7—5 所示。

表 7—5　　　　　　　　　完工产品与月末在产品费用分配表

	成本项目	直接材料	燃料及动力	直接人工	制造费用	合计
①	月初在产品成本	85 000	15 400	5 800	12 400	118 600
②	本月生产费用	112 000	23 640	8 460	26 350	170 450
③=①+②	生产费用累计	197 000	39 040	14 260	38 750	289 050
④=③÷（⑤+⑦）	费用分配率	0.985	0.780 8	0.92	2.5	—

续前表

成本项目		直接材料	燃料及动力	直接人工	制造费用	合计
⑤ 完工产品	定额	152 000	36 000	10 000	10 000	
⑥=⑤×④ 成本	实际	149 720	28 108.80	9 200	25 000	212 028.8
⑦ 月末在产品	定额	48 000	14 000	5 500	5 500	
⑧=⑦×④ 成本	实际	47 280	10 931.20	5 060	13 750	77 021.2

这一分配计算表，实际上就是采用定额比例法时产品成本明细账的格式之一。

采用定额比例法分配完工产品与月末在产品费用，不仅分配结果比较合理，而且还便于将实际费用与定额费用相比较，考核和分析定额的执行情况。

三、完工产品成本结转的账务处理

通过以上有关各章所述，生产费用在各种产品之间以及在完工产品与月末在产品之间，进行横向和纵向分配和归集以后，就可以计算出各种完工产品的实际成本，据以考核和分析各产品成本计划的执行情况。

工业企业的完工产品，包括产成品以及自制的材料、工具和模具等，在完工产品成本算出以后，它的成本应从"基本生产成本"科目和各种产品成本明细账的贷方转入各有关科目的借方；完工入库产成品的成本，应转入"库存商品"科目的借方；完工自制材料、工具、模具等的成本，应分别转入"原材料"和"周转材料"等科目的借方。"基本生产成本"科目的月末余额，就是基本生产在产品的成本，也就是占用在基本生产过程中的生产资金，应与所属各种产品成本明细账中月末在产品成本之和核对相符。

例7—11 红叶工厂基本生产车间本月完工产成品成本为45 000元，辅助生产车间完工自制材料成本为6 000元、完工工具成本为9 000元。根据有关成本计算表，编制会计分录如下：

（1）结转完工产成品的成本。

借：库存商品   45 000
   贷：基本生产成本   45 000

（2）结转完工自制材料和工具的成本。

借：原材料   6 000
   周转材料   9 000
   贷：辅助生产成本   15 000

实务案例

约当产量比例法的应用

青山工厂第一生产车间生产的甲产品9月份完工500件，月末在产品200件，甲产品经过三道工序制成，完工甲产品工时定额为100小时，各工序工时定额及在产品数量如表 7—6 所示。

表 7—6   工时定额和在产品数量

工 序	本工序工时定额	在产品数量（件）
1	40	80
2	40	80
3	20	40
合 计	100	200

各工序内平均完工程度按 50% 计算。

甲产品月初在产品费用和本月生产费用如表 7—7 所示。

表 7—7   生产费用表

成本项目	直接材料	燃料及动力	直接人工	制造费用	合计
月初在产品费用	6 000	1 200	2 400	1 400	11 000
本月费用	15 000	2 400	6 000	4 000	27 400

原材料在生产开始时一次投入。

要求：

1. 编制约当产量计算表。

2. 计算出甲产品的完工产品成本和月末在产品成本。月末在产品原材料费用按产量比例分配，其他各项费用按约当产量比例分配。登记甲产品成本明细账（见表 7—8）。

3. 编制完工产品入库的会计分录。

表 7—8   甲产品成本明细账

车间：第一车间
产品：甲产品

单位：元

月	日	摘　要	产量（件）	直接材料	燃料及动力	直接人工	制造费用	成本合计
				成 本 项 目				
8	31	在产品费用						
9	30	本月完工产品成本						
9	30	完工产品单位成本						

思考： 在原材料分次投入时，应该如何计算在产品的完工率（投料率）和月末在产品的约当产量？如何分配原材料费用？

本章小结

本章在在产品数量核算的基础上，详细阐述了生产费用在完工产品与月末在产品之间的各种分配方法的原理及其应用。

正确组织在产量数量的核算，是在完工产品与月末在产品之间正确分配生产费用，正确计算完工产品和月末在产品成本的基础。

　　生产费用在完工产品和月末在产品之间分配的方法很多，本章主要介绍了不计算在产品成本法、在产品按固定成本计算法、在产品按所耗直接材料计价法、约当产量比例法、定额比例法、在产品按完工产品成本计算法、在产品按定额成本计价法七种方法。某种产品采用哪种分配方法，是根据具体条件确定的。这些条件是：（1）月末在产品的数量多少；（2）各月在产品数量变化的大小；（3）各项费用比重的大小；（4）定额管理基础的好坏。

思考题

　　1．在确定完工产品成本与月末在产品成本分配方法时，应考虑哪些因素？

　　2．在完工产品与在产品之间分配成本，一般采用哪些分配方法？各种分配方法的适用性如何？

　　3．什么是约当产量比例法？具体应用该法时要注意哪些问题？

　　4．什么是定额比例法？该法与约当产量比例法关系如何？

第八章　产品成本计算方法概述

① 明确企业生产特点与管理要求对成本计算方法的影响
② 理解成本计算基本方法和辅助方法划分的意义和划分标准
③ 掌握成本计算基本方法和成本计算辅助方法的内容
④ 掌握产品成本计算方法的应用

导入案例

一、案例资料

　　红霞服装厂是新办企业，主要生产鸿飞西服和双鸭羽绒服。根据市场调研，鸿飞西服将有很大市场，企业决定大量生产；双鸭羽绒服季节性比较强，实行批量生产；另外，利用双鸭羽绒服生产线的剩余生产能力可接受羽绒被等产品的订单生产。小张是企业成立时新聘来的一名会计专业毕业的大学生，对成本核算没有经验，加上是新办企业又没有本企业的历史核算办法可以参考，因而不知采用什么方法去核算上述产品的成本。月底在即，厂长等着要内部报表，对外报表也不能拖延。

二、讨论题

　　如果你是该单位的会计顾问，你能否助小张一臂之力？

第一节　生产特点和管理要求对产品成本计算的影响

　　产品成本是由产品生产过程中企业各个生产单位（车间、分厂）所发生的生产费用形成的。产品成本的计算主要表现为将生产费用按照一定的计算对象（称为成本计算对象，也是生产费用的载体）进行归集，计算出成本计算对象的总成本和单位成本的过程。计算产品成本，首先要确定产品成本计算的对象，然后在各个成本计算对象之间归集和分配费用，再在一个成本计算对象的完工产品和月末在产品之间归集和分配费用，以便分别计算各个成本计算对象的完工产品和月末在产品成本。

在实践中，由于企业生产组织类型的多样性、产品生产工艺过程的复杂性以及成本管理的不同要求，产品成本计算不那么简单。每一个生产企业在计算产品成本时，选择成本计算方法的原则是：遵守国家统一制度的规定，充分考虑本企业的生产经营特点和管理要求，并结合企业的具体情况，选择适合本企业的成本计算方法。企业的生产特点和成本管理要求，是确定成本计算方法的主要因素。因此在研究成本计算方法之前，应该先了解企业的生产特点和成本管理的要求及其对成本计算的影响。

一、企业生产特点对产品成本计算的影响

（一）企业生产特点

企业生产特点，一般是指企业生产类型，包括产品生产工艺过程的特点和生产组织的特点。尽管企业生产的产品多种多样，生产规模有大有小，生产周期有长有短，生产特点千差万别，但按照工业生产的一般特点，可作如下分类：

1. 产品生产工艺过程的特点

生产工艺过程是指产品从投料到完工的生产工艺、加工制造过程。其主要表现为投料到完工是一步完成或分步完成，生产过程是否可以间断，生产是否可以分散进行。企业的生产，按产品生产工艺过程的特点划分，可以分为单步骤生产和多步骤生产两种类型。

单步骤生产，又称简单生产，指生产工艺过程不能间断，不可能或不需要划分为几个生产步骤的生产。单步骤生产工艺技术简单，生产周期短，生产只能由一个企业独立完成，不可能由几个企业协作进行，如发电、采掘等工业生产。

多步骤生产，又称复杂生产，指生产工艺过程可以间断，可以在不同地点、不同时间进行的生产。多步骤生产工艺技术复杂，生产周期长，可以由一个或几个企业协作进行，如纺织、钢铁、机械、造纸、服装等工业生产。

多步骤生产按其产品的加工方式，又可分为连续加工式生产和装配式生产。连续加工式生产，是指原料投入生产后，要依次经过各生产步骤的连续加工，才能成为产品，如纺织、钢铁等工业生产；装配式生产，又称为平行式生产，是指先将原材料分别加工为零件、部件，再将零件、部件装配成产品的生产，任何一个加工阶段完成后，都可以停止生产，各种零部件可以同时或先后在不同的部门进行生产，如机械、车辆、仪表制造等工业生产。

2. 产品生产的组织特点

一般认为生产组织是指企业生产的专业化程度，表现为在一定时期内生产产品品种的多少，同样产品生产产量的大小及其重复程度。企业的生产，按照生产组织的特点可以分为大量生产、成批生产和单件生产三种类型。

大量生产是指不断地重复进行相同产品的生产。在进行大量生产的企业或车间

中，产品的品种一般较少，在产品生产过程中，材料不断投入，产品陆续产出，产量比较稳定，如纺织、冶金、啤酒等的生产。

成批生产是指按约定的数量和规格，间隔一段时期重复进行某种产品的生产。如服装、电梯、印刷等的生产。成批生产的各种产品按每批数量多少，又可划分为大批生产和小批生产。大批生产由于产品批量大，往往在几个月内不断地重复生产一种或几种产品，其性质接近于大量生产；小批生产，由于生产产品的批量小，一批产品一般可以同时投产，又同时完工，其性质接近于单件生产。

单件生产是指根据购买者订单，为制造特定品种与规格的个别产品而进行的生产。如重型机器、大型设备、船舶的制造等。从事单件生产的企业或车间中，能生产的产品品种多，数量少，生产周期长，产品很少重复。

将上述生产工艺过程的特点和生产组织的特点相结合，可形成不同的生产类型。单步骤生产和多步骤连续加工式生产，一般是大量大批生产，可分别称为大量大批单步骤生产和大量大批连续式多步骤生产。多步骤平行式加工生产，可以是大量生产，也可以是成批生产，还可以是单件生产，前一种可称为大量大批平行式加工多步骤生产，后两种可统称为单件小批平行式加工多步骤生产。以上四种生产类型，是就整个企业而言的，主要是基本生产车间的特点及类型。

（二）企业生产特点的影响

构成产品成本计算方法的主要因素有：成本计算对象、成本计算期及生产费用在完工产品与在产品之间的分配。生产特点对这三方面因素都有影响。生产特点对成本计算方法的影响，主要表现在生产特点决定成本计算对象的确立、成本计算期以及生产费用在完工产品和在产品之间的分配等方面，其中成本计算对象的确立是决定成本计算方法的主要因素。

1. 产品生产工艺过程的特点对成本计算方法的影响

（1）对成本计算对象的影响。成本对象，是指成本计算过程中归属和分配费用而确定的承受生产费用的对象。单步骤生产，由于生产工艺不能间断，不可能或不需要划分为几个生产步骤来计算产品成本，而只能以产品品种作为成本计算对象，按照产品品种来计算成本。而多步骤生产，由于生产工艺过程由若干个可以间断的、分散在不同地点进行的生产步骤组成，为了计算各个生产步骤的成本，不仅可以把产品的品种或批别作为成本计算对象，同时也可以把生产步骤作为成本计算对象。

（2）对成本计算期的影响。成本计算期，是指每次计算产品成本的期间，即多长时间计算一次成本。生产特点对成本计算期的影响，主要是由企业的生产组织决定的。

（3）对生产费用在完工产品与在产品之间分配的影响。在单步骤生产下由于生产不能间断，生产周期短，月末一般没有在产品或在产品数量很少，因而在计算产品成本时，可以不考虑在产品的成本，生产费用不必在完工产品和在产品之间进行分配。在多步骤生产下，由于生产不间断，不断地投入产品，不断有完工产品，又不断有在产品生产，而且由于生产过程比较复杂，期末在产品的数量较大，因而，期末有必要将生产费用在完工产品和在产品之间进行分配。

2. 产品生产的组织对成本计算方法的影响

（1）对成本计算对象的影响。大量生产下，产品生产连续不断进行，大量生产品种相同的产品，只能按产品品种作为成本计算对象。大批生产下，产品批量大，重复生产同种产品，相当于大量生产，也只能按产品品种作为成本计算对象。小批生产，产品批量小，每批产品同时投产，同时完工，因而可以按批别来计算产品成本，以产品的批别作为成本计算对象。单件生产可以看作批量小的小批生产，亦可以按产品的批别作为成本计算对象。

（2）对成本计算期的影响。单件、小批生产，生产周期长，只能在某批产品或某件产品完工以后计算产品成本，因而成本计算与生产周期一致，与会计报告期不一致。大量大批生产，每月都有完工产品，就需要按月计算完工产品的成本，成本计算期与会计报告期一致，与生产周期不一致。

（3）对生产费用在完工产品与在产品之间分配的影响。大量大批生产，生产连续不断进行，不断有完工产品和在产品的产生，生产周期长，因而在计算成本时，就要采用一定的方法，将生产费用在完工产品和在产品之间进行分配。在小批、单件生产下，一批产品同时投产，同时完工，完工后才能计算产品成本，因而不存在完工产品与在产品之间分配费用的问题。

二、成本管理要求对产品成本计算的影响

成本管理要求对成本计算的影响，主要体现在成本计算对象的确定方面。成本计算对象的确定，不完全取决于企业生产类型的特点，还受到企业内部管理要求的影响。

（1）单步骤生产或管理上不要求分步骤计算成本的多步骤生产，以品种或批别为成本计算对象，采用品种法或分批法。

（2）管理上要求分步骤计算成本的多步骤生产，以生产步骤为成本计算对象，采用分步法。

（3）在产品品种、规格繁多的企业，管理上要求尽快提供成本资料，简化成本计算工作，可采用分类法计算产品成本。

（4）在定额管理基础较好的企业，为加强定额管理工作，可采用定额法。

第二节　产品成本计算的基本方法和辅助方法

产品成本计算方法是指将生产费用在企业生产的各种产品之间、完工产品和期末在产品之间分配的方法。产品成本计算方法一般包括如下内容：确定成本计算对象、

设置成本明细账、设置成本项目、生产费用的归集及计入产品成本的程序、确定间接计入费用的分配标准、确定成本计算期、将生产费用在完工产品和期末在产品之间分配、计算出完工产品的总成本和单位成本。

通过上一节对企业的生产特点和管理要求对成本计算影响的分析，我们了解到，成本计算工作中存在着不同的成本计算对象。不同的成本计算对象决定了不同的成本计算期和生产费用在完工产品与在产品之间的分配。因此，成本计算对象的确定，是正确计算产品成本的前提，也是区别各种成本计算方法的主要标志。成本计算对象不同，成本计算方法也就不同。

一、产品成本计算的基本方法

为了适应各类型生产的特点和不同的管理要求，在产品成本计算工作中存在着三种不同的成本计算对象，包括分品种、分批和分步骤，所以上述以不同成本计算对象为主要标志的三种成本计算方法是产品成本计算的基本方法，是计算产品实际成本必不可少的方法。产品成本计算的基本方法有品种法、分批法、分步法。

（一）品种法

品种法指以产品品种为成本计算对象，归集和分配生产费用，计算出各种产品的实际总成本和单位成本。这种产品成本计算方法适用于大量大批单步骤生产企业，或者大量大批多步骤生产，但管理上不要求分步计算成本的企业。

采用品种法计算产品成本具有以下特点：

（1）以产品品种为成本核算对象；

（2）成本计算定期按月进行；

（3）有期末在产品时，需要在完工产品和月末在产品之间分配生产费用。

（二）分批法

分批法又叫订单法，指按照产品的批别或订单来归集生产费用，计算产品成本的一种方法。分批法主要适用于单件、小批的生产型企业，具体包括：根据购买者订单生产的企业；产品种类经常变动的小规模制造厂；提供修理业务的工厂；新产品试制车间。采用分批法计算产品成本具备以下特点：

（1）以产品批别作为成本核算对象。分批法的成本核算对象是购买者的订单，因此，分批法也叫订单法。

（2）成本计算期与生产周期一致。分批法下，要等到该批订单产品全部完工后才能计算其实际总成本和单位成本，所以成本计算期与生产周期一致，与会计报告期不一致。

（3）一般不需要在完工产品和在产品之间分配生产费用。因为分批法计算产品成本要等到该批订单全部完工后才能进行，因此，一般无期末在产品，也无须在完工产品和在产品之间分配生产费用。

（三）分步法

分步法指以产品的品种及其所经生产步骤作为成本核算对象，来归集生产费用、计算产品成本的方法。分步法主要适用于大量大批多步骤生产，成本管理要求分步计算的企业，如纺织、冶金等。分步法计算产品成本的特点是：

（1）以产品品种及其生产步骤为成本核算对象；

（2）成本计算定期按月进行，与生产周期不一致；

（3）一般需要在完工产品和在产品之间分配生产费用。

企业无论采用何种成本计算方法，最后都要按产品品种计算出各种产品的实际总成本和单位成本，因此，品种法是成本计算的最基本方法。三种成本计算方法的特点如表8—1所示。

表 8—1　　　　　　　　　　产品成本计算基本方法的特点

方法名称	成本计算对象	成本计算期	期末在产品	生产组织特点	工艺过程特点	成本管理要求
品种法	产品品种	按月计算	单步骤不计，多步骤计算	大量大批	单步骤及不分步计算成本的多步骤生产	管理上不要求分步计算产品成本
分批法	产品批别	按生产周期计算	一般不必计算	单件小批	按产品的批别或单件组织生产	管理上不要求分步计算产品成本
分步法	产品生产步骤	按月计算	需计算	大量大批	分步骤计算成本的多步骤生产	管理上要求分步计算产品成本

二、产品成本计算的辅助方法

实际工作中，除了上述三种产品成本计算的基本方法外，根据企业的具体情况，还可以采用其他的一些方法。这些方法并不是独立的成本计算方法，它们是在基本方法的基础上，为了满足成本计算或成本管理过程中某一方面的需要而派生出来的，因而称为辅助方法。但是，对于某些企业来说，这些辅助方法也是很重要的。产品成本计算的辅助方法主要有：分类法、定额法、标准成本法、变动成本法。

（一）分类法

分类法是以产品的类别作为成本计算对象，归集和分配生产费用、计算产品成本的方法。在这种方法下，先按照成本计算的基本原理计算各类别的产品成本，然后将各类别的完工产品成本在类内各种产品之间进行分配，计算各种产品成本。主要适用于品种、规格繁多，但每类产品的结构、所用原料、生产工艺过程基本相同的企业。

（二）定额法

定额法是以产品的定额为基础，加上（或减去）脱离定额的差异和定额变动差异来计算产品成本的一种方法。它主要适用于定额管理基础好、产品生产定型、消耗定额合理且稳定的企业。

此外，近年来，不少企业还借鉴运用了西方发达国家成本计算的方法，如变动成本法、标准成本法等。变动成本法是指将变动成本计入产品成本，固定成本全部作为期间费用直接计入当期损益的一种成本核算方法。标准成本法是一种成本控制方法，也可以认为是一种特殊的成本核算方法。该方法只计算产品的标准成本，不计算产品的实际成本，实际成本脱离标准成本的差异直接计入当期损益。

由于从计算产品实际成本的角度来说，辅助方法并非独立的成本计算方法，必须和成本计算的基本方法结合起来，才能进行成本计算。而基本方法可以根据实际需要选择是否与辅助方法结合，以及与哪一种辅助方法结合，也就是说，没有辅助方法的参与，只用基本方法，成本计算也能进行下去，因此辅助方法并非必不可少。这是辅助方法名称的由来，不要将"辅助"二字误解成"作用次要"。实际上，有的辅助方法，如定额法，对于加强定额管理、控制生产费用、降低产品成本有着极其重要的作用。

三、各种产品成本计算方法的综合应用

在实际工作中，企业生产情况复杂，管理要求多样，所采用的成本计算方法也是多种多样的。

（一）几种成本计算方法的同时采用

1. 企业的各个车间可能同时采用几种成本计算方法

在企业里，一般都设有基本生产车间和辅助生产车间，两类生产车间的特点和管理要求并不一定相同，因此，在一个企业，不同的生产车间同时采用几种成本计算方法的情况是很多的。例如，在钢铁企业，基本生产是炼铁、炼钢和轧钢，属于大量大批复杂生产，根据其生产特点和管理的要求，可采用分步法计算产品的成本。但企业内部的供电、供汽、修理等辅助生产车间，则属于大量大批简单生产类型的生产，根据其特点，应采用品种法计算成本。

2. 生产车间的各种产品可能同时采用几种成本计算方法

一个生产车间所生产的各种产品，其生产特点和管理要求可能不同，因而采用的成本计算方法也会有所不同。例如机械制造，对于已经成型、已经大量大批生产的产品，可根据其生产的特点，采用品种法或分步法计算产品成本；对于正在试制的不定型的产品，只能小批、单件生产的，应采用分批法计算成本。

（二）几种成本计算方法的结合运用

在实际工作中。即使是一种产品的各个生产步骤、各种半成品和各个成本项目之间，其生产特点和管理要求也不完全相同，因而一种产品可能将几种成本计算方法结合起来应用，且成本计算的辅助方法一般与基本方法结合起来应用。

1. 同一种产品结合采用几种成本计算方法

同一种产品的不同生产步骤，如果生产特点和成本管理要求不同，在计算该产品

成本时，可以以一种成本计算方法为基础，结合应用几种不同成本计算方法。例如，单件小批生产的机器厂，以分批法为基础计算机器成本，但同时可以在铸工车间结合采用品种法计算铸件成本，在加工装配车间采用分批法计算各批产品成本，在铸工车间和加工车间之间，可采用逐步结转分步法结转铸件成本，在加工车间和装配车间之间，如果要求计算各步骤成本，但不要求单独计算加工车间的半成品成本，则可采用平行结转分步法。

2. 成本计算的辅助方法应与基本方法结合使用

分类法和定额法作为产品成本计算的辅助方法，是为了简化成本计算手续和加强成本控制而采用的，同生产类型没有直接联系，可在各种生产类型中应用。但在实际应用时，需要与成本计算基本方法结合起来。例如，机械制造厂运用定额法计算产品成本，必须结合应用分批法或分步法；食品厂大量大批单步骤生产面包，要先将面包作为成本计算对象，采用品种法计算其生产成本，因面包品种繁多，又要结合分类法将面包类的生产成本分配到大类内的各种产品，以确定每种面包的实际成本；灯泡厂大量大批多步骤生产各种灯泡，要先用分步法计算各类灯泡成本，再结合分类法将各类灯泡的生产成本在类内进行分配，计算各种灯泡的成本。

综上所述，采用什么方法来计算产品成本，要根据企业生产特点和管理要求灵活掌握，不能生搬硬套。本着主要产品从细、次要产品从简的原则合理地加以确定。在确定成本计算方法时，应注意使成本计算方法与成本计划方法的口径一致；与同行业其他企业的成本计算方法相一致。成本计算方法要保持相对稳定，以便正确计算产品的总成本和单位成本，考核企业成本计划的完成情况，进行成本分析和成本考核，不断降低产品成本，提高企业的经济效益。

实务案例

某火力发电厂除生产电力外还生产一部分热力。生产技术过程不能间断，没有在产品和半成品。火力发电是利用燃料燃烧所产生的高热，使锅炉里的水变成蒸汽，推动汽轮机迅速旋转，借以带动发电机转动，产生电力。因而火力发电厂一般设有下列基本生产车间：(1) 燃料车间；(2) 锅炉车间；(3) 汽机车间；(4) 电气车间。由于生产电兼供热，汽机车间还划分为两个部分，即电力化部分和热力化部分。此外，还设有机械、修配等辅助生产车间和企业管理部门。

某钢铁厂设有炼铁、炼钢和轧钢三个基本生产车间。炼铁车间生产三种生铁：炼钢生铁、铸造生铁、锰铁。其中炼钢生铁全部供应本厂炼钢耗用；铸造生铁和锰铁全部外售。炼钢车间生产高碳镇静和低碳镇静两种钢锭，全部供应本厂轧钢车间轧制圆钢。此外，该厂还设有供水、供电等辅助生产车间和企业管理部门。

思考：结合上述两厂情况，分析说明其在成本核算中应采用的成本计算方法。

成本会计

本章小结

　　产品成本计算方法是指将一定时期所发生的生产费用对象化到各产品上，以求得各产品总成本和单位成本的方法。生产费用在企业的不同产品之间或同种产品的产成品和在产品之间分配的方法。产品成本计算的过程就是按照一定的成本计算对象归集、分配生产费用的过程。本章综合阐述了企业生产特点和管理要求对产品成本计算的影响。生产特点和管理要求对产品成本计算的影响主要表现在成本计算对象的确定上。成本计算对象的确定，是正确计算产品成本的前提，也是区别各种成本计算方法的主要标志。产品成本计算的基本方法有品种法、分批法、分步法三种。品种法是成本计算基本方法中最基本的一种方法。产品成本计算的辅助方法主要有：分类法、定额法、标准成本法、变动成本法。在实际工作中，企业可以根据自身特点和需要自行使用这些方法或方法组合。

思考题

1. 企业按生产组织的特点和工艺过程特点，可以分为哪几类？
2. 生产特点和管理要求对产品成本计算的影响，主要表现在哪些方面？
3. 产品成本对象如何确定？
4. 产品成本计算有哪几种基本方法？说明其适用范围。
5. 产品成本计算有哪几种辅助方法？在什么情况下使用？
6. 各种产品成本核算在同一企业或企业的一个车间如何运用？

第九章　产品成本计算的品种法

学习目的

① 明确品种法的含义
② 明确品种法的适用范围
③ 掌握品种法的特点
④ 掌握品种法的账务处理程序

导入案例

一、案例资料

　　刚学习产品成本计算方法概述的内容，小王与同学小丁对火力发电厂如何进行成本核算非常感兴趣，就有关问题发生了争执。小王认为按生产工艺的特点火力发电厂应属于单步骤生产，又简单地重复生产一种产品，因为产品单一，成本计算对象简单，所以用品种法计算产品成本。在具体计算时，为发电发生的所有生产费用都是直接计入费用，而且月末没有在产品，生产费用不需要在完工产品与在产品之间分配。所以，品种法也就是简单计算成本法。

　　小丁认为他的认识不正确，但又不能说服小王。

二、讨论题：

1. 你认为小王的观点是否正确？
2. 品种法是不是简单计算成本法？为什么？

第一节　品种法概述

一、品种法的特点

　　产品成本计算的品种法，是按照产品的品种作为成本计算对象来归集生产费用、计算产品成本的方法，是最基本的成本计算方法。按照上一章生产特点与管理要求对成本计算的影响，我们知道它适用于单步骤大量大批生产和管理上不要求分步骤计算产品成本的大量大批多步骤生产。

产品成本不同的计算方法之间的区别主要表现在产品成本计算对象的确定、成本计算期的确定和生产费用在完工产品与在产品之间的分配三个方面。品种法的主要特点表现在以下三个方面。

1. 以产品品种作为成本核算对象

采用品种法，如果企业或生产单位只生产一种产品，成本核算对象就是该种产品的产成品。生产成本明细账按该种产品设置，发生的所有生产费用都直接记入该种产品的生产成本明细账，包括制造费用，不需要也不存在在各成本核算对象之间进行分配。如果生产多种产品，则应该按产品的品种分别设置生产成本明细账，发生的直接费用可以直接记入各生产成本明细账，间接费用需要单独归集，然后采取适当的分配方法，在各成本核算对象之间进行分配，再记入各成本核算对象生产成本明细账。按成本核算对象数量上的差异，也可以将品种法分为单一品种的品种法和多品种的品种法。

在大量大批单步骤生产的企业，如果只生产一种产品，企业或生产单位生产周期较短，期末在产品没有或极少，也不存在在本期完工产品和期末在产品之间分配费用的问题。生产单位采用单一品种的品种法在实际工作中也称为简单法。

2. 成本计算定期按月进行

在大量大批生产的企业，其生产是连续不断进行的，不可能等产品全部完工后才计算其实际成本，成本计算期与会计报告期一致（定期按月），但与生产周期不一致。

3. 一般需要在本期完工产品和期末在产品之间分配费用

品种法的成本计算期与会计报告期一致（定期按月），但与生产周期不一致，通常月末有在产品，需要在本月完工产品和月末在产品之间分配生产费用，将按成本核算对象归集的生产成本明细账中的生产费用按照一定的分配方法在本月完工产品与月末在产品之间进行分配。如果在产品数量不多，或者没有在产品，则不需要计算月末在产品成本。

品种法是最基本的成本计算方法。前面各章所述以产品品种为成本计算对象的成本计算一般程序，实际上也就是品种法的成本计算程序。

二、品种法的适用范围

品种法适用于大量大批的单步骤生产，如发电、采掘等生产。在大量大批多步骤生产的情况下，如果企业或车间的规模较小，或者车间是封闭式的，即从原材料投入到产品产出的全部生产过程，都在一个车间内进行，或者生产是按流水线组织的，管理上不要求按照生产步骤计算产品成本，也可以采用品种法计算产品成本。例如小型水泥厂，虽然是多步骤生产，但可以采用品种法计算产品成本。又如大量大批生产的铸件熔铸和玻璃制品的熔制等，如果管理上不要求分熔炼与铸造或制造两个生产步骤计算产品成本，也可以采用品种法计算产品成本。此外，辅助生产的供水、供汽、供电等单步骤的大量生产，也采用品种法计算成本，把水、汽和电作为成本计算对象。

三、品种法的成本计算程序

在采用品种法计算产品成本的企业或车间中，如果只生产一种产品，成本计算对象就是这种产品。计算产品成本时，只需要为这种产品开设一本产品成本明细账，账内按照成本项目设立专栏或专行。在这种情况下，发生的生产费用全部都是直接计入费用，可以直接记入该种产品成本明细账，没有在各个成本计算对象之间分配费用的问题。因为这一产品就是唯一的费用载体，也即唯一的成本计算对象，因此只需要按照成本项目的要求设置明细账进行归集，并计算出归集的总成本，进而依据产量计算出单位成本。如果生产的产品不止一种，成本计算对象就是不同品种的产品，就要按照产品的品种分别开设产品成本明细账，发生的直接计入费用应直接记入各产品成本明细账，发生的间接计入费用则应采用适当的分配方法，在各个成本计算对象之间进行分配，然后记入各有关产品的成本明细账。这时候某一种产品不是唯一的费用载体，生产的每一种产品都是费用的载体，就需要将共同发生的费用在多个载体之间进行分配，也就是在多个成本计算对象之间进行分配，归集并分配而得出每一成本计算对象的总成本，进而依据每一种产品的产量计算出单位成本。

在按照每一种产品归集总成本后，如果没有在产品，或者在产品数量很少，就不需要计算月末在产品成本，以便于简化成本计算工作，因月末在产品成本对成本计算的准确性影响不大。这样，各种产品成本明细账中按照成本项目归集的全部生产费用，就是各种产品的产成品总成本；总成本除以产品产量，就是各种产品的单位成本。如果有在产品，而且数量较多，简化处理会对成本计算的准确性产生较大影响，需要将产品成本明细账中归集的生产费用采用适当的分配方法，在完工产品和月末在产品之间进行分配，计算完工产品成本和月末在产品成本。

品种法成本计算程序如下：

1. 按照产品品种设置有关成本明细账

企业应设置"基本生产成本"总分类账，同时按照成本核算对象（即产品品种），设置产品生产成本明细账（产品成本计算单），按照辅助生产提供的产品或劳务设置"辅助生产成本"总账和明细账，同时在"制造费用"总分类账户下，按生产单位（分厂、车间）设置制造费用明细账。基本生产成本和辅助生产成本明细账按成本项目设专栏，制造费用明细账按费用项目设专栏。

2. 归集和分配本月发生的各项费用

成本核算应该根据各项费用发生的原始凭证和其他有关凭证归集和分配材料费用、人工费用和其他各项费用。凡能直接记入生产成本明细账的应当直接记入，不能直接记入的应当按受益原则，分别记入有关生产成本明细账。各生产单位发生的制造费用，先通过制造费用明细账归集，记入有关制造费用明细账。直接计入当期损益的期间费用，应分别记入有关期间费用明细账。同时编制相应的会计分录。

3. 分配辅助生产费用

根据辅助生产成本明细账归集的本月辅助生产费用总额，按照企业确定的辅助生产费用分配的方法，编制辅助生产费用分配表分配辅助生产费用，编制相应的会计分录，分别记入基本生产成本、制造费用和期间费用明细账。

4. 分配基本生产车间制造费用

根据基本生产车间制造费用明细账归集的本月制造费用，按照确定的制造费用分配方法，分别编制各基本生产车间的制造费用分配表分配制造费用，编制相应的会计分录，分别记入有关产品生产成本明细账。

5. 计算本月完工产品实际总成本和单位成本

根据产品生产成本明细账归集的本月生产费用合计，在本月完工产品和月末在产品之间分配生产费用，计算出本月完工产品总成本和月末在产品成本，根据完工产品总成本和完工产品产量计算出本月完工产品单位成本。

6. 结转本月完工产品成本

根据产品成本计算结果，编制本月完工产品成本汇总表，编制结转本月完工产品成本的会计分录，并分别记入有关的基本生产成本明细账和库存商品明细账。

产品成本计算品种法账务处理的基本程序如图9—1所示。

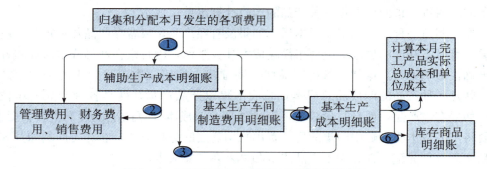

图 9—1　品种法成本计算账务处理基本程序图

说明：品种法账务处理第一步为有关总分类账的设置，未在图9—1上标出。此处未考虑辅助生产设置制造费用的账务处理，目的是为了简单、明了。

第二节　品种法举例

在前面的各章中对产品成本计算品种法的计算原理和账务处理已经介绍，是按照各种费用的横向分配、归集和纵向分配、归集分别讲述的。产品成本计算的原理和账务处理比较复杂，有必要列举一套完整的例子，把品种法所用的各种费用分配表和明细账都串起来，以便从中系统、全面、具体地掌握这种成本计算方法，深入地理解产品成本计算的基本原理。

例 9—1　红叶工厂有一个基本生产车间，大量生产甲、乙两种产品，另有一个机修辅助生产车间，辅助生产车间的间接费用通过"制造费用"科目归集。该厂采用品种法计算产品成本，设置直接材料、直接人工和制造费用三个成本项目。该厂200×年9月份有关产品产量及成本资料如表9—1～表9—4所示。

表 9—1　　　　　　　　　　　　月初在产品成本　　　　　　　　　　　　单位：元

产　品	直接材料	直接人工	制造费用	合　计
甲产品	7 680	6 592	3 574.78	17 846.78
乙产品	8 320	2 008	2 320.02	12 648.02

表 9—2　　　　　　　　　　　　　　产量资料

项目	甲产品	乙产品
期初在产品	340	280
本月投产	860	720
本月完工	800	600
月末在产品	400	400

表 9—3　　　　　　　　　　　　定额消耗量、工时记录

		生产工时	修理工时	原材料定额消耗量
基本生产车间	甲产品	2 480 小时		540 千克
	乙产品	1 520 小时		460 千克
	一般		6 000 小时	
企业行政管理部门			4 000 小时	

表 9—4　　　　　　　　　　　　　生产费用资料　　　　　　　　　　　　单位：元

费用要素	甲产品生产用	乙产品生产用	甲乙产品共同用	基本生产一般用	辅助生产生产用	辅助生产一般用	合计
原材料	24 000	18 000	8 000	2 000	600	400	53 000
职工薪酬	—	—	68 400	4 788	6 612	2 850	82 650
折旧费	—	—	—	12 000		3 000	15 000
外购动力费	—	—	—	14 200		12 800	27 000
保险费	—	—	—	9 600	—	2 400	12 000
办公费及其他	—	—	—	15 800		4 200	20 000

　　材料在开工时一次投入，在产品的完工率为50%，甲、乙两种产品共同耗用的材料按甲、乙产品的定额消耗量比例分配，基本生产车间工人工资、制造费用按生产工时比例分配。辅助生产车间费用按修理工时比例分配。甲、乙两种产品采用约当产量法计算完工产品成本和月末在产品成本（外购动力费、办公费及其他费用均用银行存款支付）。

　　下面按品种法成本计算程序结合该例介绍品种法的核算。

第一步　按照产品品种设置有关成本明细账。

该企业以生产的甲、乙两种产品作为成本核算对象。设置"基本生产成本"总分类账和按甲、乙两种产品开设产品成本计算单，设置"直接材料"、"直接人工"、"制造费用"三个成本项目专栏组织明细核算；设置"制造费用"总分类账并按基本生产车间与辅助生产车间（机修车间）设置明细账，按费用项目设专栏组织明细核算。设置"辅助生产成本"总分类账。

第二步　归集和分配本月发生的各项费用。

1. 材料费用。根据题中所给资料，编制产品共同耗用材料分配表见表9—5、原材料费用分配表见表9—6。

表9—5

产品共同耗用材料分配表

200×年9月

产品名称	分配标准（千克）	分配率	分配金额（元）
甲产品	540	8	4 320
乙产品	460	8	3 680
合　计	1 000		8 000

表9—6

材料费用分配表

200×年9月

单位：元

应借科目 应贷科目	基本生产成本		辅助生产成本	制造费用		合计
	甲产品	乙产品	机修车间	基本生产车间	辅助生产车间	
原材料	28 320	21 680	600	2 000	400	53 000

会计分录：

借：基本生产成本——甲产品　　　　　　　　　28 320

　　　　　　　　——乙产品　　　　　　　　　21 680

　　辅助生产成本　　　　　　　　　　　　　　　600

　　制造费用——基本生产车间　　　　　　　　2 000

　　　　　　——机修车间　　　　　　　　　　　400

　贷：原材料　　　　　　　　　　　　　　　53 000

2. 人工费用。9月份职工薪酬分配汇总表见表9—7。

表9—7

职工薪酬分配汇总表

200×年9月

单位：元

应借科目 应贷科目		基本生产成本			辅助生产成本	制造费用		合计
		甲产品	乙产品	小计		基本生产车间	辅助生产车间	
应付职工薪酬	分配标准（小时）	2 480	1 520	4 000				
	分配率	17.1	17.1	17.1				
	分配金额	42 408	25 992	68 400	6 612	4 788	2 850	82 650

会计分录：

借：基本生产成本——甲产品　　　　　　　　　　　　42 408

　　　　　　　　——乙产品　　　　　　　　　　　　25 992

　　辅助生产成本　　　　　　　　　　　　　　　　　6 612

　　制造费用——基本生产车间　　　　　　　　　　　4 788

　　　　　　——机修车间　　　　　　　　　　　　　2 850

　　贷：应付职工薪酬　　　　　　　　　　　　　　　82 650

3. 根据折旧资料，编制固定资产折旧费用分配表见表9—8。

表9—8　　　　　　　　　　固定资产折旧费用分配表

200×年9月　　　　　　　　　　　　　　　单位：元

应贷科目　　应借科目	制造费用		合计
	基本生产车间	辅助生产车间	
累计折旧	12 000	3 000	15 000

会计分录：

借：制造费用——基本生产车间　　　　　　　　　　12 000

　　　　　　——机修车间　　　　　　　　　　　　　3 000

　　贷：累计折旧　　　　　　　　　　　　　　　　　15 000

4. 根据动力费用资料编制外购动力费用分配表见表9—9。

表9—9　　　　　　　　　　外购动力费用分配表

200×年9月　　　　　　　　　　　　　　　单位：元

应贷科目　　应借科目	制造费用		合计
	基本生产车间	辅助生产车间	
银行存款	14 200	12 800	27 000

会计分录：

借：制造费用——基本生产车间　　　　　　　　　　14 200

　　　　　　——机修车间　　　　　　　　　　　　12 800

　　贷：银行存款　　　　　　　　　　　　　　　　　27 000

5. 根据资料编制保险费用和其他费用分配表见表9—10。

表9—10　　　　　　　　　　保险费用及其他费用分配表

200×年9月　　　　　　　　　　　　　　　单位：元

应贷科目　　应借科目	制造费用		合计
	基本生产车间	辅助生产车间	
应付账款	9 600	2 400	12 000
银行存款	15 800	4 200	20 000

会计分录：

借：制造费用——基本生产车间　　　　　　　　　　25 400

　　　　　　——机修车间　　　　　　　　　　　　　6 600

贷：应付账款	12 000
银行存款	20 000

第三步　分配辅助生产费用。

1. 根据上述各要素费用分配表，登记辅助生产车间制造费用明细账见表9—11。

表9—11　　　　　　　　　　　　　制造费用明细账

车间名称：机修车间

摘　　要	材料费	职工薪酬	折旧费	动力费	保险费用	办公费	合计
根据材料分配表	400						400
根据职工薪酬分配表		2 850					2 850
根据折旧费分配表			3 000				3 000
根据动力费分配表				12 800			12 800
根据保险费用及其他费用分配表					2 400	4 200	6 600
合　　计	400	2 850	3 000	12 800	2 400	4 200	25 650
本月转出	400	2 850	3 000	12 800	2 400	4 200	25 650

2. 根据上述有关费用分配表登记辅助生产成本明细账见表9—12。

表9—12　　　　　　　　　　　　　辅助生产成本明细账

车间名称：机修车间

摘　　要	直接材料	直接人工	制造费用	合计
根据材料分配表	600			600
根据职工薪酬分配表		6 612		6 612
根据制造费用明细账			25 650	25 650
合　　计	600	6 612	25 650	32 862
本月转出	600	6 612	25 650	32 862

3. 编制辅助生产费用分配表见表9—13。

表9—13　　　　　　　　　　　　　辅助生产费用分配表

200×年9月

项　　目		制造费用	管理费用	合　　计
机修车间	耗用量（小时）	6 000	4 000	10 000
	分配率	3.286 2	3.286 2	
	分配金额	19 717.2	13 144.8	32 862

会计分录：

借：制造费用——基本生产车间	19 717.20
管理费用	13 144.80
贷：辅助生产成本	32 862

第四步　分配基本生产车间制造费用。

本月基本生产车间发生的制造费用已全部记入制造费用明细账，见表9—14。

表9—14　　　　　　　　　　　　　　制造费用明细账

车间名称：基本生产车间

摘　　要	材料费	职工薪酬	折旧费	动力费	保险费用	办公费及其他	修理费	合计
根据材料分配表	2 000							2 000
根据职工薪酬分配表		4 788						4 788
根据折旧费分配表			12 000					12 000
根据动力费分配表				14 200				142 000
根据保险及其他费用分配表					9 600	15 800	19 717.2	45 117.2
合　　计	2 000	4 788	12 000	14 200	9 600	15 800	19 717.2	78 105.2
本月转出	2 000	4 788	12 000	14 200	9 600	15 800	19 717.2	78 105.2

　　月末根据制造费用明细账归集的合计数，按实际生产工时在甲、乙两种产品之间进行分配，编制制造费用分配表，见表9—15。

表9—15　　　　　　　　　　　　　　制造费用分配表

车间名称：基本生产车间

应借科目		分配标准（生产工时）	分配率	分配金额（元）
基本生产成本	甲产品	2 480	19.526 3	48 425.22
	乙产品	1 520	19.526 3	29 679.98
	合计	4 000		78 105.20

　　会计分录：

　　　借：基本生产成本——甲产品　　　　　　　　　　48 425.22

　　　　　　　　　　　——乙产品　　　　　　　　　　29 679.98

　　　贷：制造费用——基本生产车间　　　　　　　　78 105.20

　　第五步　计算本月完工产品总成本和单位成本。

　　经过上述生产费用在各成本核算对象（甲、乙产品）之间的分配，本月发生的生产费用已全部计入各产品成本计算单。甲、乙产品的产品成本计算单见表9—16和表9—17。

表9—16　　　　　　　　　　　　　　产品成本计算单

产品名称：甲产品　　　　　　　　　　　200×年9月　　　　　　　　　　　单位：元

摘　　要	直接材料	直接人工	制造费用	合　　计
月初在产品成本	7 680	6 592	3 574.78	17 846.78
材料费（表9—6）	28 320			28 320
职工薪酬（表9—7）		42 408		42 408
制造费用（表9—15）			48 425.22	48 425.22
本月发生生产费用	28 320	42 408	48 425.22	119 153.22
生产费用合计	36 000	49 000	52 000	137 000
结转本月完工产品成本	24 000	39 200	41 600	104 800
月末在产品成本	12 000	9 800	10 400	32 200

表9—17　　　　　　　　　　产品成本计算单

产品名称：乙产品　　　　　　　　200×年9月　　　　　　　　　　单位：元

摘　　要	直接材料	直接人工	制造费用	合　　计
月初在产品成本	8 320	2 008	2 320.02	12 648.02
材料费（表9—6）	21 680			21 680
职工薪酬（表9—7）		25 992		25 992
制造费用（表9—15）			29 679.98	29 679.98
本月发生生产费用	21 680	25 992	29 679.98	77 351.98
生产费用合计	30 000	28 000	32 000	90 000
结转本月完工产品成本	18 000	21 000	24 000	63 000
月末在产品成本	12 000	7 000	8 000	27 000

（1）甲产品生产费用的分配。该企业本月完工甲产品800台，月末在产品400台。甲产品的原材料生产开始时一次投入，直接人工等其他费用在生产过程中陆续发生，在产品的完工程度可按50%计算。完工产品成本与期末在产品成本采用约当产量分配法分配，编制的本月完工产品与月末在产品费用分配表见表9—18。

表9—18　　　　　　本月完工产品和月末在产品费用分配表

产品名称：甲产品　　　　　　　　200×年9月　　　　　　　　　　单位：元

摘　　要	直接材料	直接人工	制造费用	合　　计
生产费用合计数	36 000	49 000	52 000	137 000
本月完工产品数量	800	800	800	800
月末在产品数量	400	400	400	400
月末在产品完工程度	100%	50%	50%	
月末在产品约当量	400	200	200	
生产量合计	1 200	1 000	1 000	
费用分配率	30	49	52	131
本月完工产品总成本	24 000	39 200	41 600	104 800
月末在产品成本	12 000	9 800	10 400	32 200

（2）乙产品生产费用的分配。该企业本月完工乙产品600台，月末在产品400台。采用与甲产品相同的约当产量法进行生产费用的分配，编制的本月完工产品与月末在产品费用分配表见表9—19。

表9—19　　　　　　本月完工产品和月末在产品费用分配表

产品名称：乙产品　　　　　　　　200×年9月　　　　　　　　　　单位：元

摘　　要	直接材料	直接人工	制造费用	合　　计
生产费用合计数	30 000	28 000	32 000	90 000
本月完工产品数量	600	600	600	600
月末在产品数量	400	400	400	400
月末在产品完工程度	100%	50%	50%	
月末在产品约当量	400	200	200	
生产量合计	1 000	800	800	
费用分配率	30	35	40	105
本月完工产品总成本	18 000	21 000	2 4000	63 000
月末在产品成本	12 000	7 000	8 000	27 000

第六步　结转本月完工产品成本。

根据甲、乙两种产品的本月完工产品与月末在产品费用分配表，编制完工产品成本汇总表，见表9—20，并编制会计分录。

表9—20　　　　　　　　　**完工产品成本汇总表表**

200×年9月　　　　　　　　　　　　　　　　　单位：元

成本项目	甲产品（完工数量 800 台）		乙产品（完工数量 600 台）	
	总成本	单位成本	总成本	单位成本
直接材料	24 000	30	18 000	30
直接人工	39 200	49	21 000	35
制造费用	41 600	52	24 000	40
合　　计	104 800	131	63 000	105

会计分录：

　　借：库存商品——甲产品　　　　　　　　　　　　　　　104 800

　　　　　　　——乙产品　　　　　　　　　　　　　　　　 63 000

　　　　贷：基本生产成本——甲产品　　　　　　　　　　　104 800

　　　　　　　　　　——乙产品　　　　　　　　　　　　　 63 000

综上所述，产品成本计算实际上就是会计核算中成本、费用科目的明细核算。要正确地计算各种产品的成本，必须正确地编制各种费用分配表和编制会计分录，并且按照平行登记的方法，既登记有关的总账，又登记各总账科目的明细账。只有这样，才能将各种费用最后归集、分配到"基本生产成本"科目及其所属各产品的成本明细账中，计算出各种产品成本。

由于品种法是产品成本计算最基本的方法，因而品种法的计算程序，体现着产品成本计算的一般程序。通过学习品种法计算程序可以加深对产品成本计算一般程序，以及对产品成本计算与一般会计核算关系的理解。

实务案例

将品种法理解为简化核算法

某普通发电厂只生产一种电力产品，采用品种法计算该产品成本时，成本核算人员小雷认为：既然为生产产品所耗费的全部生产费用都计入产品成本，而且计入产品成本的生产费用也就是完工产品成本，所以只需将原始凭证归类加总后，编制记账凭证，再登记"基本生产成本"总账，没有必要编制各项生产费用分配表，也没有必要按成本项目设置生产成本明细账。下面是200×年4月小雷对电力产品成本核算所编制的会计分录。

（1）汇总本月生产电力用燃料共 350 200 元。

借：基本生产成本	350 200
贷：燃料	350 200

（2）汇总本月生产电力用材料费共 50 000 元。

借：基本生产成本	50 000
贷：原材料	50 000

（3）汇总本月生产工人薪酬 79 800 元。

借：基本生产成本	79 800
贷：应付职工薪酬	79 800

（4）银行通知支付水费 28 000 元（其中：生产用水 27 000 元，各车间一般消耗用水 1 000 元）。

借：基本生产成本	28 000
贷：应付账款	28 000

（5）本月生产车间计提折旧 55 000 元。

借：基本生产成本	55 000
贷：累计折旧	55 000

（6）应由本月车间负担的低值易耗品摊销额 2 000 元。

借：基本生产成本	2 000
贷：周转材料	2 000

（7）月末结转电力产品成本 565 000 元。

借：主营业务成本	565 000
贷：基本生产成本	565 000

根据上述记账凭证，小雷已登记了有关总账。他认为完成了本月产品成本的计算工作。实际上小雷将品种法视为简化核算法。

从成本计算的角度看，尽管"基本生产成本"总账提供了电力产品的总成本，也可以计算出单位成本，但是尚有以下缺陷：第一，不能提供按成本项目反映的产品成本构成的详细资料，不便于分析单位成本的计划或定额完成情况，不利于进一步挖掘降低产品成本的潜力。第二，没有提供各车间耗费的具体资料，不便于分析和考核各生产车间各项费用支出是否合理，也不利于落实经济责任制。

正确的处理是：对各项生产费用按发生的车间或部门编制费用分配表，以提供各车间费用支出的具体资料；设置生产成本明细账，账页内按成本项目设专栏，以反映产品成本构成的详细情况。分别按车间设置生产成本三级明细账或备查账簿，达到成本核算为管理服务的目的。

仍按上述资料，对电力产品成本核算的账务处理如下：

（1）根据燃料车间提供的燃料耗用资料，编制燃料费用分配表如表 9—21 所示。

表 9—21　　　　　　　　　　　　**燃料费用分配表**

200×年4月

车　间	材料名称	数量（吨）	单价（元/吨）	金额（元）
锅炉车间				
	大同原煤	500	300	150 000
	阳泉原煤	500	280	140 000
小　　计				290 000
汽机车间	阳泉原煤	115	280	32 200
电机车间	阳泉原煤	100	280	28 000
合　　计	—	—	—	350 200

根据燃料费用分配表，编制会计分录如下：

　　借：基本生产成本——燃料及动力　　　　　　　　　　350 200

　　　　贷：燃料　　　　　　　　　　　　　　　　　　　　　　350 200

（2）根据领料凭证汇总表，编制材料费用分配表如表 9—22 所示。

根据材料费用分配表，编制会计分录如下：

　　借：基本生产成本——原材料　　　　　　　　　　　　50 000

　　　　贷：原材料　　　　　　　　　　　　　　　　　　　　　50 000

表 9—22　　　　　　　　　　　　**材料费用分配表**

200×年4月

车　间	材料名称	数量（千克）	名　　称	金额（元）
燃料车间	A 材料	100	50	5 000
锅炉车间	B 材料	100	20	2 000
汽机车间	C 材料	200	30	6 000
电机车间	A 材料	600	50	30 000
修理车间	B 材料	350	20	7 000
合　　计	—	—	—	50 000

（3）根据各生产车间工资结算单，编制职工薪酬分配表如表 9—23 所示。

表 9—23　　　　　　　　　　　　**职工薪酬分配表**

200×年4月

车　间	合　　计
燃料车间	17 100
锅炉车间	22 800
汽机车间	18 240
电机车间	13 680
修理车间	7 980
合　　计	79 800

根据职工薪酬分配表，编制会计分录如下：

　　借：基本生产成本　　　　　　　　　　　　　　　　　79 800

　　　　贷：应付职工薪酬　　　　　　　　　　　　　　　　　79 800

（4）据银行支付水费通知单和各车间水表记录，编制水费分配表如表9—24所示。

表9—24

水费分配表

200×年4月

车 间	生产用水	一般消耗用水
燃料车间	500	200
锅炉车间	25 000	—
汽机车间	1 000	400
电机车间	500	300
修理车间	—	100
合 计	27 000	1 000

根据水费分配表，编制会计分录如下：

借：基本生产成本   27 000

  制造费用   1 000

贷：应付账款   28 000

（5）计提本月各车间固定资产折旧，编制折旧费用分配表如表9—25所示。

表9—25

折旧费用分配表

200×年4月

车 间	金额（元）
燃料车间	10 000
锅炉车间	9 000
汽机车间	15 000
电机车间	14 000
修理车间	7 000
合 计	55 000

根据折旧费用分配表，编制会计分录如下：

借：制造费用   55 000

贷：累计折旧   55 000

（6）计算本月各生产车间应负担的低值易耗品摊销额，编制低值易耗品摊销计算表如表9—26所示。

表9—26

低值易耗品摊销计算表

200×年4月

车 间	金额（元）
燃料车间	500
锅炉车间	150
汽机车间	600
电机车间	650
修理车间	100
合 计	2 000

根据低值易耗品摊销计算表，编制会计分录如下：

借：制造费用　　　　　　　　　　　　　　　　　　　　　　　　　2 000

　　贷：周转材料　　　　　　　　　　　　　　　　　　　　　　　2 000

根据上述费用分配表和记账凭证，分别登记按成本项目和按车间设置的基本生产成本明细账，如表9—27、表9—28所示。

表9—27　　　　　　　　　　基本生产成本明细账（按成本项目设置）

生产量：4 000度（其中：厂用电量400度厂供电量3 600度）

200×年		摘要	燃料费	材料费	直接人工	生产用水费	折旧费	其他费用	合计
月	日								
4	30	分配燃料费	350 200						350 200
	30	分配材料费		50 000					50 000
	30	分配直接人工费			79 800				79 800
	30	分配水费				27 000		1 000	28 000
	30	分配折旧费					55 000		55 000
	30	分配低值易耗品						2 000	2 000
	30	本月合计	350 200	50 000	79 800	27 000	55 000	3 000	565 000
	30	本月转出	350 200	50 000	79 800	27 000	55 000	3 000	565 000
	30	单位成本*	97.28	13.89	22.17	7.5	15.28	0.83	156.95

*单位成本＝月末转出÷厂供电量，如燃料费单位成本＝350 200÷3 600＝97.28。

表9—28　　　　　　　　　　基本生产成本明细账（按车间设置）

200×年		车间	燃料费	材料费	直接人工	生产用水费	折旧费	其他费用	合计
月	日								
4	30	燃料车间		5 000	17 100	500	10 000	700	33 300
	30	锅炉车间	290 000	2 000	22 800	25 000	9 000	150	348 950
	30	汽机车间	32 200	6 000	18 240	1 000	15 000	1 000	73 440
	30	电机车间	28 000	30 000	13 680	500	14 000	950	87 130
	30	修理车间	—	7 000	7 980	—	7 000	200	22 180
	30	合计	350 200	50 000	79 800	27 000	55 000	3 000	565 000

同时，编制制造费用结转会计分录如下：

借：基本生产成本　　　　　　　　　　　　　　　　　　　　　　　58 000

　　贷：制造费用　　　　　　　　　　　　　　　　　　　　　　　58 000

（7）根据生产成本明细账结转本月电力成本，编制会计分录如下：

借：主营业务成本　　　　　　　　　　　　　　　　　　　　　　565 000

　　贷：基本生产成本　　　　　　　　　　　　　　　　　　　　565 000

本章小结

　　产品成本计算的品种法是产品成本计算的基本方法，适用于大量大批单步骤和管理上不要求提供分步信息的大量大批多步骤生产，以及企业内部的供水供电供汽等辅助生产部门。以产品品种作为成本计算对象，故称为品种法。品种法的成本计算定期按月进行，期末需要在完工产品与在产品之间分配生产费用。品种法不是简单法，要按照品种法的计算程序进行计算，以便提供必要的成本信息，为成本分析和决策服务。品种法的计算程序，首先要分配辅助生产费用（辅助生产设制造费用进行明细核算的，还要先归集后转入辅助生产费用），进而分配基本生产的制造费用，最后分配基本生产费用。根据品种法的计算程序，运用前面章节介绍的要素费用核算、辅助生产费用核算、制造费用核算以及在产品成本的计算等方法，就能很好地掌握品种法。

思　考　题

1. 什么叫品种法？其适用范围如何？
2. 品种法有哪些特点？
3. 说明品种法的成本计算程序。

第十章 产品成本计算的分批法

第一节 分批法概述

一、分批法的概念及特点

产品成本计算的分批法是按照产品批别归集生产费用、计算产品成本的一种方法。该方法适用于小批生产和单件生产。例如，大型机械制造业、船舶工业、精密仪器，新产品试制、辅助生产工具模具等。

在分批法下，产品生产成本按批量、订单归集，并按批量、订单设立产品成本明细账。分批法的主要特点是：

（1）成本计算对象为产品批别或工作令号。产品批别一般根据客户的订单确定，但产品的批别与订单并不完全相同。根据客户的要求和生产组织的需要，一张订单可分成多个批别组织生产，几张相同产品的订单也可合为一批组织生产。

（2）成本计算期不固定。一般来说，分批法下的成本计算期以产品生产周期为准。由于各批产品的生产周期与会计报告期不一致，所以，分批法下的成本计算期与会计报告期不一致。

（3）一般不需要进行完工产品与在产品成本的分配。在单件生产中，产品完工以前，产品成本明细账所记录的生产费用全部都是在产品成本；产品完工后，产品成本明细账所记录的生产费用全部都是完工产品成本，不存在月末完工产品与在产品成本分配的问题。

在小批生产中，若批内产品都能同时完工，产品成本明细账所记录的生产费用全部都是完工产品成本，月末不需要进行完工产品与在产品成本的分配。在小批生产中，若批内产品跨月陆续完工，即月末部分产品已完工，部分尚未完工，如果客户不要求陆续交货的，则仍然不需要进行完工产品与在产品成本的分配，至该批量全部完工时一次性结转完工产品成本。如果客户要求陆续交货，则月末需要进行完工产品与在产品成本的分配。分配方法为：1）若批内产品跨月陆续完工的情况较多，月末批内完工产品的数量占全部批量的比重较大，则生产费用在完工产品与在产品成本之间的分配，应相应采用定额比例法、约当产量比例法或在产品按定额成本计价法等方法。2）若批内产品跨月陆续完工的情况不多，可采用简便的分配方法。即按计划单位成本、定额单位成本或最近一期相同产品的实际单位成本计算完工产品成本。但在该批产品全部完工时，应计算该批产品的实际总成本和实际单位成本，对已经转账的完工产品成本，不作账目调整。

二、分批法的适用范围

（1）根据购买者订单生产的企业。有些企业专门根据购货单位的要求，生产规格特殊、数量特定的产品。这种情况下客户的订单一般是单件的大型产品，如大型机械、精密仪器、船舶等。

（2）产品种类经常变动的小规模制造厂。有些企业专门生产根据市场需求不断变动产品品种及基本使用功能的产品，如生产门窗把手、插销、铰链等的小型五金厂、小型模具厂等。这种企业一般不会进行大面积流水线生产，而且不断调整产品结构和数量。

（3）专门进行修理业务的工厂。对于修理业务，每一项业务具体的工艺过程、投入的材料和人工都是有很大差异的，因此只能按照承揽的每项业务归集产品生产成本。

（4）新产品试制车间。产品在试制阶段，不可能大批量地投入生产，因此一般只能按新产品的种类或批别分别归集、计算产品成本。

综上所述，以上这些企业或车间的共同特点是一批产品一般不重复生产，基本没有长期的固定产品，企业只能以批量或订单为依据，计算产品成本。

第二节 分批法的一般程序

一、分批法核算的一般程序

（1）根据各种原始凭证或通过费用分配汇总表，按规定的程序和方法，将各项生产费用记入按产品的批别设置的生产成本明细账。

（2）一批产品完工后，根据生产成本明细账所归集的成本费用总额和产成品数量，计算该批产品的总成本和单位成本。

（3）对一批产品分次完工、分次出售的部分，可以采用按计划单位成本、定额单位成本或近期相同产品的实际单位成本计算完工产品成本，从产品成本明细账中转出。

二、分批法核算举例

现以某制造企业为例，说明分批法的具体运用。

例 10—1 某企业生产甲、乙、丙、丁四种产品，生产组织属于小批生产，采用分批法计算成本。

（1）9 月份生产的产品批号有：

1001 批号：甲产品 10 台，本月投产，本月完工 6 台。

1002 批号：乙产品 10 台，本月投产，本月全部未完工。

1003 批号：丙产品 20 台，上月投产，本月完工 5 台。

1004 批号：丁产品 8 台，上月投产，本月全部完工。

（2）1003 批号月初在产品成本：原材料 12 000 元，人工费用 10 600 元，制造费用 20 400 元。

1004 批号月初在产品成本：原材料 27 652 元，人工费用 23 610 元，制造费用 3 685元。

（3）本月各批号生产费用如下：

1001 批号：原材料 33 600 元，人工费用 23 500 元，制造费用 28 000 元。

1002 批号：原材料 46 000 元，人工费用 30 500 元，制造费用 19 800 元。

1003 批号：原材料 26 800 元，人工费用 24 500 元，制造费用 30 200 元。

1004 批号：原材料 79 264 元，人工费用 13 436 元，制造费用 9 787 元。

1001 批号甲产品完工数量较大，原材料在生产开始时一次投入，其他费用在完工产品与在产品之间采用约当产量比例分配法分配，在产品完工程度为 50%。

1002 批号由于全部未完工，本月生产费用全部是在产品成本。

1003 批号丙产品完工数量少，完工产品按计划成本结转。每台产品计划单位成本：原材料 1 900 元，人工费用 1 800 元，制造费用 2 500 元。

各批产品成本明细账见表 10—1～表 10—4。

表 10—1　　　　　　　　　　　甲产品成本明细账

产品批号：1001　　　　　　　　　　　　　　　　　　投产日期：9 月

产品名称：甲　　　　　　　批量：10 台　　　　　　完工日期：9 月完工 6 台

摘　要	直接材料	直接人工	制造费用	合　计
本月生产费用	33 600	23 500	28 000	85 100
完工产品成本	20 160	17 625	21 000	58 785
完工产品单位成本	3 360	2 937.50	3 500	9 797.50
在产品成本	13 440	5 875	7 000	26 315

表 10—2　　　　　　　　　　　乙产品成本明细账

产品批号：1002　　　　　　　　　　　　　　　　　　投产日期：9 月

产品名称：乙　　　　　　　批量：10 台　　　　　　完工日期：全部未完工

摘　要	直接材料	直接人工	制造费用	合　计
本月生产费用	46 000	30 500	19 800	96 300
月末在产品成本	46 000	30 500	19 800	96 300

表 10—3　　　　　　　　　　　丙产品成本明细账

产品批号：1003　　　　　　　　　　　　　　　　　　投产日期：8 月

产品名称：丙　　　　　　　批量：20 台　　　　　　完工日期：9 月完工 5 台

摘　要	直接材料	直接人工	制造费用	合　计
月初在产品成本	12 000	10 600	20 400	43 000
本月生产费用	26 800	24 500	30 200	81 500
费用合计	38 800	35 100	50 600	124 500
完工产品成本	9 500	9 000	12 500	31 000
单位成本（计划）	1 900	1 800	2 500	6 200
月末在产品成本	29 300	26 100	38 100	93 500

表 10—4　　　　　　　　　　　丁产品成本明细账

产品批号：1004　　　　　　　　　　　　　　　　　　投产日期：8 月

产品名称：丁　　　　　　　批量：8 台　　　　　　完工日期：9 月全部完工

摘　要	原材料	直接人工	制造费用	合　计
月初在产品成本	27 652	23 610	3 685	54 947
本月生产费用	79 264	13 436	9 787	102 487
费用合计	106 916	37 046	13 472	157 434
完工产品成本	106 916	37 046	13 472	157 434
单位成本	13 364.50	4 630.75	1 684	19 679.25

第三节　简化的分批法

在投产批数繁多而且月末未完工批数较多的企业（如属于这种情况的机械制造厂或修配厂）中，由于一般的分批法在批量没有完工的情况下，每月繁复的成本分配和登记工作显得没有意义，因此在日常工作中还采用一种简化的分批法，也称为不分批计算在产品成本的分批法。

一、简化分批法的特点

简化的分批法与一般的分批法相比较，具有以下特点：

（1）采用简化的分批法，必须设立基本生产成本二级账。

基本生产成本二级账的作用在于：（1）按月提供企业或车间全部产品的累计生产费用和生产工时（实际生产工时或定额生产工时）资料；（2）在有完工产品的月份，按照下列公式计算登记全部产品累计间接计入费用分配率，以及完工产品总成本和月末在产品总成本。

$$\frac{全部产品累计间接}{计入费用分配率}=\frac{全部产品累计间接计入费用}{全部累计工时}$$

$$\frac{某批完工产品应负}{担的间接计入费用}=\frac{该批完工产}{品累计工时}\times\frac{全部产品累计间接}{计入费用分配率}$$

（2）每月发生的各项间接计入费用，不是按月在各批产品之间进行分配，而是先在基本生产成本二级账中累计起来，在有完工产品的月份，按照完工产品累计生产工时的比例，在各批完工产品之间进行分配；对未完工的在产品则不分配间接计入费用，即不分配计算在产品成本。

简化的分批法与一般的分批法不同之处在于：各批产品之间分配间接计入费用的工作以及完工产品与月末在产品之间分配费用的工作，即生产费用的横向分配工作和纵向分配工作，是利用累计间接计入费用分配率，到产品完工时合并在一起进行的。

简化的分批法应按照产品的批别设立产品成本明细账，在各批产品完工之前，账内只需按月登记直接费用和生产工时，而不必按月分配、登记各项间接计入费用，计算各批在产品成本；在有完工产品的月份，才对完工产品，按照其累计工时的比例，分配间接计入费用，计算完工产品成本；而全部产品的在产品应负担的间接计入费用，仍以总数反映在基本生产成本二级账中，不进行分配，不具体到各个批别中。

二、简化分批法应用举例

例10—2 某厂属于小批生产,采用简化的分批法计算成本。4月份生产情况如下:

(1)月初在产品成本:102批号,直接材料2 200元;103批号,直接材料1 600元。月初直接人工费1 720元,制造费用2 350元。

(2)月初在产品耗用累计工时:102批号280小时;103批号300小时。

(3)本月的生产情况,发生的工时和直接材料如表10—5所示。

表10—5

产品名称	批号	批量(件)	投产日期	完工日期	本月发生	
					工时	直接材料(元)
甲	101	10	4 月	4 月(6 件)	450	2 500(一次投入)
乙	102	5	3 月	4 月	200	400
丙	103	4	3 月	未完工	150	260

(4)本月发生的各项间接费用:直接人工费1 868元,制造费用2 135元。

据此登记的基本生产成本二级账见表10—6。

表10—6 　　　　　　　　　　　**基本生产成本二级账**

日期	摘要	直接材料	工时(小时)	直接人工	制造费用	合计
3月31日	累计发生	3 800	580	1 720	2 350	7 870
4月30日	本月发生	3 160	800	1 868	2 135	7 163
	累计发生	6 960	1 380	3 588	4 485	15 033
	累计间接费用分配率			2.6	3.25	
	本月完工转出	4 100	780	2 028	2 535	8 663
	在产品	2 860	600	1 560	1 950	6 370

表10—6中,累计间接计入费用分配率计算如下:

直接人工累计费用分配率=3 588÷1 380=2.6(元/小时)

制造费用累计费用分配率=4 485÷1 380=3.25(元/小时)

基本生产成本明细账如表10—7~表10—9所示。

表10—7 　　　　　　　　　　　**基本生产成本明细账**

批号:101　　　　　　　　　　　　　　　　　　　　　　投产日期:4月

产品名称:甲　　　　　　　　　　　　　　　　　　　　投产10件,完工6件

日期	摘要	直接材料	工时(小时)	直接人工	制造费用	合计
4月30日	本月发生	2 500	450			
	累计发生	2 500	450			
	累计间接费用分配率			2.60	3.25	

续前表

日期	摘　要	直接材料	工时（小时）	直接人工	制造费用	合　计
4月30日	完工产品转出成本	1 500	300	780	975	3 255
	完工产品单位成本	250		130	162.5	542.5

表 10—8　　　　　　　　　　　　　**基本生产成本明细账**

批号：102　　　　　　　　　　　　　　　　　　　投产日期：3 月

产品名称：乙　　　　　　　　　　　　　　　　产量：5 件　完工日期：4 月

日期	摘　　要	直接材料	工时（小时）	直接人工	制造费用	合　计
3月31日	累计发生	2 200	280			
	本月发生	400	200			
4月30日	累计发生	2 600	480			
	累计间接费用分配率			2.60	3.25	
	完工产品转出成本	2 600	480	1 248	1 560	5 408
	完工单位成本	520		249.60	312	1 081.60

表 10—9　　　　　　　　　　　　　**基本生产成本明细账**

批号：103　　　　　　　　　　　　　　　　　　　投产日期：3 月

产品名称：丙　　　　　　　　　　　　　　　　产量：4 件，完工日期：

日期	摘　　要	直接材料	工时（小时）	直接人工	制造费用	合　计
3月31日	累计发生	1 600	300			
4月30日	本月发生	260	150			
	累计发生	1 860	450			

三、简化的分批法的适用条件

采用简化的分批法，成本计算工作中的横向分配工作与纵向分配工作，在有完工产品时，根据同一个费用分配率一次分配完成。这就大大地简化了费用的分配和登记工作。未完工产品的批数越多，核算工作越简化。

但是，这种方法在各月间接计入费用水平相差悬殊的情况下则不宜采用，不然就会影响各月产品成本的准确性。另外，如果月末未完工产品的批数不多，也不宜采用这种方法，因为在这种情况下，绝大多数批号产品仍然要分配登记各项间接计入费用，核算工作量减少不多，但计算的准确性却会受到影响。

实务案例

青山工厂按照批量组织生产，其中 402 批号 A 产品 20 台，2 月份投产，计划 3 月完工，2 月末提前完工 2 台。2 月份发生下列费用：原材料费用 18 400 元，直接人工费 16 200 元，制造费用 10 400 元。2 月份完工产品数量少，按计划成本结转，每台计划成本为：原材料 910 元，直接人工费 830 元，制造费用 780 元，合计

2 520元。3月份发生下列费用：直接人工费600元，制造费用520元。3月末A产品全部完工。

　　要求：1. 登记2月份和3月份402批号A产品成本明细账，计算402批号全部A产品的实际成本。

　　　　　2. 思考这一做法的优缺点。

　　402批号A产品成本明细账如表10—10所示。

表 10—10　　　　　　　　　　**产品成本明细账**

产品批号：402　　　　　　　购货单位：宏达公司　　　　投产日期：2月份

产品名称：A　　　　　　　　批量：20台　　　　　　　　完工日期：2月份提前完工2台

月	日	摘　　要	直接材料	直接人工	制造费用	合计
2		本月生产费用	18 400	16 200	10 400	45 000
		完工产品成本（计划成本）转出	1 820	1 660	1 560	5 040
		月末在产品成本				
3		本月生产费用	—	600	520	1 120
		完工产品实际总成本				
		完工产品实际单位成本				

本章小结

　　1. 产品成本计算的分批法是一种按产品批量、订单归集生产成本，计算产品成本的成本计算方法。主要适用于单件、小批生产。

　　2. 分批法的主要特点是：按批量订单归集生产费用，计算期与会计核算期不一致，月末一般不需要进行完工产品、在产品成本的分配。

　　3. 分批法的主要计算方法有：一般的分批法和简化的分批法。

思考题

　　1. 什么是分批法？适用于哪些企业？

　　2. 分别说明一般分批法和简化的分批法各有什么特点。

　　3. 简述一般分批法的计算程序。

　　4. 简述简化分批法的一般程序。

　　5. 简述一般分批法的优缺点及适用范围。

146

第十一章 产品成本计算的分步法

导入案例

一、案例资料

某家具厂设有三个基本生产车间：即锯料加工车间（下称第一车间）、白坯家具车间（下称第二车间）、油漆车间（下称第三车间）。该厂为大批大量多步骤生产，生产产品所耗用原材料圆木、胶合板都是外购而来。圆木先交第一车间加工处理成048、049家具所用各种规格的方料，第二车间用方料经各机床等工艺过程加工成型白坯家具，然后再移交第三车间进行油漆，经检验合格后入成品库。

成本核算人员小王，根据学习过的成本会计知识和本企业生产实际，采用分步法计算产品成本。他认为分步法的特点是按照产品及其经过的生产步骤归集生产费用，计算产品成本。应用分步法首先要确定"步骤"。他认为既然有三个基本生产车间，也就应分三个生产步骤，按生产车间设三份基本生产成本明细账来计算半成品成本，然后计算油漆车间完工家具的生产成本。他把自己的想法告诉了小张，小张不完全同意他的意见。

二、讨论题

1. 为什么小张不完全同意小王划分"步骤"分别设账的意见？
2. 你对该厂有关产品成本计算对象的划分有何建议？

第一节　分步法概述

一、分步法的概念及适用范围

　　产品成本计算的分步法，是按照产品的生产加工步骤归集并分配生产费用，计算产品成本的一种方法。它主要适用于大量大批的多步骤生产企业，因为在这些企业中，从原材料投入生产到产成品制成，要经过若干个连续的生产步骤。例如，纺织企业生产可分为纺纱、织布、印染等步骤；钢铁企业生产可分为炼铁、炼钢、轧钢等步骤；造纸企业生产可分为制浆、制纸、包装等步骤；机器制造企业分为铸造、加工、装配等步骤。为了加强成本管理，不仅要求按照产品品种归集生产费用，计算产品成本，而且还要求按照产品的生产步骤归集生产费用，计算各步骤产品成本，以提供分析和考核各种产品及其各生产步骤成本计划执行情况的数据。

二、分步法的特点

（一）成本计算对象

　　分步法的成本计算对象就是各种产品的生产步骤，因此在计算产品成本时，应按照产品的生产步骤设立产品成本明细账。如果只生产一种产品，成本计算对象就是该种产成品及其所经生产步骤，产品成本明细账应该按照该产品的生产步骤设置。如果生产多种产品，成本计算对象则应是各种产品及其所经生产步骤，产品成本明细账则应该按照每种产品的各生产步骤分别设置。

　　需要指出的是，在实际工作中，产品成本计算上的生产步骤与产品实际的生产步骤不一定完全一致。例如，在按生产步骤设立车间的企业中，一般情况下，分步计算成本也就分车间计算成本。但是，如果企业生产规模很大，同一车间内的产品被分成几个生产步骤，而管理上又要求分步计算成本时，就需要在车间内再分步计算成本。相反，如果企业规模很小，管理上不要求分车间计算成本，也可以将几个车间合并为一个步骤计算成本。

（二）成本计算期与会计报告期一致

　　采用分步法计算产品成本，是以产品品种和生产步骤作为成本计算对象，而产品生产一般又是大量大批连续不断地生产的，从开工一直到不再生产该产品，产品生产周期相当长。可见成本计算无法与生产周期一致，而是与会计报告期一致，即按月计算产品成本。

（三）需要在完工产品与月末在产品之间分配生产费用

　　在大量大批多步骤生产企业中，由于生产周期较长，产品往往又是跨月陆续完工的，在月末计算产品成本时，各生产步骤一般都存在未完工的在产品，因此，在计算产品成本时，还需要采用适当的分配方法，将已记入各种产品、各生产步骤产品成本明细账中的生产费用，在完工产品和月末在产品之间进行分配，计算各产品、各生产步骤的完工产品成本和月末在产品成本。

(四) 各生产步骤间成本的结转有两种不同的计算和结转方法

由于产品生产是分步骤进行的，上一步骤生产的半成品是下一步骤的加工对象。因此为了计算各种产品的产成品成本，还需要按照产品品种结转各步骤成本。也就是说，与其他成本计算方法不同，在采用分步法计算产品成本时，在各步骤之间还存在着不同的成本计算和结转方法，这是分步法的一个重要特点。

由于各个企业生产工艺过程的特点和成本管理对各生产步骤成本数据的要求（要不要计算半成品成本）不同，各生产步骤成本的计算和结转采用两种不同的方法：逐步结转和平行结转。因而，产品成本计算的分步法也就相应地分为逐步结转分步法和平行结转分步法两种。

第二节 逐步结转分步法及其举例

一、逐步结转分步法的适用范围与计算程序

(一) 逐步结转分步法的适用范围

在采用分步法计算成本的大量大批多步骤生产的企业中，有的产品制造过程是由一系列循序渐进的、性质不同的加工步骤所组成的，即从原料投入到产品制成，中间要经过几个生产步骤的逐步加工。前面各步骤生产的都是半成品，只有最后步骤生产的才是产成品。与这类生产工艺过程特点相联系，为了加强对各生产步骤成本的管理，往往要求不仅计算各种产成品成本，而且要求计算各步骤的半成品成本。首先，这是成本计算的需要。有些半成品为本企业几种产品所耗用，为了分别计算各种产成品的成本，就要计算这些半成品的成本。其次，是成本控制的要求。在实行内部经济责任制的企业中，为了有效地控制各生产步骤内部的生产耗费和资金占用水平，也要求计算并在各生产步骤之间结转半成品成本。最后，是对外销售的需要。有些企业各生产步骤所生产的半成品不仅为企业自用，还经常对外销售，如纺织企业生产的棉纱，既可以为企业自用，继续加工成各种成品布料，又可以将棉纱作为商品产品，直接对外销售。为了全面考核和分析产品成本计划的执行情况，计算外售半成品的销售盈亏，也要求计算这些半成品的成本。

综上所述，逐步结转分步法就是为了分步计算半成品成本而采用的一种分步法，亦称为计算半成品成本的分步法。

（二）逐步结转分步法的计算程序

在逐步结转分步法下，计算各生产步骤产品成本时，各步骤所耗用的上一步骤所生产的半成品成本，要随着半成品实物的转移，从上一步骤的产品成本明细账转入下一步骤相同产品的成本明细账中，以便逐步计算各步骤的半成品成本和最后一个步骤的产成品成本。这种逐步结转分步法成本的计算程序如图 11—1 所示。图中明细账的金额单位为元。

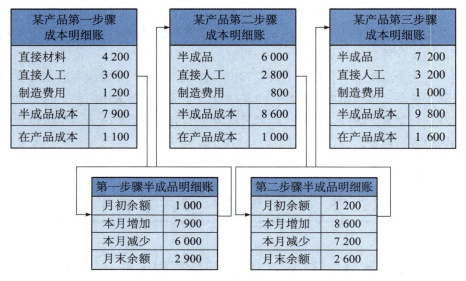

某产品第一步骤 成本明细账		某产品第二步骤 成本明细账		某产品第三步骤 成本明细账	
直接材料	4 200	半成品	6 000	半成品	7 200
直接人工	3 600	直接人工	2 800	直接人工	3 200
制造费用	1 200	制造费用	800	制造费用	1 000
半成品成本	7 900	半成品成本	8 600	半成品成本	9 800
在产品成本	1 100	在产品成本	1 000	在产品成本	1 600

第一步骤半成品明细账		第二步骤半成品明细账	
月初余额	1 000	月初余额	1 200
本月增加	7 900	本月增加	8 600
本月减少	6 000	本月减少	7 200
月末余额	2 900	月末余额	2 600

图 11—1　逐步结转分步法成本的计算程序

在图 11—1 中，各步骤完工转出的半成品在验收入库时，应根据完工转出的半成品成本，编制结转半成品成本的会计分录：借记"自制半成品"科目，贷记"基本生产成本"科目；在下一步骤领用时，再编制相反的会计分录。如果半成品完工后不通过半成品库收发，而直接转入下一步骤，则半成品成本应在各步骤的产品成本明细账之间直接结转，不必编制上述会计分录。

从图 11—1 所示的计算程序中可以看出，采用逐步结转分步法，每月月末各项生产费用（包括所耗上一步骤半成品的费用）在各步骤产品成品明细账中归集以后，如果既有完工半成品（最后步骤为产成品），又有正在加工中的在产品，还应将各步骤归集的生产费用，采用适当的分配方法，在完工半成品与加工中的在产品（狭义的在产品）之间进行分配，以计算完工半成品成本。然后，通过半成品成本的逐步结转，在最后一个步骤的产品成本明细账中，计算出完工产品成本。上述计算程序表明，每一个步骤的成本计算就是一个品种法的应用。逐步结转分步法实际上就是品种法的多次连续应用。

逐步结转分步法，按照结转的半成品成本在下一步骤产品成本明细账中的反映方法不同，又分为综合结转分步法和分项结转分步法。

二、综合结转分步法

综合结转分步法是将下一生产步骤所耗用的上一步骤半成品成本总额随着半成品实物的转移，综合记入下一生产步骤产品成本明细账的"直接材料"或专设的"半成品"成本项目中。如果半成品通过半成品库收发，由于各月所生产的半成品的单位成本不同，因而所耗半成品的单位成本可以如同原材料核算一样，采用先进先出法或加权平均法等方法计算。在综合结转半成品成本时，既可按半成品的实际成本结转，也可以按半成品的计划成本结转。

按半成品的实际成本结转时，各步骤所耗用上一步骤的半成品费用，应根据所耗用半成品的实际数量乘以半成品的实际单位成本计算。由于各月所产半成品的实际单位成本不同，因而所耗半成品的实际单位成本的计算，与原材料核算一样，可根据企业的实际情况，选择先进先出法、加权平均法等方法确定。

按半成品的计划成本结转时，半成品日常收发的明细核算均按计划单位成本进行；在各步骤半成品实际成本计算出来后，再集中计算半成品成本差异率和差异额，将各步骤完工产品耗用上一步骤半成品的计划成本调整为实际成本。半成品的总分类核算则按实际成本核算。

这里仅就按实际成本综合结转进行举例说明。

> **例 11—1** 某企业的产品顺序经过两个生产步骤连续加工形成产成品。第一车间生产甲半成品，第二车间将甲半成品加工为甲产成品。假设原材料在生产开始时一次投入，其他费用陆续发生，各步骤完工的半成品直接交下步骤加工，不通过半成品库收发。该企业采用综合结转分步法计算产品成本，半成品成本按实际成本综合结转，各步骤在产品成本均采用约当产量法计算。
>
> 200×年 9 月份其有关成本计算资料如下：
>
> （1）产量记录资料见表 11—1。

表 11—1　　　　　　　　　　　　产量记录资料　　　　　　　　　　　单位：件

步　　骤	月初在产品	本月投入	本月完工	月末在产品	在产品完工程度
第一车间	30	580	570	40	50%
第二车间	20	570	560	30	60%

（2）月初在产品成本资料见表 11—2 所示。

表 11—2　　　　　　　　　　　月初在产品成本资料　　　　　　　　　　单位：元

步　　骤	直接材料	半成品	直接人工	制造费用
第一车间	2 540		640	490
第二车间		3 890	640	460

（3）本月生产费用资料见表 11—3 所示。

表 11—3   本月生产费用资料   单位：元

步骤	直接材料	直接人工	制造费用
第一车间	52 360	24 140	18 980
第二车间		27 682	18 036

产品成本计算过程如下：

1. 计算第一车间本月所产甲半成品的成本

(1) 直接材料项目。月末在产品约当产量为 40 件（原材料在生产开始时一次投入，完工程度为 100%）。

$$直接材料费用分配率（单位成本）=\frac{2\ 540+52\ 360}{570+40}=90（元/件）$$

$$完工半成品应分配的材料费用=90×570=51\ 300（元）$$

$$月末在产品应分配的材料费用=90×40=3\ 600（元）$$

或 $$=2\ 540+52\ 360-51\ 300=3\ 600（元）$$

(2) 直接人工项目。直接人工和制造费用项目月末在产品约当产量均为 20 件（在产品完工程度为 50%，40×50%=20）。

$$直接人工费用分配率（单位成本）=\frac{640+24\ 140}{570+20}=42（元/件）$$

$$完工半成品应分配的人工费用=42×570=23\ 940（元）$$

$$月末在产品应分配的人工费用=42×20=840（元）$$

或 $$=640+24\ 140-23\ 940=840（元）$$

(3) 制造费用项目。

$$制造费用分配率（单位成本）=\frac{490+18\ 980}{570+20}=33（元/件）$$

$$完工半成品应分配的制造费用=33×570=18\ 810（元）$$

$$月末在产品应分配的制造费用=33×20=660（元）$$

或 $$=490+18\ 980-18\ 810=660（元）$$

根据以上计算结果，登记第一车间产品成本明细账如表 11—4 所示。

表 11—4   第一车间产品成本明细账

产品名称：甲半成品   200×年9月

项 目	产量（件）	直接材料	直接人工	制造费用	合 计
月初在产品成本		2 540	640	490	3 670
本月生产费用		52 360	24 140	18 980	95 480
生产费用合计		54 900	24 780	19 470	99 150
完工半成品成本	570	51 300	23 940	18 810	94 050
月末在产品成本		3 600	840	660	5 100

2. 计算第二车间本月所产甲产成品的成本

(1) 半成品项目（第一步骤转入的半成品）。月末在产品约当产量为 30 件（在产品完工程度为 100%）。

$$半成品费用分配率（单位成本）=\frac{3\ 890+94\ 050}{560+30}=166（元/件）$$

完工产成品应分配的半成品成本 $=166\times560=92\ 960$（元）

月末在产品应分配的半成品成本 $=166\times30=4\ 980$（元）

或 $=3\ 890+94\ 050-92\ 960=4\ 980$（元）

(2) 直接人工项目。直接人工和制造费用项目月末在产品约当产量均为 18 件（在产品完工程度为 60%，$30\times60\%=18$）。

$$直接人工费用分配率（单位成本）=\frac{640+27\ 682}{560+18}=49（元/件）$$

完工产成品应分配的人工费用 $=49\times560=27\ 440$（元）

月末在产品应分配的人工费用 $=49\times18=882$（元）

或 $=640+27\ 682-27\ 440=882$（元）

(3) 制造费用项目。

$$制造费用分配率（单位成本）=\frac{460+18\ 036}{560+18}=32（元/件）$$

完工产成品应分配的制造费用 $=32\times560=17\ 920$（元）

月末在产品应分配的制造费用 $=32\times18=576$（元）

或 $=460+18\ 036-17\ 920=576$（元）

根据以上计算结果，登记第二车间产品成本明细账如表 11—5 所示。

表 11—5 第二车间产品成本明细账

产品名称：甲产品　　　　　　　　　　200×年 9 月

项　目	产量（件）	半成品	直接人工	制造费用	合　计
月初在产品成本		3 890	640	460	4 990
本月生产费用		94 050	27 682	18 036	139 768
生产费用合计		97 940	28 322	18 496	144 758
完工产成品成本	560	92 960	27 440	17 920	138 320
月末在产品成本		4 980	882	576	6 438

根据上述产品成本明细账和完工产品入库单，编制会计分录如下：

借：库存商品——甲产品   138 320

贷：基本生产成本——甲产品   138 320

从前面列举的第二车间产品成本明细账中可以看出，采用综合结转分步法结转半成品成本的结果，表现在产成品中的绝大部分费用是第二车间所耗用半成品的费用，而直接人工、制造费用只是第二车间发生的费用，在产品成本中所占比重很小。显然，各步骤所耗上一步骤半成品的成本是以"半成品"或"直接材料"项目综合反映而计算出来的产品成本，不能提供按原始成本项目反映的成本数据，不能反映成本的实际构成，不能据以从整个企业角度来分析和考核产品成本的构成和水平。为此，在管理上要求从整个企业角度考核和分析产品成本的构成和水平时，还应将逐步综合结转分步结算出的产成品成本进行成本还原。

所谓成本还原，就是从最后一个步骤起，将其所耗用的上一生产步骤半成品的综合成本，按照上一生产步骤半成品的成本构成，分解还原为原来成本项目的成本，直到第一生产步骤；然后，将各生产步骤相同成本项目的成本数额加以汇总，就可以求得成本还原以后产成品的实际总成本，即按原始成本项目反映的产成品实际总成本。这一实际总成本与还原前产成品的实际总成本一定是相等的。也就是说，成本还原恢复了产成品成本的原始构成情况，但不会增加或减少产成品的实际总成本。在具体进行成本还原时，可以通过成本还原分配率来计算，也可以根据本月所产半成品成本结构来计算。

例11—2 仍以例11—1甲产品资料为例，在第二车间甲产品成本明细账（见表11—5）中，本月产成品成本138 320元中所耗用的半成品成本为92 960元，按照第一车间产品成本明细账（见表11—4）中本月所产该种半成品成本94 050元的各项费用比例进行分解、还原，求出按原始成本项目反映的甲产品成本。

产品成本还原步骤如下：

1. 通过计算成本还原率来进行成本还原

（1）计算还原分配率。还原分配率实际上是每一元本月所产半成品成本相当于产成品所耗用半成品费用多少元，其计算公式为：

$$还原分配率 = \frac{本月本步骤所耗上一步骤半成品的综合成本}{本月上一步骤所产该半成品成本合计}$$

本例还原分配率 $= \dfrac{92\ 960}{94\ 050} = 0.988\ 41$

（2）将半成品进行成本还原。即以成本还原分配率分别乘以本月所产该种半成品的各个成本项目的费用，即可将本月产成品所耗半成品的综合成本，还原为按原始成本项目反映的还原对象成本。

本例有关所耗用半成品费用还原分配计算如下：

直接材料项目 $= 51\ 300 \times 0.988\ 41 = 50\ 705$（元）

直接人工项目 $= 23\ 940 \times 0.988\ 41 = 23\ 663$（元）

制造费用项目 $= 18\ 810 \times 0.988\ 41 = 18\ 592$（元）

还原后成本 $= 50\ 705 + 23\ 663 + 18\ 592 = 92\ 960$（元）

（3）还原后产成品的总成本构成。将成本还原以前和还原以后相同成本项目的成本加总，即为还原后的产成品的实际总成本。

直接材料项目＝50 705（元）

直接人工项目＝23 663＋27 440＝51 103（元）

制造费用项目＝18 592＋17 920＝36 512（元）

还原后总成本＝50 705＋51 103＋36 512＝138 320（元）

成本还原一般通过编制成本还原计算表进行。根据前列两个车间产品成本明细账的有关资料，编制甲产品的成本还原计算如表 11—6 所示。

表 11—6 　　　　　　　　　　　　产品成本还原计算表

产品名称：甲产品　　　　　　　　　　200×年9月　　　　　　　　　　单位：元

行次	项目	产量（件）	还原分配率	半成品	直接材料	直接人工	制造费用	成本合计
1	还原前完工产品成本	560		92 960		27 440	17 920	138 320
2	本月所产半成品成本				51 300	23 940	18 810	94 050
3	完工产品中半成品成本还原		92 960/94 050 ＝ 0.988 41	－92 960	50 705	23 663	18 592	0
4	还原后完工产品总成本	560			50 705	51 103	36 512	138 320
5	还原后完工产品单位成本				90.54	91.26	65.20	247

2. 根据本月所产半成品成本结构来进行成本还原

即按上一步骤完工半成品的成本项目占其全部成本的比例，将本步骤完工产品所耗上一步骤半成品的综合成本还原为原始的成本项目。其计算公式为：

$$上一步骤完工半成品各项目的比例＝\frac{上一步骤完工半成品各成本项目}{上一步骤完工半成品全部成本}$$

$$\frac{耗用上一步骤半成品成本}{分解为成本项目的成本额}＝\frac{耗用上一步骤半}{成品综合成本}\times\frac{上一步骤完工半成品}{各成本项目的比例}$$

（1）本月半成品成本项目比例为：

直接材料项目＝51 300÷94 050×100%＝54.55%

直接人工项目＝23 940÷94 050×100%＝25.45%

制造费用项目＝18 810÷94 050×100%＝20%

（2）半成品进行成本还原为：

直接材料项目＝92 960×54.55%＝50 710（元）

直接人工项目＝92 960×25.45%＝23 658（元）

制造费用项目＝92 960×20%＝18 592（元）

还原后成本合计＝50 710＋23 658＋18 592＝92 960（元）

（3）还原后产成品的总成本构成为：

直接材料项目＝50 710（元）

直接人工项目＝23 658＋27 440＝51 098（元）

制造费用项目＝18 592＋17 920＝36 512（元）

还原后总成本＝50 710＋51 098＋36 512＝138 320（元）

根据前列两个生产车间产品成本明细账的有关资料，编制甲产品的成本还原计算如表 11—7 所示。

表 11—7　　　　　　　　　　产品成本还原计算表

产品名称：甲产品　　　　　　　　　　200×年 9 月　　　　　　　　　　单位：元

行次	项　　目	产量（件）	半成品	直接材料	直接人工	制造费用	成本合计
1	还原前完工产品成本	560	92 960		27 440	17 920	138 320
2	本月所产半成品成本			51 300	23 940	18 810	94 050
3	本月半成品成本项目比例			54.55%	25.45%	20%	
4	完工产品中半成品成本还原		−92 960	50 710	23 658	18 592	0
5	还原后完工产品总成本	560		50 710	51 098	36 512	138 320
6	还原后完工产品单位成本			90.55	91.25	65.20	247

如果产品的生产步骤不止两步，而是三步，按照上述方法，应先从第三步起将其所耗用第二步骤的半成品综合成本进行分解、还原，但还原后的"半成品"项目还会有未还原完的综合费用，即第二步骤产品所耗用第一步骤半成品的成本，这时还应再进行一次还原，直至"半成品"项目的综合费用全部分解、还原为原始成本项目时为止。

综上所述，采用综合结转分步法逐步结转半成品成本，可以在各步骤的产品成本明细账中反映各步骤产品所耗用上一步骤半成品费用的水平和本步骤加工费用的水平，从而有利于各生产步骤的成本管理。但是，如果管理上要求提供按原始成本项目反映的产成品成本资料，则必须进行成本还原，从而增加了核算工作量。在生产多种产品下采用此法，成本还原工作尤为繁重。这种结转方法只宜在管理上要求计算各步骤完工产品所耗用半成品费用，但不要求进行还原的情况下采用。

三、分项结转分步法

分项结转分步法是将上一步骤半成品成本，按照原始成本项目分项转入下一步骤产品成本明细账的各个成本项目中。并与该步骤相同成本项目合并计算产品成本的一种方法。如果半成品通过半成品库收发，那么，在自制半成品明细账中登记半成品成本时，也要按照成本项目分别登记。

采用分项结转分步法，既可以按照半成本的实际成本结转，也可以按照半成品的计划成本结转，然后按成本项目分项调整成本差异。由于后一种做法计算工作量较大，因而一般多采用按实际成本分项结转的方法。下面举例说明分项结转分步法的应用。

例 11—3 某企业生产乙产品，设有两个生产步骤，第一步骤的半成品直接转入第二步骤继续加工，原材料为开工时一次投入，月末两生产步骤的在产品均按定额成本计价。200×年 9 月份有关成本计算资料如下：

（1）月末各生产步骤的在产品定额成本资料见表 11—8。

表 11—8   月末在产品定额成本资料

单位：元

步 骤	直接材料	直接人工	制造费用	合 计
第一步骤	3 880	2 860	2 600	9 340
第二步骤	4 100	3 160	3 200	10 460

（2）本月有关成本费用资料见表 11—9。

表 11—9   成本费用资料

成本项目		直接材料	直接人工	制造费用
月初在产品成本（定额成本）	第一步骤	3 680	1 380	1 240
	第二步骤	17 480	5 200	6 400
本月发生费用	第一步骤	57 800	43 720	39 760
	第二步骤		21 200	27 000

要求：按分项结转分步法进行成本计算。

根据表 11—8 和表 11—9 资料，以及产量记录，登记第一步骤产品成本计算表，见表 11—10。

表 11—10   第一步骤产品成本明细账

产品名称：乙半成品   200×年 9 月   完工产量：960 件

项 目	直接材料	直接人工	制造费用	合 计
月初在产品成本（定额成本）	3 680	1 380	1 240	6 300
本月生产费用	57 800	43 720	39 760	141 280
生产费用合计	61 480	45 100	41 000	147 580
半成品单位成本	60	44	40	144
完工半成品成本	57 600	42 240	38 400	138 240
月末在产品成本（定额成本）	3 880	2 860	2 600	9 340

根据表 11—8～表 11—10 资料，以及产量记录，登记第二步骤产品成本计算表，见表 11—11。

表 11—11   第二步骤产品成本明细账

产品名称：乙产成品   200×年 9 月   完工产量：1 000 件

项 目	直接材料	直接人工	制造费用	合 计
月初在产品成本（定额成本）	17 480	5 200	6 400	29 080
本月生产费用	0	21 200	27 000	48 200
上一步骤转入费用	57 600	42 240	38 400	138 240

续前表

项 目	直接材料	直接人工	制造费用	合 计
生产费用合计	75 080	68 640	71 800	215 520
产成品单位成本	70.98	65.48	68.6	205.06
完工产成品成本	70 980	65 480	68 600	205 060
月末在产品成本（定额成本）	4 100	3 160	3 200	10 460

　　从以上所述可以看出，采用分项结转分步法逐步结转半成品成本，可以直接、正确地提供按原始成本项目反映的产成品成本资料，便于从整个企业角度考核和分析产品成本计划的执行情况，不需要进行成本还原。但是，这种方法的成本结转工作比较复杂，而且在各步骤完工产品成本中看不出所耗用上一步骤半成品费用和本步骤生产费用的水平，不便于进行各步骤完工产品的成本分析。分项结转分步法一般适用于管理上不要求分别提供各步骤完工产品所耗用半成品费用和本步骤加工费用资料，但要求按原始成本项目反映产成品成本的企业。

四、逐步结转分步法的优缺点

　　逐步结转分步法的优点：

　　（1）逐步结转分步法的成本计算对象是企业各生产步骤的半成品及最终的产成品，这就为企业分析和考核各生产步骤半成品成本计划和产品成本计划的执行情况，为正确计算半成品销售成本提供了资料。

　　（2）不论是采用综合结转还是分项结转，半成品成本都是随着半成品实物的转移而结转的。各生产步骤产品成本明细账中的生产费用余额，反映留存在各个生产步骤的在产品成本，还能为半成品和在产品的实物管理和生产资金管理提供数据。

　　（3）采用综合结转分步法结转半成品成本时，由于各生产步骤产品成本中包括所耗用上一生产步骤半成品成本，因而能够全面反映各生产步骤完工产品中所耗上一步骤中的半成品费用水平和本步骤生产费用水平，有利于各个生产步骤的成本管理。采用分项结转分步法结转半成品成本时，可以直接提供按原始成本项目反映的产品成本，满足企业分析和考核产品构成和水平的需要，而不必进行成本还原。

　　逐步结转分步法的缺点：

　　（1）核算工作的及时性较差。各生产步骤的半成品成本要逐步结转，如果半成品按实际成本计价，则各步骤不能同时计算成本，对成本计算工作的及时性有影响。

　　（2）在综合结转半成品成本的情况下，往往需要进行成本还原；在分项结转半成品成本的情况下，各步骤成本结转的核算工作量比较大；在半成品按计划成本结转时，还要计算和调整半成品成本差异。可见，逐步结转分步法的核算工作比较复杂。

第三节　平行结转分步法及其举例

一、平行结转分步法的适用范围与计算程序

（一）平行结转分步法的适用范围

在采用分步法计算成本的大量大批多步骤生产中，有的产品生产过程，首先是对各种原材料平行地进行连续的加工，成为各种半成品——零件和部件，然后再装配成各种产成品。例如，机械制造企业的车间一般按生产工艺过程设置，有铸工、锻工、加工、装配等车间。铸工车间和锻工车间利用各种原料分别生产各种铸件和锻件，加工车间对各种铸件和锻件进行加工，制造各种零件和部件，然后转入装配车间进行装配，生产各种机械产品。由于在这类生产企业中，各生产步骤所产半成品的种类很多，半成品对外销售的情况却较少，在管理上不要求计算半成品成本，因而为了简化和加速成本计算工作，在计算各步骤产品成本时，不要求计算各步骤所产半成品成本，也不计算各步骤所耗上一步骤的半成品成本，只计算本步骤所发生的各项其他费用以及这些费用中应计入产成品成本的"份额"。将各步骤应计入同一产成品成本的份额平行结转、汇总，即可计算出该种产品的产成品成本。这种平行结转各步骤成本的方法，称为平行结转分步法，或称为不计算半成品成本的分步法。在某些连续式多步骤生产企业，如果各生产步骤所产半成品仅供下一步骤继续加工，不对外销售，也可以采用平行结转分步法。

（二）平行结转分步法的计算程序

采用平行结转分步法，先由各生产步骤计算出某产品在本步骤所发生的各种费用，然后将各生产步骤该产品所发生的费用在最终产品与月末在产品（广义在产品）之间进行分配，确定各生产步骤应计入产成品成本的份额，最后，将各步骤应计入相同产成品成本的份额直接相加（汇总），计算出最终产成品的实际总成本。

这种结转各步骤成本的计算程序如图 11—2 所示。图中明细账金额单位为元。

图 11—2　平行结转分步法成本计算程序

二、平行结转分步法的特点

从图 11—2 所示的产品成本计算程序图可以看出，平行结转分步法具有如下特点：

（1）采用平行结转分步法，各生产步骤不计算半成品成本，只计算本步骤所发生的生产费用。

（2）采用平行结转分步法，各步骤之间不结转半成品成本，不论半成品实物是在各生产步骤之间直接转移，还是通过半成品库收发，都不需要设置"自制半成品"账户进行总分类核算和明细核算。也就是说，半成品成本不随半成品实物转移而转移。

（3）在平行结转分步法下，为了计算各生产步骤发生的生产费用中应计入产成品成本的份额，必须将每一生产步骤的生产费用在完工产品与月末在产品之间进行分配。应注意的是，这里的完工产品是指企业最后完工的产成品；这里的在产品是指尚未最终完工的全部在产品和半成品，即就整个企业而言的"广义在产品"。广义在产品包括：1）尚在本步骤加工中的在产品，即"狭义在产品"；2）已经本步骤加工完成，转入以后各生产步骤，但尚未最后制成产成品的半成品。

（4）将各步骤生产费用中应计入产成品成本的份额，平行结转、汇总，计算该种产成品的总成本和单位成本。

由上述可见，在平行结转分步法下，各步骤的生产费用（不包括所耗用上一步骤的半成品费用）要在最终产成品成本与广义在产品成本之间进行分配，计算这些费用在最终产成品成本中所占的份额。可见采用平行结转分步法的关键是如何正确确定各步骤生产费用中应计入产成品成本的份额。为此，企业应根据具体情况，采用前面章节所述的生产费用在完工产品与在产品之间分配的各种方法进行相应的分配工作，通常是采用约当产量比例法和定额比例法进行分配。

三、平行结转分步法的应用举例

例 11—4　某企业生产丙产品分三个步骤连续加工，上一步骤加工完成的半成品直接转入下一步骤继续加工。原材料在生产开始时一次投入，各车间生产费用在完工产品和在产品之间的分配采用约当产量法。成本核算采用平行结转分步法。该企业200×年 9 月份各步骤有关的产量和成本资料如下：

（1）三个步骤的产量记录，如表 11—12 所示。

表 11—12　　　　　　　　　　　　　　　**产量记录**　　　　　　　　　　　　计量单位：件

项　　目	第一步骤	第二步骤	第三步骤
月初在产品数量	300	400	200
本月投入（或转入）数量	800	1 000	1 200
本月完工转出数量	1 000	1 200	1 100
月末在产品数量	100	200	300
月末在产品完工程度	60%	50%	50%

（2）各步骤月初在产品成本和本期生产费用资料，如表 11—13 所示。

表 11—13　　　　　　　　　　　成本费用资料　　　　　　　　　　　单位：元

成本项目		直接材料	直接人工	制造费用	合　　计
月初在产品成本	第一步骤	103 500	11 700	8 700	123 900
	第二步骤		5 560	4 140	9 700
	第三步骤		1 800	1 300	3 100
本月发生费用	第一步骤	100 500	13 200	9 975	123 675
	第二步骤		15 440	11 610	27 050
	第三步骤		20 700	14 950	35 650

根据平行结转分步法的原理，该企业丙产品成本的计算分为两个步骤：第一步是计算各生产步骤应计入丙产品成本的份额；第二步是将各生产步骤应计入丙产品成本的份额汇总，计算出丙产品的实际总成本和单位成本。

1. 计算各生产步骤应计入丙产品成本的份额

采用平行结转分步法，各生产步骤只归集本步骤所发生的各种费用，月末，应将各生产步骤该产品所发生的费用在最终产品与月末在产品（广义在产品）之间进行分配，确定各生产步骤应计入产成品成本的份额。其计算过程如下：

（1）计算各步骤的约当总产量。

第一步骤的约当总产量：

直接材料项目＝1 100＋300＋200＋100＝1 700（件）

直接人工和制造费用项目＝1 100＋300＋200＋100×60％＝1 660（件）

第二步骤的约当总产量：

直接人工和制造费用项目＝1 100＋300＋200×50％＝1 500（件）

第三步骤的约当总产量：

直接人工和制造费用项目＝1 100＋300×50％＝1 250（件）

（2）计算费用分配率（单位成本）。

第一步骤费用分配率：

$$直接材料项目＝\frac{103\,500＋100\,500}{1\,700}＝120（元/件）$$

$$直接人工项目＝\frac{11\,700＋13\,200}{1\,660}＝15（元/件）$$

$$制造费用项目＝\frac{8\,700＋9\,975}{1\,660}＝11.25（元/件）$$

第二步骤费用分配率：

$$直接人工项目＝\frac{5\,560＋15\,440}{1\,500}＝14（元/件）$$

$$制造费用项目＝\frac{4\,140＋11\,610}{1\,500}＝10.5（元/件）$$

第三步骤费用分配率：

$$直接人工项目 = \frac{1\ 800 + 20\ 700}{1\ 250} = 18（元/件）$$

$$制造费用项目 = \frac{1\ 300 + 14\ 950}{1\ 250} = 13（元/件）$$

（3）计算各步骤应计入产成品的份额。

第一步骤最终产成品成本应负担的份额：

直接材料项目 = 1 100×120 = 132 000（元）

直接人工项目 = 1 100×15 = 16 500（元）

制造费用项目 = 1 100×11.25 = 12 375（元）

合计 = 132 000+16 500+12 375 = 160 875（元）

第二步骤最终产成品成本应负担的份额：

直接人工项目 = 1 100×14 = 15 400（元）

制造费用项目 = 1 100×10.5 = 11 550（元）

合计 = 15 400+11 550 = 26 950（元）

第三步骤最终产成品成本应负担的份额：

直接人工项目 = 1 100×18 = 19 800（元）

制造费用项目 = 1 100×13 = 14 300（元）

合计 = 19 800+14 300 = 34 100（元）

将上述计算分别记入各生产步骤的产品生产成本明细账（见表11—14～表11—16）后，可以分别计算出各生产步骤月末广义在产品的总成本。

表11—14　　　　　　　　　　　　**第一步骤产品生产成本明细账**

产品：丙产品　　　　　　　　　　　200×年9月　　　　　　　　　　　单位：元

摘　要	直接材料	直接人工	制造费用	合　计
月初在产品成本	103 500	11 700	8 700	123 900
本月发生费用	100 500	13 200	9 975	123 675
费用合计	204 000	24 900	18 675	247 575
单位成本（分配率）	120	15	11.25	146.25
应计入产成品成本份额	132 000	16 500	12 375	160 875
广义在产品成本	72 000	8 400	6 300	86 700

表11—15　　　　　　　　　　　　**第二步骤产品生产成本明细账**

产品：丙产品　　　　　　　　　　　200×年9月　　　　　　　　　　　单位：元

摘　要	直接材料	直接人工	制造费用	合　计
月初在产品成本		5 560	4 140	9 700
本月发生费用		15 440	11 610	27 050
费用合计		21 000	15 750	36 750
单位成本（分配率）		14	10.5	24.5
应计入产成品成本份额		15 400	11 550	26 950
广义在产品成本		5 600	4 200	9 800

表 11—16　　　　　　　**第三步骤产品生产成本明细账**

产品：丙产品　　　　　　　　　　　200×年 9 月　　　　　　　　　　　单位：元

摘　　要	直接材料	直接人工	制造费用	合　　计
月初在产品成本		1 800	1 300	3 100
本月发生费用		20 700	1 950	35 650
费用合计		22 500	16 250	38 750
单位成本（分配率）		18	13	31
应计入产成品成本份额		19 800	14 300	34 100
广义在产品成本		2 700	1 950	4 650

2. 汇总计算丙产品的实际总成本和单位成本

采用平行结转分步法，将各生产步骤应计入相同产成品成本的份额直接相加（汇总），就可以求得产成品的总成本。产成品总成本除以产成品的数量，可以计算出产成品的单位成本。

本例根据表 11—14～表 11—16 的计算结果，汇总编制产品成本计算表见表 11—17。

表 11—17　　　　　　　　**产品成本计算汇总表**

产品：丙产品　　　　　　　　　　　200×年 9 月　　　　　　　　　　　单位：元

摘　　要	直接材料	直接人工	制造费用	合　　计
第一步骤最终产成品成本应负担的份额	132 000	16 500	12 375	160 875
第二步骤最终产成品成本应负担的份额		15 400	11 550	26 950
第三步骤最终产成品成本应负担的份额		19 800	14 300	34 100
完工产品总成本	132 000	51 700	38 225	221 925
完工产品单位成本	120	47	34.75	201.75

根据产品成本计算汇总表，编制结转完工入库丙产品成本的会计分录如下：

借：库存商品——丙产品　　　　　　　　　　　　　　　221 925

　　贷：基本生产成本——丙产品　　　　　　　　　　　　221 925

四、平行结转分步法的优缺点

平行结转分步法的优点：

（1）采用平行结转分步法，各步骤可以同时计算完工产品成本，然后将应计入完工产品的成本份额平行汇总计入产成品成本，不必逐步结转半成品成本，从而可以加速成本计算工作。

（2）平行结转分步法一般是按成本项目平行结转汇总各步骤成本中应计入产成品

成本的份额，能够直接提供按原始成本项目反映的产品成本的数据，不必进行成本还原，简化成本计算工作。

平行结转分步法的缺点：

（1）不能提供各个步骤的半成品成本资料。

（2）半成品的费用在产品最后完成以前，不随实物转出而转出，即不按其所在的地点登记，而按其发生的地点登记，因而不能为各个生产步骤在产品的实物管理和资金管理提供资料。

（3）各生产步骤的产品成本不包括所耗用上一步骤半成品费用，因而不能全面地反映该步骤产品的生产耗费的水平（第一步骤除外），不能更好地满足这些步骤成本管理的要求。

实务案例

综合结转分布法应用

某企业甲产品经过三个车间连续加工制成，一车间生产 A 半成品，直接转入二车间加工制成 B 半成品，B 半成品直接转入三车间加工成甲产成品。原材料于生产开始时一次投入，各车间月末在产品完工率均为 50%。各车间生产费用在完工产品和在产品之间的分配采用约当产量法。

本月各车间产量资料表如表 11—18 所示。

表 11—18　　　　　　　　　　各车间产品产量表　　　　　　　　　单位：件

摘　　要	一车间	二车间	三车间
月初在产品数量	20	50	40
本月投产数量或上步转入	180	160	180
本月完工产品数量	160	180	200
月末在产品数量	40	30	20

各车间月初及本月费用资料如表 11—19 所示。

表 11—19　　　　　　　　各车间月初和本月生产费用额　　　　　　单位：元

摘　　要		直接材料	直接人工	制造费用	合　　计
一车间	月初在产品成本	1 000	60	100	1 160
	本月生产费用	18 400	2 200	2 400	23 000
二车间	月初在产品成本		200	120	320
	本月生产费用		3 200	4 800	8 000
三车间	月初在产品成本		180	160	340
	本月生产费用		3 450	2 550	6 000

根据以上资料，编制各步骤成本计算单（见表 11—20～表 11—22），采用综合结转分步法计算各步骤半成品成本及产成品成本，并进行成本还原（见表 11—23）。

表 11—20　　　　　　　　　　　　　第一车间成本计算单

产品名称：A 半成品　　　　　　　　　　　　　　　　　　　　　　　　　　单位：元

摘　要	直接材料	直接人工	制造费用	合　计
月初在产品成本	1 000	60	100	1 160
本月发生费用	18 400	2 200	2 400	23 000
合计	19 400	2 260	2 500	24 160
约当产量合计	200	180	180	
单位成本	97	12.56	13.89	123.45
完工半成品成本	15 520	2 009.6	2 222.4	19 752
月末在产品成本	3 880	250.4	277.6	4 408

表 11—21　　　　　　　　　　　　　第二车间成本计算单

产品名称：B 半成品　　　　　　　　　　　　　　　　　　　　　　　　　　单位：元

摘　要	半成品	直接人工	制造费用	合　计
月初在产品成本		200	120	1 320
本月发生费用	19 752	3 200	4 800	27 752
合计	19 752	3 400	4 920	29 072
约当产量合计	210	195	195	
单位成本	94.06	17.44	25.23	136.73
完工半成品成本	16 930.8	3 139.2	4 541.4	24 611.4
月末在产品成本	2 821.2	260.8	378.6	3 460.6

表 11—22　　　　　　　　　　　　　第三车间成本计算单

产品名称：甲产品　　　　　　　　　　　　　　　　　　　　　　　　　　　单位：元

摘　要	半成品	直接人工	制造费用	合　计
月初在产品成本		180	160	340
本月发生费用	24 611.4	3 450	2 550	30 611.4
合计	24 611.4	3 630	2 710	30 951.4
约当产量合计	220	210	210	
单位成本	111.87	17.29	12.90	142.06
完工产品成本	22 374	3 458	2 580	28 412
月末在产品成本	2 237.4	172	130	2 539.4

表 11—23　　　　　　　　　　　　　产品成本还原计算表

　　　　　　　　　　　　　　　　　　　　　　　　　　　　　　　　　　甲产品：200 件

行次	项目	还原分配率	B 半成品	A 半成品	直接材料	直接人工	制造费用	合计
(1)	还原前甲产品成本		22 374			3 458	2 580	28 412
(2)	B 半成品成本			16 930.8		3 139.2	4 541.4	24 611.4
(3)	第一次成本还原	$\frac{22\ 374}{24\ 611.4}=0.909$	— 22 374	15 390.1		2 853.53	4 130.37	
(4)	A 半成品成本				15 520	2 009.6	2 222.4	19 752

续前表

行次	项目	还原分配率	B半成品	A半成品	直接材料	直接人工	制造费用	合计
(5)	第二次成本还原	$\dfrac{15\,390.1}{19\,752}=0.779$		—15 390.1	12 090.08	1565.48	1734.54	
(6)	还原后甲产品成本				12 090.08	7 877.01	8 444.91	28 412
(7)	单位甲产品成本				60.45	39.39	42.22	142.06

本章小结

　　分步法是以产品的各生产步骤和最后阶段的产成品为成本计算对象，归集生产费用、计算产品成本的一种方法。它的基本特点：一是成本计算对象为各加工步骤的各种产品；二是成本计算期与会计报告期一致；三是月末要将生产费用在完工产品与在产品之间进行分配。分步法按照是否要在各步骤之间结转半成品成本，分为逐步结转分步法和平行结转分步法两种。

　　逐步结转分步法的计算特点是按各加工步骤的产品归集生产费用并计算其半成品成本，然后随着半成品实物的转移，半成品成本也跟着转移，直到最后计算出完工产品成本。逐步结转分步法按照半成品成本在下一步骤成本明细账中的反映方法又可分为综合结转分步法和分项结转分步法两种方法，这两种方法的区别在于下步骤耗用上步骤的半成品，其成本在下步骤产品成本明细账中是单设一个成本项目反映，还是分散在各有关成本项目中反映。综合结转分步法和分项结转分步法都既可以按实际成本结转，也可以按计划成本结转。

　　综合结转分步法下，由于各步骤所耗上一步骤产品成本是以"半成品"或"原材料"项目综合反映的，因而最后一个步骤产成品成本不能反映原始的成本项目数额。这就不利于从整个企业的角度来分析产品成本的构成和水平。因此，管理上如果要求从整个企业角度分析和考核成本项目构成时，要将逐步综合结转计算出的产成品成本进行还原，使其成为按原始成本项目反映的成本。

　　平行结转分步法的计算特点是在计算各步骤成本时，不计算各步骤所产半成品成本，也不计算各步骤所耗上一步骤的半成品成本，而只计算本步骤所发生的各项费用以及这些费用中应计入产品成本的份额，从而计算出完工产成品的成本。由于这种方法只计算本步骤生产费用计入产成品成本的份额，而不计算各步骤半成品的成本，因而与逐步结转分步法比较，不仅简化了成本计算工作，而且能直接反映产成品的原始成本构成。但也正因为不计算各步骤半成品成本，因而就不能反映各步骤产品成本情况，不利于在产品资金管理，也不利于各步骤成本耗费水平的分析和考核工作。

思 考 题

1. 什么是分步法？其主要特点是什么？
2. 简述逐步结转分步法的成本计算程序。
3. 什么是成本还原？成本还原的目的是什么？
4. 平行结转分步法的特点是什么？适用范围是什么？
5. 试比较逐步结转分步法和平行结转分步法的优缺点。
6. 如何理解平行结转分步法中在产品的含义？

第十二章　产品成本计算的辅助方法

学习要点

❶ 掌握产品核算的分类法
❷ 区分联产品、副产品和等级产品
❸ 能正确应用联产品成本的分配方法
❹ 掌握产品成本核算的定额法

导入案例

一、案例资料

大众制药股份有限公司用同一种原材料，在一个联合生产过程中生产三种产品：A产品、B产品和C产品。6月份，公司购买了1 000千克该种原材料，成本为30 000元，该公司发生的联合成本为4 000元。6月份的销售和生产信息如下：

	生产的数量（千克）	分离点的价格	每千克深加工成本	最终销售价格
A产品	200	55	—	—
B产品	300	40	—	—
C产品	500	30	5	60

A产品和B产品在分离点卖给其他制药公司。C产品可以在分离点销售也可以进一步加工包装后作为哮喘药销售。对于C产品和其他深加工产品，销售部门的调研结果表明，其市场前景很好。

二、讨论题

如果你是大众制药股份有限公司的生产部门经理，请作出联产品成本和销售的相关分析。

第一节　产品成本计算的分类法

一、分类法的概念及适用范围

分类法是将企业生产的产品分成若干类，按类别归集生产费用，先计算各类别完工产品总成本，然后再按照一定标准分配类内各种产品成本的一种方法。它是计算产品成本的一种辅助方法，可以与品种法、分批法、分步法等成本计算的基本方法结合起来应用。

在某些企业中，生产的产品品种或规格繁多，如果按产品的品种归集生产费用，计算产品成本，工作将极为繁重，采用分类法，可以将生产原料相同、生产工艺相似的产品归为一类，以类别为成本计算对象来归集生产费用，这样大大减轻了工作量。

运用分类法计算产品成本的结果是否正确主要取决于以下两个因素：首先，必须恰当地划分产品类别。一般应根据所用原材料、产品的结构和加工过程，将产品分为若干类，按照产品的类别设置成本计算单。如果单纯追求核算简化，将一些性质、结构和加工工艺过程相差悬殊的产品勉强合并，任意分类，就会影响成本计算的准确性。因此，在进行产品分类时，既不能过分细致，使成本计算过程复杂，也不能过分粗略，造成过大的成本计算误差。其次，必须在类别内部选择合理的标准分配费用。由于类内各种产品都按一定的比例分配计算，因而计算结果有着一定的假设性，为使分配结果尽可能符合实际，必须选择与成本水平高低有密切联系的分配标准，如果分配标准选择不合理，也会影响各种产品成本计算的准确性。

二、分类法的成本计算程序

（1）划分产品类别，以产品类别为计算对象，设置成本单（成本明细账），汇总生产费用。

按照产品结构、耗用原材料及工艺过程是否相同或相近为标准，合理划分产品类别，使成本计算既简化又相对正确。一般将原材料、生产工艺过程和结构基本相同或相近的产品归为一类。

（2）正确计算该类别完工产品总成本和月末在产品成本，填入该类别产品成本计算单。

以产品类别作为成本计算对象，按成本项目归集费用，直接或分配记入各类产品明细账。能按照类别划分的直接费用，应直接记入各类产品成本明细账；各类产品共同耗用的间接费用，应采用适当的方法分配后，分别记入各类产品的成本明细账。各类产品成本费用在完工产品与月末在产品之间分配后，即可得到本期完工产品成本。

（3）将该类别完工产品总成本按一定的分配标准在类内各种产品之间进行分配，

从而计算出各种产品成本。

对于各类完工产品应分别设立成本明细账，将各类产品的综合成本，选择一定的方法在类内各种产品之间进行分配。分配的标准应当与产品成本高低有密切的相关关系，而且简便易行。一般采用的标准有：1）产品的经济价值指标：计划成本、定额成本、销售价格等；2）产品的技术指标：重量、体积、长度等；3）产品生产的各种定额消耗指标：定额工时、定额消耗量等。分类法的成本计算程序见图12—1。

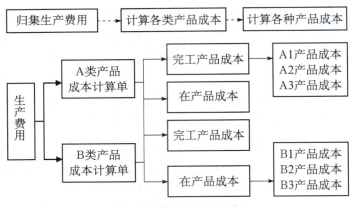

图 12—1　分类法成本计算程序

三、类内产品成本的分配方法及核算举例

在分类法下各类产品的在产品和产成品成本的划分方法可以采用前面介绍的在产品按定额成本计价，按定额比例、标准产量比例划分等方法。

按类计算出产品成本以后，要将各类产品总成本在类内的各品种或规格的产品之间进行分配，以便最终确定各品种或规格产品的成本。一般按照上面介绍的标准对类内产品成本进行分配，分配标准一经确定不应经常变动，以保证核算结果的可比性。

（一）系数分配法

在实际工作中为了简化类内成本在各品种或规格产品之间的分配工作，一般将各产品分配标准折算成相对固定的系数，再按此系数进行费用的分配，这种方法称为系数分配法，具体步骤如下：

第一步，在类内产品中选择一种产量较大、生产比较稳定或规格折中的产品作为标准产品，把这种产品的分配标准系数确定为"1"；

第二步，以其他产品的单位产品分配标准数据与标准产品的数据相比，求出的比例即为其他产品的系数；

第三步，把各种产品的实际产量乘以系数，换算成标准产品产量，或称为总系数；

第四步，按照标准产量的比例，计算类内各项费用，最后计算类内各种产品的总成本和单位成本。

例 12—1 某企业生产甲、乙、丙三种产品，由于使用的原材料和加工工艺基本相同，根据生产特点和管理要求，合并为一类产品计算成本。类内各种产品费用分配的标准为：直接材料按定额消耗量系数分配，直接人工和制造费用按定额工时系数分配，计算如下：

（1）汇总该类产品的成本，根据各种生产费用分配表和在产品定额成本资料（月末在产品按定额成本计算），填制该类产品成本计算单，见表12—1。

表 12—1　　　　　　　　　　　　成本计算单

产品类别：A类产品　　　　　　　　　　200×年9月　　　　　　　　　　单位：元

项　　目	直接材料	直接人工	制造费用	合　　计
月初在产品成本（定额成本）	11 200	7 400	5 600	24 200
本月费用	51 200	49 000	36 000	136 200
合计	62 400	56 400	41 600	160 400
产成品成本	51 150	45 375	36 850	133 375
月末在产品成本（定额成本）	11 250	11 025	4 750	27 025

（2）根据各种材料定额消耗量和定额工时资料，计算直接材料成本系数和定额工时系数，见表12—2。

表 12—2　　　　　　　　　　单位产品系数计算表

产品名称	直接材料成本系数				定额工时系数	
	材料定额消耗量	单位（元）	直接材料成本	系数	定额工时	系数
甲（标准产品）	20千克	2	40	1	60	1
乙	16千克	2	32	0.8	45	0.75
丙	30千克	2	60	1.5	96	1.6

（3）根据系数和产品产量资料，分配类内产品成本，见表12—3。

表 12—3　　　　　　　　　A类产品成本计算表

200×年9月　　　　　　　　　　单位：元

项目①	产量（件）②	材料成本系数③	材料费用总系数④=②×③	定额工时系数⑤	定额工时总系数⑥=②×⑤	直接材料⑦=④×分配率	直接人工⑧=⑥×分配率	制造费用⑨=⑥×分配率
分配率						18.6	16.5	13.4
甲	1 200	1	1 200	1	1 200	22 320	19 800	16 080
乙	1 000	0.8	800	0.75	750	14 880	12 375	10 050
丙	500	1.5	750	1.6	800	13 950	13 200	10 720
合计			2 750		2 750	51 150	45 375	36 850

类内产品成本＝直接材料＋直接人工＋制造费用

则类内各产品成本分别为：

甲产品成本＝22 320＋19 800＋16 080＝58 200（元）

乙产品成本＝14 880＋12 375＋10 050＝37 305（元）

丙产品成本＝13 950＋13 200＋10 720＝37 870（元）

（二）定额比例分配法

按定额比例法进行类内产品成本分配，是指在计算出类内产品的总成本后，按类内各种产品的定额比例进行成本分配，从而计算出类内每种产品成本的一种方法，具体步骤如下：

第一步，按成本项目分别计算出各类产品的本月定额成本或定额耗用量总数。在实际工作中，为简化核算，通常只计算原材料定额成本（定额耗用量）和工时定额耗用量，各成本项目则根据原材料定额成本（定额耗用量）或工时定额耗用量比例进行分配。

第二步，按成本项目分别求得各类产品本月实际总成本，并根据各种产品的成本定额总额计算出各项费用的分配率。例如，直接材料分配率＝类内各种产品直接材料实际总成本/类内各种产品定额成本总额。

第三步，用类内每种产品按成本项目分别计算的定额成本或定额耗用量乘以相关的分配率，即可求得各种产品的实际成本。

> **例 12—2** 假设星光照明厂生产普通和节能两种灯管，不同种类的灯管又分为不同的规格，为了满足经营管理的需要，采用分类法汇集生产费用，并结合定额比例法计算成本。根据节能型灯管的成本资料（见表 12—4 和表 12—5），计算该类产品的成本。

表 12—4 产品成本计算单

产品类别：普通灯管　　　　　　　　　200×年9月　　　　　　　　　单位：元

项　目	直接材料	直接人工	制造费用	合　计
月初在产品成本（定额成本）	23 800	3 250	4 718	31 768
本月费用	48 200	6 590	10 162	64 952
合计	72 000	9 840	14 880	96 720

表 12—5 产品产量及定额计算表

200×年9月

产品规格	数量	材料定额成本		定额工时	
		单位	合计	单位	合计
25W	1 000	12	12 000	3	3 000
15W	2 000	8	16 000	2	4 000
12W	2 500	6	15 000	1	2 500
8W	4 000	5	20 000	1.5	6 000
小计			63 000		15 500
期末在产品			17 000		8 500
合计			80 000		24 000

根据表 12—4 和表 12—5 的资料，计算各种规格产品的成本，见表 12—6。

表 12—6 　　　　　　　　　　　**产品成本计算表**

200×年 9 月

摘　要	直接材料		定额工时	直接人工	制造费用	合计（元）
	定额成本	实际成本				
月初在产品		23 800		3 250	4 718	31 768
成本本月发生费用		48 200		6 590	10 162	64 952
合计	80 000	72 000	9 840	14 880	96 720
分配率		0.9		0.41	0.62	
月末在产品成本	17 000	15 300	8 500	3 485	5 270	24 55
产成品成本	63 000	56 700	15 500	6 355	9 610	72 655
25W 总成本	12 000	10 800	3 000	1 230	1 860	13 890
单位成本		10.8		1.23	1.86	13.89
15W 总成本	16 000	14 400	4 000	1 640	2 480	18 520
单位成本		7.2		0.82	1.24	9.26
12W 总成本	15 000	13 500	2 500	1 025	1 550	16 075
单位成本		5.4		0.41	0.62	6.43
8W 总成本	20 000	18 000	6 000	2 460	3 720	24 180
单位成本		4.5		0.615	0.93	6.045

表 12—6 中，原材料定额成本、定额工时资料根据表 12—5 计入。分配率计算如下：

$$直接材料分配率 = \frac{72\ 000}{80\ 000} = 0.9$$

$$直接人工分配率 = \frac{9\ 840}{24\ 000} = 0.41$$

$$直接费用分配率 = \frac{14\ 880}{24\ 000} = 0.62$$

四、联产品、副产品和等级产品的成本计算

（一）联产品成本计算

在某些工业企业里，利用同一种原材料或者几种原材料，经过同一生产过程，同时生产出几种使用价值不同的产品。如果这些产品都是企业的主要商品产品，则成为联产品。例如，炼油厂将原油提炼可生产汽油、煤油、柴油、润滑油等产品。

在实际中联产品的生产主要有三种情况：一是原材料投入后，经过同一生产过程，生产出若干不同的产品；二是原材料投入同一生产过程后，在某一"点"上分离为不同的联产品，通常称这个点为"分离点"；三是某些联产品在"分离点"分离后，还需要进一步加工后再出售。在分离点之前，联合生产过程发生的费用称为联合成本。在这一阶段，很难将各种联产品按每种品种来归集生产费用，计算产品成本，所以，可将联产品视为同类产品，采用分类法计算共同发生的成本。分离点即是联合生产过程的结束，应该采用合适的分配方法，将前一阶段发生的联合成本分配给各联产品。分离后还需要进一步加工的联产品，应当采用适当的方法计算分离后的加工成本。

因分离后的加工成本可辨明其承担的主体，所以也称为可归属成本。分离后需加工的联产品成本等于该产品应负担的联合成本加上分离后的可归属成本。

由此可见，联产品成本的计算主要由三部分构成：联产品分离点前的联合成本计算、分离点的联合成本分配和分离点后可归属成本的计算，其中关键是确立分离点。

在联产品成本计算中，汇总联合成本及可归属成本的计算可运用前面已经介绍的有关方法。而联合成本的分配是联合产品成本计算的关键。联合成本分配的常用方法有：实物量分配法、系数分配法和销售价格分配法。

1. 实物量分配法

实物量分配法是以产品在分离点处相应的产出份额为基础分配联合成本的方法。实物量可采用产品总产量的重量或容积等。其优点是计算比较简便，其局限性在于并不是所有的成本都与实物量具有直接的相关关系，因而对于有些成本来说其分配的结果并不十分合理。

2. 系数分配法

系数分配法是将各种联产品的实际产量按规定的系数折算为标准产量，然后将联合成本按各联产品的标准产量比例进行分配的方法。在利用系数分配法分配联合成本时必须合理确定各种产品的系数，才能保证分配结果正确合理。在我国，系数分配法是一种得到广泛应用的联合成本分配方法。

3. 销售价格分配法

销售价格分配法是按各联产品的销售价格的比例分配联合成本的方法。这种方法把联合成本的分配与联产品的最终销售价格联系起来，目的是使这些联产品能取得相同的毛利率，其理论依据是售价高的联产品应该成比例地负担较高的联合成本。在一般情况下，高销售价格与高成本相对应，但不是所有的成本都与售价有关。这种方法一般适用于分离后不再加工的联产品。

下面举例介绍联合成本的分配方法。

例12—3 某企业利用同一原材料在同一生产过程中生产出A、B、C三种联产品，其中A和B可直接对外销售，C需进一步加工才能销售。A、B、C三种联产品在联合生产过程中发生的联合成本为500 000元，C进一步加工发生的加工费为25 000元。其联合成本的计算分配如下：

（1）采用实物量分配法分配联合成本。三种联产品的已知产量及应分配的联合成本见表12—7。

表12—7　　　　　　　　　　　联合成本分配表
（实物量分配法）　　　　　　　　　　单位：元

产品名称	实际产量（吨）	分配率	应分配的联合成本	单位成本
A产品	25		125 000	5 000
B产品	30		150 000	5 000
C产品	45		225 000	5 000
合计	100	5 000	500 000	—

（2）采用系数分配法分配联合成本。关于标准产品及分配标准的选择，在分类法中已作过介绍，所以这里不再重述。若选择 A 产品为标准产品，三种联产品的系数及联合成本的分配见表 12—8。

表 12—8　　　　　　　　　　　　联合成本分配表
（系数分配法）　　　　　　　　　　　　单位：元

产品名称	实际产量（吨）	系数	标准产量	分配率	应分配的联合成本	单位成本
A产品	25	1	25		125 000	5 000
B产品	30	1.3	39		195 000	6 500
C产品	45	0.8	36		180 000	4 000
合计	100		100	5 000	500 000	

（3）采用销售价格分配法分配联合成本。三种产品的销售价格及联合成本的分配见表 12—9。

表 12—9　　　　　　　　　　　　联合成本分配表
（销售价格分配法）　　　　　　　　　　　　单位：元

产品名称	实际产量（吨）	销售单价	销售收入	继续加工成本	净收入	分配率	应分配的联合成本	单位成本
A产品	25	10 000	250 000		250 000		138 888	75 555.52
B产品	30	15 000	450 000		450 000		250 000	8 333.33
C产品	45	5 000	225 000	25 000	200 000		111 112	72 469.16
合计	—	—	—	—	900 000	0.555 6	500 000	

（二）副产品成本计算

副产品是指使用同种原材料，在生产主要产品的过程中附带生产出来的非主要产品，或利用生产中的废料加工而成的产品。如原油提炼过程中产生的石焦油，香皂生产过程中产生的甘油等。这些产品的价值虽低，但它具有一定的使用价值，有时也作为产品对外销售，因此，必须计算其成本。副产品可以与主产品归为一类，设立成本计算单计算成本。副产品的价值较低，对企业收入的影响较小。为简化计算工作，通常只要将副产品按一定标准作价，从分离点前的联合成本中扣除即可。所以，副产品成本计算的关键是副产品的计价。

副产品分离后，可以作为产品直接对外销售，也可以进一步加工后再销售。所以副产品的成本计价将由于这两种不同的情况分别采用以下两种方法：

（1）分离后不再加工的副产品：如果副产品的价值较低，副产品可以不负担分离前的联合成本。如果副产品的价值较高，一般将其销售价格（不含税）作为副产品负担的成本从联合成本中扣除。副产品的成本可以从直接材料成本中一次性扣除，也可以按比例从成本项目中扣除。

例 12—4 某企业在生产 A、B 联产品的同时生产出甲副产品，本月发生直接材料 60 000 元，直接人工 30 000 元，制造费用 10 000 元。甲副产品产量为 1 000 千克，单位售价为 12 元（不含税）。副产品成本按比例从各项成本项目中扣除，副产品的成本计算如下：

甲副产品总售价 $= 12 \times 1\,000 = 12\,000$（元）

直接材料成本比例 $= \dfrac{60\,000}{60\,000 + 30\,000 + 10\,000} = 0.6$

直接人工成本比例 $= \dfrac{30\,000}{60\,000 + 30\,000 + 10\,000} = 0.3$

制造费用成本比例 $= \dfrac{10\,000}{60\,000 + 30\,000 + 10\,000} = 0.1$

甲副产品负担的直接材料成本 $= 12\,000 \times 0.6 = 7\,200$（元）

甲副产品负担的直接人工成本 $= 12\,000 \times 0.3 = 3\,600$（元）

甲副产品负担的制造费用成本 $= 12\,000 \times 0.1 = 1\,200$（元）

主产品负担的成本 $= (60\,000 + 30\,000 + 10\,000) - 12\,000 = 88\,000$（元）

（2）分离后需要进一步加工的副产品：一种情况是，副产品不负担分离前的联合成本，仅将分离后进一步加工而发生的成本作为副产品的成本。第二种情况是副产品既负担分离后的加工成本也按比例负担分离前的联合成本。在这种情况下联合成本的分摊，可以按照销售价格减去进一步加工的成本后的价值比例来分摊。这种方法受销售价格的影响比较大，因此在售价波动较大时，副产品也可以按照固定价格或计划成本作价。

例 12—5 承例 12—4，假设甲副产品在分离后需进一步加工，加工费为每千克 1 元，则

甲副产品应负担的成本 $= (12 - 1) \times 1\,000 = 11\,000$（元）

根据以上计算结果，主、副产品应负担的成本见表 12—10。

表 12—10　　　　　　　　　　副产品成本计算单

200×年 10 月

单位：元

成本项目	总成本	甲副产品应负担成本	A、B 主产品应负担成本
直接材料	60 000	6 600	53 400
直接人工	30 000	3 300	26 700
制造费用	10 000	1 100	8 900
合计	100 000	11 000	89 000

（三）等级产品成本计算

等级产品是指使用同一种原材料，经过同一生产过程生产出来的品种相同但是质量不同的产品。如针织厂生产的针织内衣可以分为一级、二级、三级，搪瓷品厂生产的搪瓷碗也可以分为不同等级。等级产品与联产品、副产品的概念是不同的，其区别

在于等级产品是指同一品种不同质量的产品，联产品、副产品则是指不同品种的产品。等级产品也不同于废品，等级产品是合格品，而废品是不合格品。

在进行成本计算时，如果这些等级品生产所用的原材料和工艺技术过程都完全相同，产品质量的等级是由于操作不慎造成的，则这些不同等级的产品，其单位成本应该相同，不能应用分类法为不同等级的产品确定不同的单位成本。如果这些等级品的原材料和工艺技术要求不同，则单位成本应该不同，这些等级品可视为同一品种不同规格的产品，应采用分类法计算成本。常用的方法是以单位售价的比例确定系数，按系数比例来分配各等级产品分担的成本。即售价越高，负担的联合成本越多。

第二节 产品成本计算的定额法

一、定额法的特点及其适用范围

前面讲述各种成本计算方法——品种法、分批法、分步法、分类法，其生产费用的日常核算和产品成本计算都是根据实际发生额进行的。这样，生产费用和产品成本脱离定额的差异及其发生的原因，只有在月末时通过实际资料与定额资料的对比、分析，才能得到反映，而不能在费用发生的当时得到反映。因而不能更好地加强定额管理和成本控制，不能更有效地发挥成本核算对于节约生产费用、降低生产成本的作用。

产品成本计算的定额法，也称定额成本法，是将产品的定额管理与成本核算有机地结合起来，以产品的定额成本为基础，加减实际脱离现行定额的差异、材料成本差异和定额变动差异计算产品实际成本的一种方法。因此，它是一种成本核算与成本管理紧密结合的方法。其主要特点有：

（1）以事先制定的产品定额成本，作为成本控制的目标和成本核算的基础。

（2）在生产耗费和支出发生的同时，就将符合定额的耗费、支出与发生的差异分别核算，以加强对成本差异的日常核算、分析和控制。

（3）月末，在定额成本的基础上，加减各种成本差异，计算产品的实际成本，为成本的定期考核和分析提供数据。

采用定额法计算产品成本时，实际成本的计算公式如下：

实际成本＝定额成本±脱离定额差异±材料成本差异±定额变动差异

定额法的适用范围：定额法是为了加强成本管理，进行成本控制而采用的一种成本管理与成本核算相结合的方法，它不是成本计算的基本方法，与企业生产类型没有直接联系。定额法主要适用于定额管理制度比较健全，定额管理基础工作比较好，产品生产已经定型，各项消耗定额比较准确、稳定的企业。由于该种方法与企业生产类型没有直接联系，所以，它可以与品种法、分类法、分步法等基本方法结合起来

使用。

二、定额法的计算步骤

采用定额法计算产品成本的一般程序如下：

（1）按照企业生产工艺特点和管理要求，确定成本计算对象及成本计算的基本方法。

（2）按照定额成本标准，进行逐项分解，计算各成本项目的定额费用，编制产品定额成本表。

（3）生产费用发生时，将其划分为定额成本和脱离定额成本差异两部分，分别编制凭证，予以汇总。

（4）按确定的成本计算方法，归集、结转产品定额成本和脱离定额成本差异、并按一定标准在完工产品与在产品之间进行分配。

（5）将产品定额成本加减所分配的脱离定额成本差异、材料成本差异及定额变动差异，求得产品的实际成本。

三、定额成本的计算

采用定额法，必须先制定单位产品的消耗定额、费用定额，并据以核算单位产品的定额成本。产品的消耗定额、费用定额和定额成本既是日常控制生产费用的依据，也是月末计算产品实际成本的基础，是进行产品成本事后分析和考核的标准。其计算公式为：

直接材料的费用定额＝产品的原材料消耗定额×原材料计划单价

直接人工费用定额＝产品的生产工时定额×生产工资计划单价

制造费用定额＝产品的生产工时定额×制造费用计划单价

直接人工费用和制造费用，通常按生产工时比例分配计入产品成本，因而其计划单价通常是计划的每小时各项费用额。各种费用额的合计数，就是单位产品的定额成本或计划成本。

产品定额成本的制定，一般是先以零部件的定额用料、定额用工制定其定额成本，再汇总计算各零部件的定额成本，最后汇总算出该产品的定额成本。如果产品的零部件较多，为了简化成本计算工作，也可以不计算零件定额成本，而根据列有原材料消耗定额、工序计划和工时消耗定额的零件定额卡，以及原材料计划单价、计划的工资率和其他费用率，计算部件定额成本，然后汇总计算产品定额成本；或者根据零部件的定额卡直接计算产品定额成本。在不计算零部件定额成本的情况下，在产品和报废零部件的计价，就要根据零部件定额卡、原材料计划单价、计划的工资率和其他费用率临时计算。零件定额卡、部件定额成本表和产品定额成本表的基本格式见表12—11、表12—12 和表 12—13。

表 12—11 　　　　　　　　　　　零件定额卡

零件名称：××

零件编号：202　　　　　　　　　　　200×年 10 月

材料编号	材料名称	计量单位	材料消耗定额
2550	××	千克	13.40
工时定额（小时）	累计工时定额（小时）		工序
1	3		3
2	2		5
3	5		10
4	4		14
5	6		20

表 12—12 　　　　　　　　　　　部件定额成本表

部件名称：××

部件编号：301　　　　　　　　　200×10 月　　　　　　　　　金额单位：元

所用零件编号或名称	所用零件数量	材料定额						金额合计	工时定额
		2550			2551				
		消耗定额	计划单价	金额	消耗定额	计划单价	金额		
201	2	26.80	9.6	257.28				257.28	40
202	5				18.40	14.60	268.64	268.64	30
装配									6
合计				257.28			268.64	525.92	76

定额成本项目					定额成本合计
直接材料	直接人工		制造费用		
	每小时定额	金额	每小时定额	金额	
525.92	4.20	319.20	9.40	714.40	1 559.52

表 12—13 　　　　　　　　　　产品定额成本计算表

产品名称：甲

产品编号：401　　　　　　　　　200×年 10 月　　　　　　　　金额单位：元

所用部件编号或名称	部件数量	材料费用定额		工时定额	
		部件	产品	部件	产品
301	6	525.92	3 155.52	76	456
302	4	572.44	1 144.88	54	216
装配					22
合计			4 300.40		694

定额成本项目					定额成本合计
直接材料	直接人工		制造费用		
	每小时定额	金额	每小时定额	金额	
4 300.40	4.20	2 914.80	9.40	6 523.60	13 738.80

　　在部件定额成本计算表中，部件的材料消耗定额和工时定额，按零件定额卡所列每一零件的材料消耗定额和工时定额分别乘以部件所用零件的数量计算；部件的直接人工和制造费用定额，按部件的工时定额分别乘以每小时直接人工定额和制造费用定

额计算。

在产品定额成本计算表中，产品的材料费用定额和工时定额，按每一部件的材料费用定额和工时定额分别乘以产品所用部件的数量计算；产品的直接人工和制造费用定额，按产品的工时定额分别乘以每小时直接人工定额和制造费用定额计算。

四、各种差异的核算

按定额成本法计算产品实际成本，其日常核算工作主要是确定三个差异：脱离定额差异、材料成本差异、定额变动差异。

（一）脱离定额差异的核算

脱离定额差异是指在生产产品的过程中，各项费用的实际发生额大于或小于（偏离）定额费用的差异。脱离定额差异根据成本项目分为原材料脱离定额差异、直接人工脱离定额差异和制造费用脱离定额差异。

1. 原材料脱离定额差异的核算

原材料脱离定额差异是指实际产量的现行定额耗用量与实际耗用量之间的差与计划价格的积。也就是说只包括材料耗用量的差异——量差，不包括价格差异，材料价格差异单独作为一个实际成本的差异因素进行核算。

$$\text{材料脱离定额差异}=\text{实际投入产量}\times\left(\text{单位产品实际材料用量}-\text{单位产品定额材料用量}\right)\times\text{材料计划单价}$$

$$=\left(\text{实际耗用材料总量}-\text{实际投入产量}\times\text{单位产品定额材料用量}\right)\times\text{材料计划单价}$$

根据产品生产所用的不同材料种类、投资方式以及定额差异类型和原因，通常采用以下三种方法计算原材料脱离定额差异：限额法、切割核算法和盘存法。

（1）限额法。这种方法也叫差额凭证法。在定额成本法下，原材料的领用一般采用限额领料制度。限额范围内的领料，根据限额领料单进行；由于生产任务增加而发生的超额领料，在办理追加限额手续后，仍可使用限额领料单领用。由于其他原因超额领料时，应填制超限额领料单，超支数就是材料脱离定额差异；如果实际耗用量低于定额耗用量，节约量也是材料脱离定额差异。

采用限额法对于控制领料有一定作用，但是，材料脱离定额差异应是用料差异。领料和实际用料还不完全相同，领去的材料并不一定就会耗用掉，因为车间可能有期初、期末余料。

例 12—6 某企业基本生产车间本月投产 A 产品 500 件，单位产品的原材料消耗定额为 10 千克，超额领料本月登记数量 500 千克。每千克单位计划成本 5 元。

A 产品原材料消耗定额＝500×10＝5 000（千克）

A 产品原材料定额成本＝5 000×5＝25 000（元）

A 产品原材料脱离定额差异成本＝500×5＝2 500（元）（超支差异）

（2）切割核算法。对于经过切割（下料）才能使用的材料，如管材、棒材等，除了采用限额法以外，还应采用切割核算法，即通过材料切割核算单，核算用料差异，控制用料。

材料在领用之后需要切割的，应当设立"材料切割核算单"，反映切割过程核算用料差异。使用的切割核算单位应当按材料种类、产品名称和操作人设立。单内分别反映发料数量、退料数量和实际消耗量，单位消耗定额、材料定额、毛坯数量和计算的定额消耗量及定额差异等。材料切割核算单的基本格式如表 12—14 所示。

表 12—14　　　　　　　　　**材料切割核算单**

材料编号或名称：甲材料　　　　　　　　　　　　　　材料计划单价：20 元
产品名称：A 产品　　　　　　　　　　　　　　　　废料计划单价：5 元
切割日期：200×年 8 月 22 日　　　　　　　　　　完工日期：200×年 8 月 26 日

发料数量		退回余料数量		材料实际消耗量		回收实际废料数量
800		80		720		10
单位消耗定额	单价回收废料定额	应切割的毛坯数量	实际切割的毛坯数量	材料定额消耗量		废料定额回收量
30	0.2	24	22	660		4.4
脱离材料定额差异		废料脱离定额差异		差异原因		责任者
数量	金额	数量	金额	按规定操作，废料增多		操作人
60	120	−5.6	−28			

在切割核算法下，余料是指剩余的可以按照规定的用途使用的材料，并非实际消耗的材料；而废料则是剩余的不能按照原来用途使用的边角废料，属实际消耗材料的一个组成部分。材料实际消耗量除以单位消耗定额即为应切割成的毛坯数量。材料定额消耗量和废料定额回收量应按实际切割成的毛坯数量分别乘以材料消耗定额和废料回收定额计算。材料实际消耗量减去定额消耗量即为材料脱离定额的差异数量，再乘以材料计划单价就可以计算出差异金额。废料实际回收量减去定额回收量即为废料脱离定额差异数量，再乘以废料单价，即为差异金额。由于回收废料超过定额的差异可以冲减材料费用，故表中列为负数；低于定额的差异列为正数。

（3）盘存法。采用盘存法计算材料脱离定额的差异，要求定期对在产品数量进行盘点，并据以计算当期投产产品的实际数量，借以确定投入材料定额成本并按实际消耗计算材料定额差异。基本做法如下：

一是根据全部领料凭证和退料凭证汇总计算当期（班、日、周、旬等）实际耗费；

二是根据期初、期末在产品盘存数量和投料程度计算本期投产数量，然后按照单位消耗定额计算本期投入的材料定额消耗量。公式如下：

本期投产数量＝本期完工数量＋期末在产品数量×期末在产品投料程度

—期初在产品数量×期初在产品投料程度

三是根据本期实际发生的材料费用减去计算的投入材料定额费用即为材料脱离定额的差异。

上述三种计算材料定额差异的方法，都是一些基本方法，对于各种产品耗用各种材料产生的定额差异数量和成本，应编制规范的汇总表，分别确定各种材料的定额耗费、实际耗费和定额差异及其原因。这种汇总表既可用于综合反映某种产品材料耗费脱离定额的具体情况，又可作为会计凭证登记产品成本明细账，还可作为内部报表送达有关决策、责任部门。材料脱离定额差异汇总表如表12—15所示。

表 12—15　　　　　　　　　　　原材料脱离定额差异汇总表

产品名称：乙　　　　　　　　　　200×年10月

材料编号	单位	单价	定额费用		实际费用		定额差异		差异原因
			数量	金额	数量	金额	数量	金额	
01	千克	15	4 800	72 000	4 900	73 500	＋100	＋1 500	废品
02	千克	20	2 050	41 000	2 010	40 200	—40	—800	革新工艺节料
03	千克	40	1 100	44 000	1 000	40 000	—10	—4 000	用替代材料
04	千克	9	0	0	100	900	＋100	＋900	替代材料
合计				157 000		154 600		—2 400	

上述汇总表综合反映了乙产品四种材料的定额差异形成情况，其中计划单价乘以实际用量为实际费用，仅指按实际消耗量计算的实际费用，不包括材料采购的成本差异，所以并不是严格意义上的实际成本。

2. 直接人工脱离定额差异的核算

生产工人工资有计件工资和计时工资之分，因此直接人工定额费用和脱离定额的差异的核算也有差异。

在计件工资形式下，生产工人工资属于直接计入费用，其脱离定额的差异的计算与原材料脱离定额的差异计算相似，可采用编制差异凭证的方法，即将符合定额的生产工人工资反映在产量记录中，脱离定额的差异反映在专设的差异凭证中。在计时工资形式下，生产工人工资属于间接计入费用，产生脱离定额差异的因素有两个：一是生产工时，二是小时工资率。其脱离定额差异的计算公式为：

某产品的实际人工费用＝该产品实际生产工时×实际小时工资率

某产品的定额人工费用＝该产品实际生产工时×计划小时工资率

某产品的人工费用脱离定额的差异＝该产品实际工资费用—该产品定额工资费用

上述公式中的实际小时工资率可以根据某车间实际生产工人工资总额除以该车间实际生产工时总额求得，计划小时人工费用率可根据某车间计划产量的定额生产工人工资除以该车间计划产量的定额生产工时求得。

因此，为了降低产品的工资费用，减少实际工资费用脱离计划工资费用的差异，一方面可以降低单位小时的工资率，另一方面可以降低单位产品的生产工时。

例12—7 设某企业生产甲产品，单位产品定额工时为 10 小时，本月实际投产量 500 件，计划小时工资率为 4 元；单位产品实际工时为 9 小时，实际小时工资率为 5 元。

甲产品实际工资费用＝500×9×5＝22 500（元）
甲产品定额工资费用＝500×10×4＝20 000（元）
甲产品的工资脱离定额的差异＝22 500－20 000＝2 500（元）

3. 制造费用脱离定额差异的核算

制造费用通常与计时工资一样，属于间接计入费用，在日常核算中不能按照产品直接计算脱离定额的差异，而只能根据每月的费用计划，按照费用发生的车间、部门和费用项目计算脱离计划的差异，据以控制和监督费用的发生。对于其中的材料费用，也可采用限额领料单、超额领料单等定额凭证和差额凭证进行控制。领用生产工具、办公用品和发生零星费用，则可采用领用首次和费用限额卡等凭证进行控制。在这些凭证中，先要列明领用计划数，然后登记实际发生数和脱离计划的差异数，对于超过计划的领用，也要经过一定的审批手续。因此，制造费用差异的日常核算，通常是指脱离制造费用计划的差异核算。各种产品应负担的定额制造费用和脱离定额的差异，只有在月末时才能比照下述计时工资的计算公式确定：

本期某产品定额制造费用＝本期投入定额工时×计划单价（定额小时费用率）

某种产品制造费用定额差异＝该产品实际负担的制造费用－该产品定额制造费用

由此可见，要控制产品的制造费用等间接计入费用不超过定额，不仅需要控制间接费用总额不超过定额，同时也应控制生产工时总额不超过定额。

（二）材料成本差异的核算

采用定额法时，为了加强对产品成本的考核和分析，材料日常核算都按计划价格进行，因而材料定额成本和材料脱离定额差异也是按计划单价计算的。这样，在月末计算产品实际成本时，还必须乘以由材料核算提供的材料成本差异率，计算应该负担的原材料成本差异，即所耗原材料的成本差异（价差）。其计算公式如下：

$$\begin{aligned}某产品本月应分配的\\材料成本差异\end{aligned}=\begin{aligned}本月材料\\实际用量\end{aligned}\times\begin{aligned}材料计划\\单价\end{aligned}\times\begin{aligned}材料成本\\差异分配率\end{aligned}$$

$$=\left(\begin{aligned}本月该产品原材\\料定额成本\end{aligned}\pm\begin{aligned}材料脱离\\定额差异\end{aligned}\right)\times\begin{aligned}材料成本\\差异分配率\end{aligned}$$

例12—8 某企业本月生产 A 产品所用原材料定额成本为 39 000 元，原材料脱离定额差异节约 860 元，本月原材料成本差异分配率为－2%。

该产品本月应分配的原材料成本差异＝（39 000－860）×（－2%）
＝－762.8（元）

（三）定额变动差异的核算

定额变动差异，是指由于修订消耗定额或计划价格而产生的新旧定额之间的差异。在消耗定额和计划价格修订以后，定额成本也随之及时修订。定额成本一般在月初、季初或年初进行修订，但在定额变动的月份，月初在产品的定额成本并未修订，它仍然是按照旧的定额计算的。为了将按旧定额计算的月初在产品定额成本和按新定额计算的本月投入产品的定额成本，在新定额的基础上相加起来，以便计算产品的实际成本，还应计算月初在产品的定额变动差异，用以调整月初在产品的定额成本。

月初在产品定额变动的差异，可以根据定额发生变动的在产品盘存数量或在产品账面盘存数量和修订前后的消耗定额，计算月初在产品消耗定额修订前和修订后的定额消耗量，从而确定定额消耗量的差异金额。其计算公式为：

$$定额变动系数 = \frac{各成本项目的新定额成本}{各成本项目的旧定额成本}$$

$$月初在产品的定额变动差异 = 月初在产品的定额成本 \times （1-定额变动系数）$$

如果消耗定额的变动表现为不断下降的趋势，一方面应从月初在产品成本中扣除大于新定额的差异部分，使之与新定额一致，这叫做月初定额成本调整；另一方面，由于该项差异是月初在产品生产费用的实际支出，不能被扣减掉，应该将该项差异作为定额变动差异加入当月生产费用，以保持期初在产品定额成本总额不变。相反，如果消耗定额是不断提高的，则月初在产品定额成本中应加上小于新定额的差异部分，使之与新定额一致。这就是说，本月产品成本总额未变，只是内部的表现形式有所变换：定额减少时，减少了定额成本，增加了定额变动差异；定额提高时，情况相反。否则账目就不平了。

例 12—9 某企业生产 A 产品，其月初在产品有 150 件，原材料项目的旧定额成本为 80 元，新定额成本改为 78 元。本月投产 500 件。月初在产品定额变动差异和定额调整数的计算如下：

定额变动系数＝78÷80＝0.975

期初在产品定额变动差异＝150×80×（1－0.975）＝300（元）

期初在产品定额成本调整数＝－300（元）

①期初在产品定额成本（旧定额）	12 000 元
②期初在产品定额成本调整	－300 元
③按新定额表示的期初在产品成本（150×78）	11 700 元
④本月投入产品的定额成本（500×78）	39 000 元
⑤定额成本合计（新定额）	50 700 元
⑥定额变动差异（单独反映）	300 元

①＋②＝③为期初在产品成本由旧定额成本转换为新定额表示的定额成本。

③＋④＝⑤为新定额表示的定额成本合计数（口径一致）。

期初在产品定额成本 12 000 元与本月投入的定额成本 39 000 元之和为 51 000 元，等于⑤＋⑥的结果。

五、定额法实例

例12—10 某企业大批量生产甲产品，该产品的各项消耗定额比较准确、稳定。为了加强定额管理和成本控制，采用定额法计算产品成本，材料在开始生产时一次投入，该产品的定额变动差异和材料成本差异由完工产品负担；脱离定额差异按定额成本比例，在完工产品和月末在产品之间进行分配。某年8月份的有关资料如下：

产品定额资料如表12—16所示。

表12—16 **甲产品定额单位成本计算表**

200×年8月

金额单位：元

成本项目	消耗量	计划单价	定额成本
直接材料	10千克	4.5	45
直接人工	2小时	10	20
燃料及动力	2小时	2	4
制造费用	2小时	1	2
合　　计	—	—	71

月初在产品100件，月初在产品成本资料如表12—17所示。

表12—17 **月初在产品成本资料**

200×年8月

单位：元

成本项目	定额成本	脱离定额差异
直接材料	4 500	200
直接人工	1 000	100
燃料及动力	200	50
制造费用	100	50
合　　计	5 800	400

（1）定额变动资料：

甲产品直接材料费用定额由上月的45元降为40元，由于月初在产品为100件，所用甲产品的定额变动差异为500元（5×100）。

（2）本月实际发生费用总额为32 450元，其中：直接材料20 400元，直接人工9 200元，燃料及动力1 870元，制造费用980元。

（3）月初在产品为100件，本月投产甲产品500件，当月甲产品完工400件，月末在产品为200件，在产品完工率均为50%。

（4）成本计算如表12—18所示。

表 12—18　　　　　　　　　产品成本计算单

产品名称：甲产品　　　　　　200×年8月　　　　　　　　　单位：元

成本项目	栏次	序号	直接材料	直接人工	燃料及动力	制造费用	合计
月初在产品	定额成本	①	4 500	1 000	200	100	5 800
	定额差异	②	200	100	50	50	400
月初在产品定额变动	定额成本调整	③	−500				−500
	定额变动差异	④	+500				+500
本月费用	定额成本	⑤	20 000	9 000	1 800	900	31 700
	定额差异	⑥	400	200	70	80	750
生产费用合计	定额成本	⑦=①+③+⑤	24 000	10 000	2 000	1 000	37 000
	定额差异	⑧=②+⑥	600	300	120	130	1 150
	定额变动差异	⑨=④	+500				+500
差异分配率		⑩=⑧/⑦	0.025	0.03	0.06	0.13	—
产品成本	定额成本	⑪	16 000	8 000	1 600	800	26 400
	定额差异	⑫=⑪×⑩	400	240	96	104	840
	定额变动差异	⑬=⑨	+500				+500
	实际成本	⑭=⑪+⑫=⑬	16 900	8 240	1 696	904	27 740
月末在产品	定额成本	⑮	8 000	2 000	400	200	10 600
	定额差异	⑯=⑧−⑫	200	60	24	26	310

实务案例

万维科技有限公司是为数码影像器材生产配套存储卡的企业。企业的产品分为各种规格型号，既适用于专业影像器材，也适用于低价的家用影像器材。

公司存储卡产品的生产包括两个基本工艺流程：一是内存芯片的制造与测试，二是存储卡的组装与测试。

在内存芯片的制造和测试工序中，投入的原材料是硅片，经过一个由180道操作过程组成的加工工序，每批投入的硅片生产出两种规格的芯片，根据芯片的存储容量和存储速度分为标准芯片和高档芯片。由于两种芯片是在同一生产过程中生产出来的，因此每种内存芯片的成本是不可辨识的，每批芯片的加工联合成本为220 000元。

在存储卡的组装与测试阶段，每批中的标准芯片以60 000元的单独可识别成本转化为标准存储卡，而每批中的高档芯片以100 000元的单独可识别成本转化为高档存储卡。表12—19给出了一批标准芯片和高档芯片的加工成本和价格资料。

项目	高档存储卡	标准存储卡
每批生产数量（单位）	400	600
每批生产的存储单位数量（M）	400 000	153 600
每批的可分组装与测试成本（元）	100 000	60 000
每批销售价格（元）	200 000	100 000

问题：

1. 万维科技有限公司应将标准存储卡作为联产品还是副产品进行成本核算？

2. 芯片的制造成本是存储卡的主要成本，应采用下面哪种方法计算标准芯片和高档芯片的生产成本？（1）实物量分配法（根据生产的存储单位数目）；（2）可实现净值分批法；（3）系数分配法。

本章小结

分类法相对于品种法、分步法和分批法三种基本的成本核算方法而言，是成本计算的一种辅助方法，它是先按产品类别汇集生产费用，计算各类完工产品的总成本，再采用一定的标准分配计算类内各种或各规格产品成本的一种成本核算方法。分类法适用于产品品种、规格繁多的工业生产企业的成本核算，可以简化成本计算工作。联产品是指使用同一种原材料，经过同一生产过程，生产出具有同等经济地位的两种或两种以上的主要产品。副产品是指在同一生产过程中使用同一种原材料，在生产主要产品的同时，附带生产出来的具有一定经济用途的非主要产品。等级产品是指使用同一种原材料，经过同一生产过程生产出来的品种相同但质量不同的产品。

定额法是以事前制定的产品的定额成本作为目标成本，在生产费用发生当时，将实际发生的费用与目标成本进行比较，揭示差异，寻找原因，并在定额成本的基础上加减各种差异以计算出产品的实际成本的一种成本核算方法。与品种法、分批法、分步法和分类法等实际成本核算方法相比，定额法不仅是一种成本核算的辅助方法，还是一种直接进行成本管理的成本控制方法，适用于各种类型的企业，有利于企业进行成本差异的分析和成本的事前、事中控制。

思考题

1. 什么是产品成本计算的定额法？

2. 什么是脱离定额差异？如何确定材料脱离定额差异、直接人工脱离定额差异和制造费用脱离定额差异？

3. 什么是材料成本差异？如何确定材料成本差异？

4. 什么是定额变动差异？如何确定定额变动差异？

5. 产品成本计算的定额法的适用范围和应用条件如何？

6. 定额变动差异与定额调整有何关系？

第十三章　其他主要行业成本核算

学习目的

❶ 商品流通企业成本核算方法
❷ 交通运输企业成本核算方法
❸ 施工企业成本核算方法
❹ 房地产开发企业成本核算方法

导入案例

　　大通公司准备在上海郊县开发房地产项目，对即将建成的房屋，公司打算一部分自用，一部分用于出租，一部分对外销售。公司的财务主管正在思考房地产开发过程和开发结束后的会计和成本核算问题。

　　你认为应该如何区别开发成本、固定资产、投资性房地产不同的核算过程呢？

第一节　商品流通企业成本核算

　　商品流通企业也称商品贸易企业或商业企业，是指以商品流通为主营业务的独立核算的经济单位，是商品流通中交换关系的主体，包括商业、外贸、石油、粮食、医药、图书发行、物资、供销合作社以及以从事商品流通活动为主营业务的其他企业。

　　按照商品流通企业在社会再生产过程中的作用，商品流通企业又可以分为批发企业和零售企业两大类。批发企业以从事批量销售业务为主，使商品从生产领域进入流通领域或生产性消费领域；零售企业以从事单个销售业务为主，使商品从生产领域或流通领域进入非生产性消费领域。

一、商品流通企业的成本核算特点及成本构成

商品流通企业通过商品购进、销售、调拨、储运等经营业务组织商品流转。商品流通企业在组织商品流转的过程中，需要一定数量的资金，并占有和支配一定的生产资料和劳动力。由于商品流通企业的主要经营活动是购进和销售两个环节，因此与制造企业资金运动的特点相比其资金运动的形态较为简单，即：货币资金——商品资金——货币资金，不存在生产资金的耗费过程。

根据商品流通企业的经营特点，可以看出其成本核算主要包括商品购进过程的进价成本核算和销售过程中的销售成本核算；在经营过程中，还会发生销售费用、管理费用和财务费用等期间费用。

（一）商品进价成本

商品采购成本是因采购商品而发生的有关支出，按照《企业会计准则第2号——存货》的规定，商品流通企业的商品采购成本包括购买价款、相关税费、运输费、装卸费、保险费以及其他可归属于商品采购成本的费用。故商品的采购成本可以作为商品的进价成本。在确定商品的采购成本时，按照商品来源地的不同，其商品进价成本核算的具体内容也有所区别。

1. 国内商品的采购成本

国内购进的商品以从国内购入商品的原始进价（即增值税专用发票上的价款）作为其采购成本，购进货物时发生的进货费用，如国内运杂费、手续费等也计入购进商品的采购成本中。如果存在商业折扣、回扣和类似项目，应将扣除商业折扣、回扣和类似项目后的金额确认为采购价格。

国内收购的农副产品的采购成本包括购货原价及不含税产品应缴纳的税金。按增值税条例的有关规定，一般纳税人向农产品生产者购买的免税农副产品可以按照买价和10％的扣除率计算增值税进项税额。购进的农副产品需要区分等级而发生的挑选整理费支出应计入农副产品的采购成本，作为农副产品成本的构成部分。

2. 进口商品的采购成本

进口商品的采购成本是指进口商品在运抵目的地港口前发生的各种支出，包括国外商品进价、应分摊的外汇价差、进口关税及相关代理进口费用等。其中进价，是按进口商品承付货款日的外汇牌价计算的到岸价（CIF）；如果进口商品不是到岸价，其进价则是在离岸价（FOB）的基础上，加上商品到达目的地港口前所发生的各项支出，如运费、保险费及佣金等。进口货物到达境内目的港后所发生的各种费用作为采购费用计入进口商品的采购成本。进口税金是商品报关时应缴纳的税金，包括进口关税、消费税；进口环节缴纳的增值税不计入采购成本。代理进口费用即是委托其他单位代理进口所支付的有关费用。企业在进口商品时发生的购货折扣、折让、退回及购进商品发生的索赔收入应冲减商品的采购成本。发生的能直接认定的进口佣金应调增商品采购成本；企业收到的佣金，冲减进价，不易按商品认

定的，冲减销售费用。

（二）商品销售成本

商品销售成本是指已销商品的成本，需要根据企业的业务性质以及商品进货渠道、交货方式对商品的销售成本加以计算和结转。

1. 数量进价金额核算法

批发企业商品销售成本的确定一般采用数量进价金额核算法。数量进价金额核算法是以实物指标和商品进价成本核算库存商品的购、销、存情况。"库存商品"总分类账和明细分类账均按照商品的进价成本登记入账。该账户的借方登记购入、盘盈的商品进价成本，贷方登记销售、发出和盘亏的商品成本，期末借方余额表示库存商品的进价成本。在企业商品品种较多的情况下，可以在总分类账和明细分类账之间增设商品类别账户，以便于企业库存商品的实物管理和账实核对。

企业可以设立"在途物资"账户，采购商品的进价成本记入该账户的借方，已验收入库的商品成本记入该账户的贷方，期末借方余额表示企业已采购但尚未验收入库的在途商品的采购成本。

在数量进价金额核算法下，企业可以采用先进先出法、移动加权平均法、全月一次加权平均法、个别计价法、毛利率法等方法，对商品的销售成本进行计算，以确定每批销售商品的进价成本。在确定销售商品成本的方法中，除毛利率法外其余方法同中级财务会计中的存货发出成本的计算。

毛利率法是指以本期商品的销售收入净额，按前期商品的实际毛利率或本期计划毛利率计算当期已销商品的毛利额，再以此推算当期已销商品和期末结存商品的成本的方法。

其计算公式如下：

本期销售商品成本＝本期销售收入净额－本期销售毛利

销售毛利＝本期销售收入净额×前期实际销售毛利率

销售毛利率＝销售毛利÷销售收入净额×100％

期末结存商品成本＝期初结存商品成本＋本期收入商品成本－本期销售商品成本

如果企业在季度终了时计算当期已销商品和期末结存商品的成本，由于本期的毛利是按上期的毛利率计算的，因此季末一般应按如下公式进行调整。

本期销售成本＝本季销售成本－前两期确认的销售成本

本季销售成本＝存货期初结存＋本季收入－季末结存

季末存货成本＝季末存货盘点数×最后进货单价

例13—1 某公司采用毛利率法计算销售商品成本。该公司第二季度的实际毛利率为20％，2009年7月共销售四批空调机，销售收入分别为100万元、160万元、150万元和200万元。则7月份空调机的销售成本计算如下：

销售毛利＝（100＋160＋150＋200）×20％

＝610×20％＝122（万元）

$$销售成本＝610-122＝488（万元）$$

计算出商品实际销售成本后，应进行销售成本的结转。其会计账务处理如下：

借：主营业务成本　　　　　　　　　　　　　　　　4 880 000

贷：库存商品——空调机　　　　　　　　　　　　　　　　4 880 000

毛利率法是按商品的类别综合计算，而不是按照商品的品种、规格计算成本，因而核算工作较为简化，但其成本不够准确。商品批发企业由于品种相对较少，同类商品的毛利率基本相同，因此采用此方法确定商品的销售成本比较适宜。

2. 数量售价金额核算法

除少数贵重物品及鲜活商品外，零售企业商品销售成本的确定一般采用数量售价金额核算法。

数量售价金额核算法是同时采用实物数量和售价金额两种计量单位核算库存商品的购、销、存情况。"库存商品"总分类账和明细分类账不是按进价而是按售价登记入账。该账户的借方登记购入、盘盈的商品售价，贷方登记销售、发出和盘亏的商品售价，期末借方余额表示库存商品的售价。在企业商品品种较多的情况下，也可以在总分类账和明细分类账之间增设商品类别账户，以便于企业库存商品的实物管理和账实核对。

同时，为反映商业零售企业外购商品的采购成本，设立"商品进销差价"账户作为"库存商品"账户的备抵账户。商品购入、加工收回、销售退回及盘盈等验收入库所产生的商品进销差价的增加记入该账户的贷方，商品出售、出租、盘亏等分配减少的商品进销差价记入该账户的借方，期末贷方余额表示企业库存商品的进销差价余额。

在数量售价金额核算法下，商品销售后按售价金额结转商品销售成本，已销商品成本中包含已实现的商品进销差价。具体处理是，在期末通过计算商品进销差价率确定当期已销商品应分摊的进销差价，并据以调整当期的销售成本。

其计算公式如下：

$$本期已销商品应分摊的进销差价＝本期商品销售收入×进销差价率$$

$$进销差价率＝\frac{期初库存商品进销差价＋本期购入商品进销差价}{期初库存商品售价＋本期购入商品售价}×100\%$$

$$本期已销商品的实际成本＝本期商品销售收入-本期已销商品应分摊的进销差价$$

例 13—2　某彩电销售商场 2 月份彩电的售价总额为 400 000 元，进销差价为 50 000元，本期以银行存款购进该彩电的进价为 320 000 元，售价为 360 000 元，当期销售该彩电的现销收入为 350 000 元。则 10 月份该种彩电的销售成本计算如下：

10 月购入彩电的进销差价＝360 000-320 000＝40 000（元）

$$进销差价率＝\frac{50\ 000＋40\ 000}{400\ 000＋360\ 000}×100\%＝11.84\%$$

已销彩电应分摊的进销差价＝350 000×11.84%＝41 440（元）

已销彩电的实际成本＝350 000-41 440＝308 560（元）

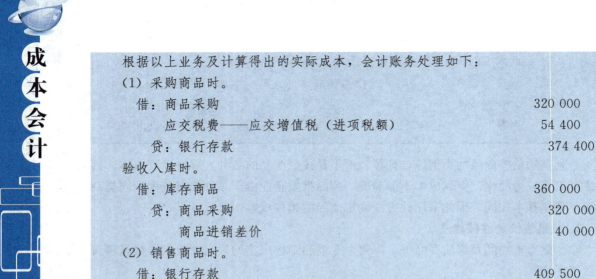

根据以上业务及计算得出的实际成本，会计账务处理如下：

（1）采购商品时。

借：商品采购   320 000
  应交税费——应交增值税（进项税额）   54 400
   贷：银行存款   374 400

验收入库时。

借：库存商品   360 000
  贷：商品采购   320 000
    商品进销差价   40 000

（2）销售商品时。

借：银行存款   409 500
  贷：主营业务收入   350 000
    应交税费——应交增值税（销项税额） 59 500

结转已销商品。

借：主营业务成本   350 000
  贷：库存商品   350 000

（3）根据计算，结转已销商品的进销差价。

借：商品进销差价   41 440
  贷：主营业务成本   41 440

采用数量售价金额核算法，其库存商品按售价计价，发生商品销售业务时可随时按售价进行成本结转，月末再按一定的方法计算已销商品应分摊的进销差价，并以此冲减商品销售成本，这种方法计算较为简便，适用于商业零售企业的商品购销核算。在实际业务中，由于企业商品的种类、各种商品进销差价率的均衡程度等具体情况不同，企业可按不同商品名称、类别或综合计算其实际差价率，以使计算结果更为准确，而且有利于按照具体情况考核商品经营的经济效益。

二、商品流通费用的核算

商品流通费用是商品流通企业在组织商品流转经营过程中所发生的、直接计入当期损益的期间费用，如商品采购费用、销售费用以及仓储费用等各项支出。商品流通费用主要包括管理费用、销售费用、财务费用和汇兑损益。

（一）管理费用

管理费用是商品流通企业管理和组织商品流通活动所发生的各项费用。主要包括管理人员的工资及福利费、折旧费、修理费、办公费、差旅费、董事会费（如董事会成员津贴、会议费和差旅费等）、工会经费、业务招待费、职工教育经费、咨询费、诉讼费、劳动保险费、税金等。

"管理费用"账户，应按费用项目设置专栏进行明细核算。企业发生各项管理费用时，借记"管理费用"账户，贷记"库存现金"、"银行存款"、"应付职工薪酬"、"累计折旧"等账户。期末，将本账户的余额转入"本年利润"账户，计入当期损益，结转后本账户无余额。

（二）销售费用

销售费用是指企业在销售商品过程中发生的各项费用。具体包括：运输费、装卸费、包装费、保险费、展览费、广告费，以及为销售本企业商品而专设的销售机构（含销售网点、售后服务网点等）的职工工资、福利费、业务费等经常性费用。

企业应设置"销售费用"账户，并按费用项目设置专栏进行明细核算。企业发生各项销售费用时，借记"销售费用"账户，贷记"库存现金"、"银行存款"、"应付职工薪酬"等账户。期末，应将本账户的余额转入"本年利润"账户，计入当期损益，结转后本账户无余额。

（三）财务费用

财务费用是指企业为筹集生产经营所需的资金而发生的费用。具体包括：利息净支出（减利息收入）、金融机构手续费、汇兑净损益（减汇兑收益）等。

企业应设置"财务费用"账户。并按费用项目设置专栏进行明细核算。企业发生各项财务费用时，借记"财务费用"账户，贷记"应付利息"、"银行存款"、"长期借款"等账户。期末，应将本账户的余额转入"本年利润"账户，计入当期损益，结转后本账户无余额。

第二节　交通运输企业成本核算

交通运输企业是从事旅客运输和货物运输活动的劳务性企业。交通运输企业是社会生产过程在流通环节的继续，对连接社会生产领域和消费领域起着重要的桥梁作用。具体包括铁路运输、公路运输、水陆运输、航空运输、管道运输以及与之配套的机场、港口、外轮代理、理货等各类企业。

一、交通运输企业成本核算的特点

根据交通运输企业的经营特点，交通运输企业成本核算的主要内容和特点包括以下几个方面：

（一）成本计算对象多样化

交通运输企业的成本计算对象是其运输的各类业务，以及构成各类业务的具体项目，如公路运输企业是以旅客运输和货物运输业务作为核算对象，对公路旅客运输和货物运输进行运输成本的计算。相应的其成本计算对象既可以是承接运输的各类业务及构成各类业务的具体业务项目，如运输业务、装卸业务、代理业务等，也可以是承担运输任务的各类运输工具及具体运行情况，如客运大巴、远洋货轮、集装箱卡车、运行线路、班次等。

（二）运输成本的计算与产品制造成本计算基本相同

运输过程中发生的各项费用先归集，然后再按照一定的方法分配计算各业务的营运成本。

交通运输企业的成本费用由运营成本和期间费用两部分构成。运营成本是指经营运输过程中实际发生的与营运直接相关的各项费用开支，包括三方面内容：（1）直接参与运输业务的各类消耗性机物料，如运输用燃油、润滑剂、备品配件、低值易耗品、材料、轮胎等；（2）直接从事运输业务人员的工资及福利费、津贴补贴等；（3）运输过程中发生的间接费用，如运输工具及固定资产的折旧费、修理费、租赁费、保险费、劳动保护费、季节性和修理期间的停工损失及事故净损失等。交通运输企业的期间费用主要包括管理费用和财务费用，除基本内容与制造企业相同，还包括铁路线路绿化费、铁路线路灾害防治费、各种港口使用费（饮水费、港务费、拖轮费、停泊费、代理费、理货费等）、公路运输管理费、路桥费、飞行训练费、乘客紧急救护费等等。

（三）营运成本与应计入当期成本的费用一致

交通运输企业的成本按月定期计算，并且生产经营与销售合二为一，没有在产品、也没有储存环节，因此不存在运输成本与销售成本之分，实际发生的营运成本一般即是当期应计入的成本，运输过程中发生的各项实际消耗支出便构成当期的运营成本，可以据此直接计算成本，并于期末结转入当期损益。

（四）成本计量单位采用复合计量

不同业务类别的交通运输企业由于运输工具、运输时间、运输距离的不同，在全面、综合反映运输成本时一般采用运输数量和距离相结合的复合计量单位进行成本计量，如吨公里（海里）、人公里（海里）及千人换算吨公里（海里）等。

二、交通运输企业营运成本的核算

交通运输企业营运成本的核算，应设置相应的成本核算账户，并下设相关明细账户，对各要素费用和间接费用进行归集、分配，计算营运业务的总成本和单位成本。

（一）交通运输企业设置的账户

为了全面反映和监督交通运输企业的实际运营成本，需设置如下账户：

（1）"运输支出"。核算交通运输企业沿海、内河、远洋和汽车运输经营旅客、货物运输业务所发生的各项费用支出。该账户可按运输工具类型或单车、单船设立明细账户，如"货车运输支出"、"客车运输支出"等，并按规定的成本项目进行明细核算。借方登记发生的各项相关运输支出以及按规定的分配标准从"船舶固定费用"、"船舶维护费"、"集装箱固定费用"、"营运期间费用"、"辅助营运费用"等账户分配转入的相关费用，贷方登记期末结转的营运成本。本账户年末无余额。

（2）"装卸支出"。核算交通运输企业江、河、湖、海港口和汽车运输企业因经营装卸业务所发生的各相关费用支出，同时按专业作业区或货物种类，依据规定的成本项目进行明细核算。借方登记发生的各项装卸支出以及按一定的标准从"营运间接费用"分配转入的费用。月末，本期发生的各项装卸费用从贷方转出，结转后本账户无余额。

（3）"堆存支出"。核算交通运输企业因经营仓库堆场业务所发生的费用，该账户按装卸作业区、仓库、堆场设备种类和规定的成本项目设置明细账户。该账户借方登记各项相关费用支出以及按一定标准从"营运间接费用"分配转入的费用。月末，本期发生的各项堆存支出从贷方转出，结转后本账户无余额。

（4）"辅助营运费用"。核算运输、港口企业发生的辅助船舶费用，以及企业辅助部门为本企业主要营运单位生产产品和提供劳务所发生的辅助费用。同时按船舶种类、辅助生产部门及成本计算对象设置明细账户。发生的各项相关费用支出记入本账户借方，月末按一定的标准分配转入各相关成本费用账户。

（5）"代理业务支出"。核算交通运输企业经营的各种代理业务支出的各项费用，同时按代理业务的种类和规定的成本计算对象设置明细账户。借方登记发生的各项代理业务费用以及按一定标准从"营运间接费用"账户分配转入的费用，月末将本期发生的各项代理费用从贷方转出。结转后本账户无余额。

（6）"港务管理支出"。核算海、河港口企业所发生的各项港务管理费用支出，同时按规定的成本项目设置明细账户。借方登记发生的各项港务管理费用，月末将本期发生的各项代理费用从贷方转出。结转后本账户无余额。

（7）"营运间接费用"。用于核算交通运输企业发生的各项不能直接计入各成本计算对象的相关费用，不包括企业行政管理部门的管理费用。借方登记发生的各相关费用支出，贷方登记期末按一定标准计算分配转出的各相关费用。

（8）"船舶固定费用"。用于核算计算航次成本的海洋运输企业为保持船舶适航状态所发生的费用（不包括海洋运输船舶的航次运行费用）。

（9）"船舶维护费用"。用于核算有封冰、枯水等非通行期的内河运输企业所发生的应由通行期负担的船舶维护费用。

（10）"集装箱固定费用"。用于核算发生的集装箱的固定费用，如集装箱的保管费、折旧费、修理费、保险费、租费、底盘车费及其他费用。

（二）交通运输企业营运成本核算程序

1. 按各成本计算对象设置相关明细账户

不同类型的交通运输企业在营运过程中，按各类业务或业务项目设置相关成本计算对象，同时为计算各相关业务的营运成本应设置明细账户，如运输业务成本是在

"运输支出"下设"客车运输支出"、"货车运输支出"明细账户进行核算，也可以按车型设置明细账户。

2. 归集费用，计算各类业务成本

当期发生的各项与营运过程直接相关的费用直接记入"运输支出"、"装卸支出"、"堆存支出"、"代理业务支出"、"港务业务支出"账户及其各成本计算对象的明细账户；发生的各项营运间接费用、辅助营运费用则分别记入"营运间接费用"、"辅助营运费用"账户，期末再将各营运业务的直接费用分配计入相关的业务成本，如运输业务、装卸业务、堆存业务、代理业务及港务管理业务等。

3. 月末，计算各类运输业务的总成本和单位成本

交通运输企业的各成本计算对象及明细账户记录的金额为各类运输业务的总成本，在此基础上结合运输周转量计算单位成本。同时交通运输企业将各类业务的营运成本转入"本年利润"账户。

例13—3 南方汽车运输公司下设货运队、客运队、调度站等营运生产单位，并分别为客运、货运计算运输成本。本月发生下列经济业务：

本月工资，货运队 30 000 元，客运队 40 000 元。

借：运输支出——货运	30 000
——客运	40 000
贷：应付职工薪酬	70 000

本月燃料的计划成本 100 000 元，货运队 80 000 元，客运队 20 000 元。

借：运输支出——货运	80 000
——客运	20 000
贷：燃料	100 000

支付汽车修理费 28 890 元，其中，货运队 21 000 元，客运队 7 890 元。

借：运输支出——货运	21 000
——客运	7 890
贷：银行存款	28 890

分配辅助营运费用，货运队负担 20 000 元，客运队负担 10 000 元。

借：运输支出——货运	20 000
——客运	10 000
贷：辅助营运费用	30 000

货运队本月完成的运输周转量为 1 000 千吨公里，客运队完成的运输周转量为 4 000 千人公里，本月汽车运输总成本和单位成本核算如下：

货运队总成本＝151 000（元）

货运队单位成本＝151 000÷1 000＝151（元/千吨公里）

客运队总成本＝77 890（元）

客运队单位成本＝77 890÷4 000＝19.47（元/千吨公里）

总成本＝151 000＋77 890＝228 890（元）

结转本月汽车运输成本。

借：本年利润　　　　　　　　　　　　　　　　　228 890
　　贷：运输成本——货运　　　　　　　　　　　　　　151 000
　　　　　　　——客运　　　　　　　　　　　　　　　77 890

第三节　施工企业成本核算

施工企业是指专门从事各类建筑工程、设备安装工程及其他专业工程施工的生产经营企业，其主要生产经营的产品为不动产，如房屋建筑物、各种设备、管道、隧道、桥梁、涵洞等；同时，工程施工内容还包括拆除废旧建筑物、平整场地、砌筑设备的基础支架、工程地质勘探、建筑施工场地竣工后的清理与绿化、矿井开凿以及设备试车等。

一、施工企业及其成本核算的特点

施工企业生产经营活动具有如下特点：施工生产的流动性强；施工生产周期长；工程产品具有单件性。与制造企业相比，施工企业的成本核算具有如下几方面的特点：

（1）以单一工程项目作为成本计算对象。

施工企业成本核算对象一般是以施工图概算为依据，结合施工现场的条件、工程特点及成本管理要求进行确定。如以每个独立编制施工图概算的单位工程为成本核算对象；或按施工图设计规定的部分及分项工程作为成本核算对象；或将几个工程合并为一个成本核算对象；或以分包施工单位作为成本核算对象；还可以将同一工程项目的不同专业工程（设备安装、管道通风、排水、送气等）作为成本核算对象。

（2）按工程进度的不同阶段、期间作为成本计算期间。

由于施工企业产品的规模大、周期长，施工周期与会计成本计算期不一致，且是单件产品，因此如果按照施工周期计算成本，不能及时反映工程成本发生的具体情况，而按月计算工程成本则在完工前的各月均表现为在产品成本，故在确定成本计算期时一般与工程收入相关联。如在采用完工百分比法时，按工程进度结算单位工程中已竣工部分的成本，即成本计算期与工程施工进度一致；采用完成合同法时，成本计算期与工程施工周期一致，即在单位工程竣工后结算工程成本。

（3）成本项目划分为直接成本和间接成本。

直接成本是指施工过程中耗费的构成工程实体或有助于工程完成的各项费用支

出，包括直接材料费用、直接人工费用（即从事建筑安装工程施工人员的工资、福利费、奖金及津贴等）、机械使用费（即施工工程中使用的自有施工机械发生的费用和租用外单位施工机械的租赁费以及施工机械安装、拆卸、进出场费等）、其他直接费用（如施工中发生的材料二次搬运费、临时设施摊销费、生产工具用具使用费、检验试验费、工程定位复测费及场地清理费等）。间接成本是指施工企业内部的各施工单位，如工程队、施工队、工区等为组织管理工程而发生的各种项目费用，包括施工管理人员工资、福利费、奖金，管理用固定资产折旧费及修理费，物料消耗，低值易耗品摊销，水电费，办公费，差旅费，取暖费，财产保险费，劳动保护费，检验试验费，工程保修费，排污费等。

二、施工企业的成本核算

施工企业对于施工成本的核算，需要设置专门的成本核算账户，按照施工企业成本核算的程序，依据一定的方法对工程建筑安装工程中发生的工程成本进行计算分配和结转。

（一）设置施工成本核算账户

为了反映和监督施工企业发生的各项工程费用，正确计算工程成本，施工企业一般应设置的成本类账户有："工程施工"、"机械作业"、"辅助生产"等。

1."工程施工"账户

该账户属于成本计算类的账户，主要核算企业进行建筑安装工程所发生的实际成本。借方登记施工工程中所发生的人工费、材料费、机械使用费、其他直接费用以及应分摊的管理费用，贷方登记结转完工工程的实际成本，月末借方余额表示未完工工程的成本。

2."机械作业"账户

该账户核算企业及其内部独立核算的各施工单位使用自有施工机械和运输设备进行施工作业所发生的各项费用，借方登记实际发生的机械作业使用费，月末按一定的方法计算各受益对象的机械使用费并进行分配结转，结转后无余额。

（二）施工企业工程成本计算程序

施工企业工程成本计算的程序一般如下：

（1）当期发生的各项与工程施工直接相关的材料费、人工费、机械使用费以及其他直接费用直接记入"工程施工"总账及其明细账户；发生的各项间接费用则按受益单位及经济用途分别记入"辅助生产"、"机械作业"、"管理费用"等相关账户。

（2）月末，将归集在"辅助生产"、"机械作业"等账户的施工费用，按照一定的方法分配转入"工程施工"等账户。

（3）月末，计算已完工工程的实际工程成本，并结转入"工程结算成本"账户。

（三）施工企业工程成本的核算

1. 材料费的核算

施工企业工程所需的各种主要材料、结构件、机械配件、周转料具及其他工程用材料购入时的实际成本核算与制造企业的外购材料实际成本核算基本相同；在发出领用各种材料时，企业同样可以选择实际成本或计划成本确定其单位成本，进行材料日常核算。

对于领用时可以直接确定数量、用途，明确成本计算对象的，在填制的领料凭证上直接注明成本计算对象；对于需要集中配料或统一下料的材料，则需要在领料凭证上注明"集中配料"，以便月末进行成本计算时根据材料领用及消耗定额情况编制集中配料分配表进行计算分配；对于不易确定数量、成本计算对象不明确的，在月末可采用实地盘点法，进行适当的计算分配，编制大堆材料耗用分配表；对于周转材料，应根据各成本核算对象的实际在用数量和规格的摊销方法计算当期应摊销额，并且计入有关的成本计算对象；如果出现工程竣工后剩余材料退库的情况，则及时办理退料手续，以便正确计算工程成本；工程过程中发生的下脚料、残次料等，也应及时入库并相应冲减工程成本。

月度终了，根据审核无误的领料单、定额领料单、大堆材料耗用表、周转材料摊销计算表、退料表等原始凭证编制工程施工材料费用分配表，根据各成本对象汇总计算实际耗用的各类材料的成本，编制如下会计分录：

借：工程施工——×工程

　　贷：库存材料

　　　　周转材料

2. 人工费的核算

施工企业的人工费包括应付直接从事工程施工的建筑安装工人以及在施工现场从事运料、配料等工作的辅助生产工人的工资总额。人工费用的计算分配是按照一定的方法在各成本计算对象之间进行的，具体的方法为：可以直接明确归属对象的人工费，根据施工任务单、工资费用结算分配表等有关工资结算凭证，直接计入有关成本计算对象；无法直接计入各成本对象的人工费，则按一定的标准进行计算分配。计算公式如下：

$$建筑安装工人日平均工资 = \frac{建筑安装工人工资总额}{实际耗用工日数}$$

$$受益对象应分配的工资 = 建筑安装工人日平均工资 \times 该受益对象实际耗用工日数$$

月度终了，施工企业可根据各施工单位的施工任务单、用工记录及工资结算汇总表等相关单证，编制工资费用分配表，并以此编制会计分录如下：

借：工程施工——甲工程

　　　　　　——乙工程

　　贷：应付职工薪酬

3. 机械使用费的核算

施工企业自用施工机械和运输设备进行机械作业发生的费用，分为两种情况：可具体分清某一成本计算对象的机械使用费直接计入该成本计算对象的工程成本；无法直接确定归属对象的，则采用一定的方法，在若干个成本计算对象之间进行分配。主要的分配方法有：台班分配法、预算分配法和作业量法。

（1）台班分配法。台班分配法是指按照各工程成本计算对象使用施工机械的台班数分配费用。该方法主要适用于按单机或机组进行成本核算的施工机械。公式如下：

$$机械使用费分配率 = \frac{机械使用费合计}{机械工作台班（或完工工程量）} \times 100\%$$

$$某工程项目应分配的机械使用费 = 该工程使用机械的工作台班（或完工工程量） \times 机械使用费分配率$$

（2）预算分配法。预算分配法是指按实际发生的机械作业费占预算规定的机械使用费定额的比率分配费用。该方法适用于不便计算使用台班的中小型施工机械。

（3）作业量法。作业量法是指以各种机械所完成的作业量为基础分配费用。该方法适用于能计算完成作业量的单台或某类机械。

月度终了，企业将归集在"机械作业"账户借方的机械使用费合计数，采用适当的方法计算后分配计入相关的成本对象。编制的会计分录如下：

发生机械使用费时：

借：机械作业

贷：库存材料

周转材料

累计折旧

应付职工薪酬等

月末分配机械使用费时：

借：工程施工——甲工程

——乙工程

贷：机械作业

4. 其他直接费的核算

其他直接费用是不经常发生的费用，一般发生在施工现场，或发生时一次结算，如现场耗用的水、电、风、气等费用。对于这些费用能够确定受益对象的，在费用发生时，直接计入该成本计算对象；若无法直接确定受益对象的，则按一定的方法计算分配后计入。

5. 间接成本的核算

间接成本，又称间接费用。是指施工单位为组织和管理施工所发生的各项费用，属于企业的施工成本，计入相关工程成本。实际业务处理中，在"工程施工"账户下设置"间接费用"明细账登记实际发生和结转的各项间接费用。

例13—4 运通建筑公司承包甲、乙两项工程，本月发生如下经济业务：

本月应付建筑安装工人工资100 000元，并按工资总额的14%计提了福利费。本月实际工时为5 000个工作日，其中，甲工程耗用3 000个工作日，乙工程耗用2 000个工作日。则本月工资费用分配如下：

日平均工资＝100 000÷5 000＝20（元/日）

甲工程本月应负担工资费用＝20×3 000＝60 000（元）

乙工程本月应负担工资费用＝20×2 000＝40 000（元）

借：工程施工——合同成本（甲工程）	68 400
——合同成本（乙工程）	45 600
贷：应付职工薪酬——工资	100 000
——职工福利	14 000

本月甲工程领用材料20 000元，乙工程领用材料10 000元。

借：工程施工——合同成本（甲工程）	20 000
——合同成本（乙工程）	10 000
贷：原材料	30 000

公司自有一台塔式吊车，本月实际发生费用20 000元，本月实际工作80个台班，其中，甲工程耗用30个台班，乙工程耗用50个台班，分配如下：

每台班成本＝20 000÷80＝250（元/台班）

甲工程应负担费用＝250×30＝7 500（元）

乙工程应负担费用＝250×50＝12 500

借：工程施工——合同成本（甲工程）	7 500
——合同成本（乙工程）	12 500
贷：机械作业	20 000

第四节　房地产开发企业成本核算

房地产开发企业是指从事房地产开发建设、经营管理和维修服务等业务的经济组织。房地产开发企业的业务主要包括：土地开发、商品房建设、城市基础设施和配套设施的建设、代建房屋和工程、房屋的出租和经营及房屋维修、装饰等其他业务。

一、房地产开发企业成本核算的特点

与其他行业相比，房地产企业成本费用的核算由开发经营费用的归集、分配、结转和开发成本计算两部分组成，有其自己的特点。

（1）严格遵守国家规定的成本费用开支范围。

房地产企业与开发经营有关的各项支出，都应当按照规定计入企业的成本、费用。其中开发成本包括土地征用及拆迁补偿费、前期工程费、建筑安装工程费、基础设施费、公共配套设施费以及开发间接费用；期间费用包括管理费用、财务费用和销售费用。

（2）合理确定成本核算对象。

房地产开发企业成本计算的过程就是按照既定的成本核算对象归集和分配开发建设费用的过程。房地产开发企业是按照城市总体规划、土地使用规划和城市建设规划的要求，在特定的固定地点进行开发建设。因此，在确定成本核算对象时，一般应结合开发项目的地点、用途、结构等特点进行。其一般的原则为：

1）一般的开发项目，应以每一独立编制的设计概（预）算，或每一独立的施工图预算所列的单项开发工程作为成本核算对象；

2）同一开发地点、结构类型相同的群体开发项目，如果开发、竣工时间接近，又由同一施工队伍施工，可以将其合并为一个成本核算对象；

3）对个别规模较大、工期较长的开发项目，可以按开发项目的一定区域或部分划分成本对象。

（3）成本项目繁多。

成本项目是指房地产开发企业在组织成本核算时，将开发产品成本按经济用途进行分类所确定的费用项目。具体包括：

1）土地征用及拆迁补偿费，包括土地征用费、耕地占用费、劳动力安置费及有关地上、地下附着物拆迁补偿的净支出、安置动迁用房支出等。

2）前期工程费，包括规划设计费、项目的可行性研究费、水文地质及工程地质勘察费、测绘费、"三通一平"支出等。

3）建筑安装工程费，包括企业以出包方式支付给承包单位的建筑安装工程费和以自营方式发生的建筑安装工程费。

4）基础设施费，包括开发小区道路、供电、供水、供气、排污、排洪、通信、照明、环卫、绿化等工程发生的支出。

5）公共配套设施费，包括不能有偿转让的开发小区内公共配套设施发生的支出。如小区内的锅炉房、水塔、自行车棚等设施的支出。

6）开发间接费用，是指企业所属单位直接组织管理开发项目发生的费用，包括工资、职工福利费、折旧费、修理费、办公费、水电费、劳动保护费、周转房摊销等。

企业在核算开发产品成本时，就是按照成本项目来归集企业在开发产品过程中所发生的应计入成本核算对象的各项费用。

二、房地产开发企业开发成本的核算

(一)房地产开发企业开发成本应设置的账户

房地产开发企业应设置"开发成本"、"开发间接费用"、"管理费用"、"财务费用"、"销售费用"等账户。

1."开发成本"账户

该账户核算房地产企业在土地、房屋、配套设施和代建工程开发过程中所发生的各项费用。企业对出租房进行装饰及增补室内设施而发生的出租房工程支出,也在本账户核算。借方登记各成本核算对象所发生的各项开发费用,其中直接费用,可直接计入本账户,应由多种开发产品共同负担的间接费用,先归集在"开发间接费用"账户,再按照一定的分配标准分配计入有关的开发产品成本,转入本账户;贷方登记结转已开发完成并验收合格的土地、房屋、配套设施和代建工程的实际成本;期末余额反映在建开发项目的实际成本。本账户应根据开发成本的种类,设置"土地开发"、"房屋开发"、"配套设施开发"、"代建工程开发"等明细账户。

企业发生的土地征用及拆迁补偿费、前期工程费、基础设施费和建筑安装费属于直接费用的,可在发生时,直接借记"开发成本"账户所属的明细账户的相应成本项目。应由多个开发项目共同负担的间接费用,先在"开发间接费用"账户进行归集,再按照一定的分配标准分配计入有关的开发项目成本。不能有偿转让的开发小区内配套设施发生的费用,应计入商品房等项目成本,在配套设施完工时,按一定的标准分配计入有关的房屋开发项目成本。如果配套设施和商品房建设不同步,也可在商品房竣工时将配套设施费预提计入竣工商品房成本,待配套设施竣工后再进行结算。

2."开发间接费用"账户

该账户用于核算企业内部独立核算单位为开发产品而发生的各项间接费用。包括工资、福利费、折旧费、修理费、办公费、水电费、劳动保护费、周转房摊销等。企业发生的各项间接费用,借记本账户,贷记有关账户。开发间接费用按成本核算办法的规定,分配记入有关的成本核算对象时,借记"开发成本"账户,贷记本账户。本账户期末无余额。本账户应按企业内部不同单位、部门设置明细账户,进行明细核算。

(二)成本费用核算的账务处理程序

开发项目采取不同的方式进行施工,成本费用核算的账务处理程序也不尽相同。

(1)一般情况下企业发生的各项支出,凡是不应计入成本费用的,应分别记入"固定资产购建支出"、"无形资产"、"固定资产"、"其他业务成本"、"营业外支出"等账户。

(2)凡是应计入成本费用的各项支出,属于计入成本的直接费用,可以直接记入"开发成本"账户有关明细账户相应的成本项目;属于计入成本的间接费用,则应先记入"开发间接费用"账户的有关明细账户，月末再分配计入各成本核算对象，记入"开发成本"账户有关项目相应的成本项目。

（三）房地产开发企业土地开发成本的核算

1. 土地开发成本的归集

企业开发的商品性建设场地的费用支出，可直接记入"开发成本——土地开发"明细账户的成本项目中。企业开发的自用建设场地的费用支出，能够分清承担对象的，可直接记入"开发成本——房屋开发"明细账户的成本项目中，不必单独核算土地开发成本；如果涉及两个或两个以上成本核算对象的，企业开发的自用建设场地的费用支出，先作为土地开发成本核算，记入"开发成本——土地开发"明细账户的成本项目中，待土地开发完成投入使用时，再按照一定的标准将其分配计入有关房屋建筑物等开发产品成本。

土地开发的费用支出中，属于直接费用，如土地征用及拆迁补偿费、前期工程费、基础设施费等，在发生时，应借记"开发成本"及有关明细账户；属于间接费用，在发生时，应先通过"开发间接费用"账户进行归集，期末按一定的标准分配记入"开发成本"及有关明细账户，作为土地开发实际成本。

2. 土地开发成本的结转

对于已完工土地开发项目，在结转其成本时，应根据其用途采用不同的方法。

（1）企业为销售或有偿转让的商品性建设场地，开发完工时，应将其实际成本转入"开发产品"账户，即借记"开发产品"账户，贷记"开发成本——土地开发"账户。

（2）企业自用的建设场地，应在开发完成投入使用时，将其实际成本结转计入有关的商品房、周转房或出租房等开发产品成本，即借记"开发成本——房屋开发"账户，贷记"开发成本——土地开发"账户。

（四）房屋开发成本的核算

房屋开发成本是指企业在进行房屋开发过程中所发生的各项开发直接费用和开发间接费用总和。主要包括土地征用及拆迁补偿费、前期工程费、基础设施费、建筑安装工程费、公共配套设施费和开发间接费用等项目。

1. 房屋开发成本的归集

房屋开发的目的和用途各异，其在开发建设过程中费用的发生情况也有所不同，对房屋开发成本的归集，应采取相应的办法计入各成本项目。

（1）土地征用及拆迁补偿费。在房屋开发建设过程中发生的土地征用及拆迁补偿费，能够分清负担对象的，应直接计入有关房屋成本核算对象的"土地征用及拆迁补偿费"成本项目。即借记"开发成本——房屋开发"账户，贷记"银行存款"等账户。

在房屋开发的建设过程中发生的土地征用及拆迁补偿费，不能分清负担对象的，应先通过"开发成本——土地开发"账户进行归集，待土地开发完工时，再按照一定的标准分配计入有关房屋成本核算对象的"土地征用及拆迁补偿费"成本项目。即借记"开发成本——房屋开发"账户，贷记"开发成本——土地开发"账户。

企业综合开发的土地，即开发完工后一部分作为商品性的建设场地对外销售，一部分留作自用建设商品房使用时，其所发生的土地征用及拆迁补偿费，应先通过"开发成本——土地开发"账户进行归集，待土地开发完工交付使用时，再将房屋开发应负担的土地征用及拆迁补偿费，从"开发成本——土地开发"账户转入"开发成本——房屋开发"有关明细账户的"土地征用及拆迁补偿费"成本项目中。

（2）前期工程费。企业在房屋开发建设过程中发生的前期工程费，如果能够分清负担对象的，应直接计入各房屋成本核算对象的"前期工程费"成本项目。即借记"开发成本—房屋开发"账户，贷记"银行存款"等账户。如果是由两个或两个以上的成本核算对象共同负担的前期工程费，在发生时，应按照一定的标准分配计入有关房屋成本核算对象的"前期工程费"成本项目。

（3）建筑安装工程费。企业在房屋开发建设过程中，因其建筑安装工程施工方式一般有自营和出包两种方式，所以企业在房屋开发建设过程中发生的各项建筑安装工程费用，应根据施工方式的不同而采用相应的归集和核算方法：

自营方式，即企业自己组织施工力量，进行房屋开发项目建筑安装工程的施工建设。该施工方式下所发生的建筑安装工程费用，如材料费、人工费、机械使用费等，均应按其实际发生数额计入有关房屋成本核算对象的"建筑安装工程费"成本项目。即借记"开发成本——房屋开发"账户，贷记"银行存款"、"库存材料"、"库存设备"、"应付职工薪酬"等账户。企业自行施工的大型建筑安装工程，应增设"工程施工"和"施工间接费用"账户，用于归集和核算企业发生的各项建筑安装工程费用，并定期转入"开发成本——房屋开发"明细账户有关房屋成本核算对象的"建筑安装工程费"成本项目。

出包方式，即企业将房屋开发项目出包给承包单位进行施工建设。该施工方式发生的建筑安装工程费用，应根据企业承付给承包单位的建筑安装工程价款，直接计入有关房屋成本核算对象的"建筑安装工程费"成本项目。即借记"开发成本——房屋开发"账户，贷记"银行存款"、"应付账款"等账户。

对于出包方式下的建筑安装工程费的核算，应注意两点：一是企业按照合同规定预付给承包单位的预付款和备料款，因支付时并未形成工作量，所以不能直接作为建筑安装工程费支出，在发生时应作为企业的预付账款进行核算；二是企业按合同规定拨付给承包单位抵作预付备料款和预付工程款的材料，应按照预算价格结算，预算价格与材料实际成本之间的差额，应计入有关房屋成本核算对象的"建筑安装工程费"成本项目。

（4）基础设施费。企业在房屋开发建设过程中发生的基础设施费，能够分清负担对象的，应直接计入有关房屋成本核算对象的"基础设施费"成本项目。即借记"开发成本——房屋开发"账户，贷记"银行存款"等账户。对于应由两个或两个以上成本核算对象共同负担的基础设施费，则应按照一定的标准分配计入有关房屋的成本核算对象的"基础设施费"成本项目。

（5）公共配套设施费。企业在房屋开发建设过程中发生的公共配套设施费，是指不能有偿转让的开发小区内公共配套设施发生的支出。这些配套设施发生的支出，应根据其是否与房屋同步建设的不同情况，采用相应的归集和核算方法。

配套设施与房屋同步建设。其发生的配套设施费，能够分清负担对象的，应直接计入有关房屋成本核算对象的"公共配套设施费"成本项目。即借记"开发成本——房屋开发"账户，贷记"银行存款"等账户。如果发生的配套设施费应由两个或两个以上的成本核算对象负担，则应先通过"开发成本——配套设施开发"明细账户进行归集，待配套设施竣工时，再按一定的标准分配计入有关房屋的成本核算对象的"公共配套设施费"成本项目。即借记"开发成本——房屋开发"账户，贷记"开发成本——配套设施"账户。

配套设施与房屋非同步建设。即先建设房屋后建设配套设施或房屋已经建成待售，而配套设施尚未全部完工。为了及时结转房屋成本，可采取预提的方法，按一定的分配标准计算确定已完工房屋应负担的公共配套设施费，计入有关房屋成本核算对象的"公共配套设施费"成本项目。待配套设施竣工时，再按照其实际发生支出数，冲减预提的公共配套设施费，实际支出数与预提数的差额，应增加或减少有关项目成本。

（6）开发间接费用。企业在房屋开发建设过程中发生的各项间接费用，应先归集在"开发间接费用"账户，期末再按照一定的方法分配计入有关房屋的成本核算对象的"开发间接费用"成本项目。即借记"开发成本——房屋开发"账户，贷记"开发间接费用"账户。

2. 房屋开发成本的结转

"开发成本——房屋开发"明细账户中归集的自开始建设起至本月末至的全部开发费用，在建设项目尚未完工时，即为在建的房屋实际成本，在开发项目竣工验收时，即为已完房屋开发项目的实际成本。对于已经完成全部开发过程，并已验收合乎设计标准的房屋，应及时结转其实际成本。

（1）对于已竣工验收的商品房、代建房，应将其实际成本转入"开发产品"账户，即借记"开发产品"相应的房屋、代建工程明细账户，贷记"开发成本——房屋开发"账户。

（2）对于开发完工的出租经营用房，竣工验收交付使用时，借记"出租开发产品"账户，贷记"开发成本——房屋开发"账户。竣工验收后不能直接交付使用时，应将其实际成本先转入"开发产品——房屋"账户，待实际投入使用时，再借记"出租开发产品"账户，贷记"开发产品——房屋"账户。

（3）对于开发完工的周转房，竣工验收后直接交付使用时，应将其实际成本转入"周转房"账户，即借记"周转房"账户，贷记"开发成本——房屋开发"账户。竣工验收后不能直接交付使用时，应将其实际成本先转入"开发产品——房屋"账户，待实际投入使用时，再借记"周转房"账户，贷记"开发产品——房屋"账户。

(五）房地产开发企业配套设施开发成本的核算

配套设施是指企业根据城市建设规划或开发建设项目规划的要求，为满足居住的需要而与开发项目配套建设的各种服务性的设施。

配套设施一般可以分为两类：第一类是建成后能够有偿转让的公共配套设施，这类配套设施是房地产开发企业的商品产品，原则上不能将其成本计入商品房和商品性建设场地成本，必须确定成本核算对象进行成本核算。该类配套设施具体包括：（1）根据城市建设规划，在开发项目以外为开发项目的居民提供居住服务的给排水、供水、供电、供气、供暖的增容、增压设施、交通道路等，它们建成后有偿转让给公用事业部门或市政建设部门；（2）根据规划在开发小区内建设的商店、银行、邮局等公共配套设施，它们建成后有偿转让给接受的单位；（3）根据规划在小区内建设的非营业性的配套设施，如中小学、文化站、医院等。第二类是建成后不能有偿转让的应计入开发项目成本的配套设施，如根据规划在开发小区内建设的不能有偿转让的锅炉房、水塔、居委会、公厕、自行车棚等。第二类配套设施是附属于商品房和商品性建设场地，与商品房和商品性建设场地一并发挥效益，其成本应当摊入商品房等开发产品成本中。

一般而言，为了全面掌握配套设施的实际支出以及概预算的执行情况，不论配套设施的成本是否摊入开发产品成本，都应以每一独立编制有设计概算或施工图预算的配套设施项目作为成本核算对象，开设成本明细账，计算其实际成本。但为了简化核算手续，对于只为一个土地或房屋开发项目服务的、应摊入开发项目成本的配套设施，可以不单独设置配套设施成本明细账，待配套设施费用发生时直接计入该土地或房屋开发项目成本。

配套设施作为开发产品的一部分，其开发的工作内容和费用构成与房屋开发相同。因此，也需要设置"土地征用及拆迁补偿费"、"前期工程费"、"基础设施费"、"建筑安装工程费"、"公共配套设施费"和"开发间接费用"成本项目进行核算。

1. 配套设施成本的归集

企业开发建设的配套设施，一般与开发产品在同一地点、并按照同一设计规划要求同时开发建设。对配套设施的开发成本的归集，应根据不同的情况，采取相应的办法计入各成本项目。

（1）土地征用及拆迁补偿费。企业配套设施占用的建设场地一般属于商品房等开发项目建设场地的一部分。因此，对配套设施占用建设场地而负担的土地征用及拆迁补费应按照其实际占用土地面积的比例分配计入配套设施开发成本。其计算公式为：

$$\frac{\text{建设场地单位面积}}{\text{土地征用及迁移补偿费}} = \frac{\text{土地征用及迁移补偿费}}{\text{各成本核算对象占用建设场地总面积}}$$

$$\frac{\text{某配套建设工程应}}{\text{负担的土地征用及迁移补偿}} = \frac{\text{建设场地单位面积土}}{\text{地征用及补偿迁移费}} \times \frac{\text{该配套设施工程}}{\text{占用建设场地面积}}$$

式中的各成本核算对象包括：开发建设的商品房、出租经营房、周转房、代建房以及能够有偿转让的公共配套设施等。式中的占用建设场地的总面积是指以上建筑物实际占用的面积而不是指征用的土地或建设场地面积。

通过分配计算，将配套设施应负担的土地征用及拆迁补偿费，计入有关配套设施成本核算对象的"土地征用及迁移补偿费"成本项目。即借记"开发成本——配套设施开发"账户，贷记"开发成本——土地开发"账户。

（2）前期工程费和基础设施费。由于企业开发建设配套设施的前期工程和基础设施工程，一般都是与商品房开发产品的前期工程和基础设施工程同时进行的，其发生的费用大多属于共同费用支出。因此，除能够分清应由某项配套设施工程负担的前期工程费和基础设施费，可直接计入有关配套设施成本核算对象的"前期工程费"、"基础设施费"成本项目外，其余发生的前期工程费和基础设施费，应按照一定的标准分配计入有关配套设施成本核算对象的"前期工程费"和"基础设施费"成本项目。即借记"开发成本——配套设施开发"账户，贷记"银行存款"、"应付账款"等账户。

（3）建筑安装工程费。企业开发建设配套设施所发生的建筑安装工程费，其核算方法与本章"房屋开发成本核算"相同。无论采用自营方式还是出包方式，对于开发建设的配套设施项目所发生的建筑安装工程费，均应计入有关配套设施成本核算对象的"建筑安装工程费"成本项目。

（4）公共配套设施费。企业配套设施成本核算对象的"公共配套设施费"成本项目，核算的是能够有偿转让的配套设施负担的不能有偿转让的配套设施发生的费用支出。一般需将不能有偿转让的配套设施发生的费用支出，按一定的标准分配计入能够有偿转让的配套设施成本核算对象的"公共配套设施费"成本项目。

（5）开发间接费用。企业配套设施成本核算对象的"开发间接费用"成本项目，核算的是能够有偿转让的配套设施负担的开发间接费用。在发生时，先归集在"开发间接费用"账户，待期末按照一定的标准分配转入"开发成本——配套设施开发"成本核算对象的"开发间接费用"成本项目。

2. 配套设施开发成本的结转

企业对于已完工的配套设施工程，应根据其种类、用途的不同，采取相应的方法进行结转。

（1）对于按规定应计入商品房等开发项目成本不能有偿转让的配套设施，竣工验收后，应将其发生的实际成本，按照一定的标准分配记入"开发成本——房屋开发"等账户，即借记"开发成本——房屋开发"等账户，贷记"开发成本——配套设施开发"账户。

（2）对于能够有偿转让的配套设施，竣工验收后，应将其实际成本转入"开发产品"账户。即借记"开发产品"账户，贷记"开发成本——配套设施开发"账户。

（六）代建工程开发成本的核算

代建工程是指开发企业接受其他单位委托，代为开发建设的各项工程，包括建设场地、房屋、市政工程等。由于代建工程种类较多，各种代建工程的开发内容和开发特点不同，应采取不同的计算和结转方法。

开发企业受托代为开发的建设场地和各种房屋，其开发内容和特点与自有土地和房屋开发相同。因此，可以在"开发成本——土地开发"账户和"开发成本——房屋开发"账户下分别按每个代建开发项目设置明细账，其核算方法同前。

开发企业受托代为开发的除建设场地和房屋以外的其他工程，如城市道路建设；旅游风景区建设，包括兴建公园、风景区以及景区内的各种服务设施；城市建设，包括兴建自来水厂、煤气站、城区供电、供气、桥梁涵洞、园林绿化等。应根据实际情况确定代建工程的成本核算对象，一般可按照合同或委托单位的要求，以施工图预算所列的单位工程或单项工程作为成本核算对象。

代建工程作为开发产品的一部分，其成本项目具有与房屋开发相同的成本项目。但一般的市政工程不需要设置"公共配套设施费"成本项目。

企业发生的各项代建工程费用，应按照其成本核算对象和设置的成本项目进行归集，在费用发生时，应借记"开发成本——代建工程开发"账户，贷记"银行存款"等账户。

代建开发项目竣工时，应将其实际成本转入"开发产品"账户。即借记"开发产品——代建工程"账户，贷记"开发成本——代建工程开发"账户。

例13—5 大通房地产公司开发商品房，发生下列经济业务：

1. 开发土地5 000平方米，用银行存款支付下列费用：土地征用及拆迁费用8 000 000元，前期工程费2 000 000元，基础设施费4 000 000元，建筑安装工程费1 000 000元，共计15 000 000元，编制会计分录如下：

　　借：开发成本——土地开发　　　　　　　　　　　　　15 000 000
　　　　贷：银行存款　　　　　　　　　　　　　　　　　　　15 000 000

2. 上述土地工程已完工，其中2 500平方米用于商品房的建设，结转其土地开发成本，各项土地开发费用结转额为：

$$各项土地费用结转率 = \frac{2\,500}{5\,000} \times 100\% = 50\%$$

土地征用及拆迁费 = 8 000 000 × 50% = 4 000 000（元）

前期工程费 = 2 000 000 × 50% = 1 000 000（元）

基础设施费 = 4 000 000 × 50% = 2 000 000（元）

建筑安装工程费 = 1 000 000 × 50% = 500 000（元）

编制会计分录如下：

　　借：开发成本——房屋开发　　　　　　　　　　　　　7 500 000

贷：开发成本——土地开发　　　　　　　　　　　　　　　　　7 500 000

　　3. 将上述商品房建筑工程出包给城建三公司。商品房竣工后，城建三公司提交工程价款结算单，工程价款共计 10 000 000 元。原已预付工程价款 5 000 000 元。经审查同意，支付余款 5 000 000 元。编制会计分录如下：

　　　　借：开发成本——房屋开发　　　　　　　　　　　　　　　　10 000 000
　　　　　贷：预付账款　　　　　　　　　　　　　　　　　　　　　　　10 000 000
　　　　借：预付账款　　　　　　　　　　　　　　　　　　　　　　　 5 000 000
　　　　　贷：银行存款　　　　　　　　　　　　　　　　　　　　　　　 5 000 000

　　4. 按照有关规定，大通公司建设与商品房配套的公共设施，包括居委会、水塔、自行车棚，共计发生建筑安装费用 1 200 000 元，承建单位——省建五公司已提交工程价款结算单，经审查同意延期付款（注：公共配套设施通常与主体商品房一同建设和结算，此处为了理解方便假设分开），编制会计分录如下：

　　　　借：开发成本——房屋开发　　　　　　　　　　　　　　　　 1 200 000
　　　　　贷：应付账款　　　　　　　　　　　　　　　　　　　　　　　 1 200 000

　　5. 商品房应负担间接工程费用 300 000 元，结转该费用，分录如下：

　　　　借：开发成本——房屋开发　　　　　　　　　　　　　　　　　 300 000
　　　　　贷：开发间接费用　　　　　　　　　　　　　　　　　　　　　　 300 000

　　6. 商品房已经竣工并通过验收，结转其实际成本，编制会计分录：

　　　　借：开发成本——房屋　　　　　　　　　　　　　　　　　　 1 900 000
　　　　　贷：开发成本——房屋开发　　　　　　　　　　　　　　　　 1 900 000

本章小结

　　在市场经济体系中，除工业企业外，还有商品流通企业、交通运输企业、建筑施工企业、房地产开发企业、金融保险企业、邮电通信企业、旅游饮食服务企业以及农业企业等多种行业。其他类型的企业由于其所在行业的特点和经营管理的要求而形成了自身成本核算的特点和方法，是成本会计核算和成本控制的重要对象。本章介绍了其他特殊行业的成本核算特点及成本核算方法。对于商品流通企业，主要考虑的是商品采购成本、商品销售成本的核算；对于交通运输企业，主要考虑的是交通营运成本；对于工程施工企业，主要学习了工程施工成本的核算；对于房地产企业主要学习了土地开发成本、房屋开发成本、配套设施成本及期间费用的核算。

思考题

1. 商品流通企业国内和国外采购商品进价成本具体包括哪些内容？
2. 商品批发企业和商品零售企业各自的成本核算特点是什么？
3. 交通运输企业成本核算具有哪些特点？
4. 交通运输企业成本计算对象有哪几类？各有何特点？
5. 施工企业生产经营的特点是什么？其成本核算的程序如何？
6. 施工企业对间接费用的归集和分配是如何进行的？
7. 房地产开发企业如何确定成本计算对象？其成本计算期间如何确定？
8. 房地产开发企业的土地开发成本和房屋开发成本的内容有什么不同？对两者的会计处理是如何进行的？

第十四章　成本报表的编制和分析

❶ 理解成本报表的概念

❷ 掌握成本报表的作用、种类和特点

❸ 掌握产品生产成本表、主要产品单位成本表和各种费用报表等主要成本报表的编制方法

❹ 了解成本报表分析的意义

❺ 熟练运用成本分析的基本方法对成本计划完成情况和单位产品成本变动情况进行分析

导入案例

一、案例资料

宏达公司是一家新成立不久的 IT 企业，公司业务发展迅速。刚刚从事会计工作的小李负责成本核算和成本报表的编制。

小李在学习成本会计时就知道，成本报表属于内部报表，主要是为了满足企业内部经营管理的要求编制的，不对外公开。因此，对成本报表的格式、种类和编制方法等，国家不作统一的规定。既然没有标准可循，各类成本报表究竟如何编制呢？由于公司成立不久，没有往年的资料可以借鉴，对同行业的水平也不太了解。对此，小李感到很困惑。小李参照在学校时所学到的知识，依据产品成本计算单和产品生产成本明细账的数据来编制成本报表。最后，他发现这样编制出的成本报表缺乏可比性，实际应用价值也不大。

尽管小李每月按时编制三类主要的成本报表：产品生产成本表、主要产品单位成本表和各项费用报表，公司负责财务工作的副总还是经常抱怨，报表提供的信息不足以帮助管理者改进生产，降低成本。这个正处在快速发展阶段的公司经常发生一些新业务，而成本报表披露的信息总是滞后，发挥不了成本信息及时指导生产的作用。

二、讨论题

1. 成本报表的作用是什么？报表中应该反映哪些内容？

2. 主要的成本报表有哪些类型？如何编制这些报表？

3. 管理者如何利用这些成本报表？

第一节　成本报表概述

成本报表是根据产品成本和期间费用的核算资料以及其他有关资料编制的，用以反映和监督企业一定时期产品成本和期间费用水平及其构成情况的报告文件。编制和分析成本报表是成本会计工作的一项重要内容。

成本是综合反映企业生产技术和经营管理工作水平的一项重要质量指标。成本指标的综合性特点，以及它同其他各项技术经济指标的关系，决定了成本管理的全面性，就是说，要降低产品成本、节约各项费用支出，必须加强成本的全面管理。所谓"全面"，不外乎是指空间上和时间上的全面。空间上的全面，从工业企业来说，包括各车间、班组和各职能部门的成本管理；时间上的全面，则是指生产经营全过程的成本管理。

为了实现成本的全面管理，调动从企业领导人员到各车间、部门广大职工群众增强成本意识、加强成本管理的积极性，就必须让他们了解企业成本的状况，并把降低成本的任务与其本职工作联系起来，落实到实际工作之中。为了让他们了解成本，会计部门就要有针对性地编报成本报表，准确、及时地反映成本费用的支出情况，向其提供有关的成本信息。

一、成本报表的作用

正确、及时地编报成本报表，对加强成本管理和节约费用支出具有重要作用：

（1）企业和主管企业的上级机构（或公司）利用成本报表，可以检查企业成本计划的执行情况，考核企业成本工作绩效，对企业成本工作进行评价。

（2）通过成本报表分析，可以揭示影响产品成本指标和费用项目变动的因素和原因，从生产技术、生产组织和经营管理等各个方面挖掘和动员节约费用支出和降低产品成本的潜力，提高企业生产耗费的经济效益。

（3）成本报表提供的实际产品成本和费用支出的资料，不仅可以满足企业、车间和部门加强日常成本、费用管理的需要，而且是企业进行成本、利润的预测、决策，编制产品成本计划和各项费用计划，制定产品价格的重要依据。

二、成本报表的种类

成本报表属于内部报表，主要是为满足企业内部经营管理的需要而编制的，不对外公开。因此，对成本报表的种类、格式、项目、指标的设计和编制方法、编报日期、具体报送对象，国家都不作统一规定，而由企业自行决定。主管企业的上级机构为了对本系统所属企业的成本管理工作进行领导或指导，也可以要求企业将其成本报表作为会计报表的附表上报。在这种情况下，企业成本报表的种类、格式、项目和编制方法，也可以由主管企业的上级机构同企业共同商定。

成本报表按其所反映的内容可分为以下几种：

（1）反映产品成本情况的报表。主要反映企业为生产一定种类和一定数量产品所支出的生产费用的水平及其构成情况，并与计划、上年实际、历史最好水平或同行业同类产品先进水平相比较，反映产品成本的变动情况和变动趋势。属于此类成本报表的有全部产品生产成本表、主要产品单位成本表等。

（2）反映各种费用支出的报表。主要反映企业在一定时期内各种费用总额及其构成情况的报表，并与计划（预算）、上年实际对比，反映各项费用支出的变动情况和变动趋势。属于此类成本报表的有制造费用明细表、销售费用明细表、管理费用明细表和财务费用明细表等。

根据会计核算一般原则的要求，会计部门除了定期编报上述报表外，为了加强成本的日常管理，对于成本耗费的主要指标，也可依据报表的形式按旬、按周、按日甚至按班编报，及时提供给有关部门负责人和值班人员，促使其及时、有针对性地采取措施，解决生产经营中的问题、发挥成本核算及时指导生产的作用。另外，为了将成本管理与技术管理相结合，分析成本升降的具体原因，寻求降低成本的途径和方法，简化报表的种类和编制方法，也可将成本会计指标、统计指标和技术经济指标结合起来，不定期地向有关部门和人员编报技术经济指标变动对成本影响的报表。为了加强成本工作的预见性，还可以在成本计划执行过程中，对未来时期能否完成成本计划进行预计，向有关部门和人员编报分析报告，及时沟通成本信息，以保证成本计划的完成和超额完成。

三、成本报表的特点

成本报表作为对内报表，与现行会计制度规定的对外报表（财务报表）相比较，具有以下特点：

（1）编制的目的主要是满足企业内部经营管理者的需要，因而内容更具有针对性。企业对外提供的会计报表，包括资产负债表、利润表、现金流量表和所有者权益变动表，是为政府部门、企业投资人和债权人以及企业内部经营管理者服务的，反映企业财务状况和经营成果的财务报表。在市场经济条件下，成本是商业秘密，不对外公开，成本报表作为内部报表主要是为企业内部经营管理者服务，满足企业管理者以及各部门、车间和岗位责任人员对成本信息的需求。因而成本报表的内容要有针对性，而不要泛泛地、千篇一律地提供情况；要主动地促进各有关部门和人员关心成本，了解其工作好坏对成本的影响，明确其在成本管理中的责任。

（2）成本报表的种类、内容和格式由企业自行决定，更具有灵活性。现行制度中的财务报表，其种类、内容、格式以及报送对象等均由国家统一规定，企业不能随意改动。成本报表则不同，其内容、格式以及编制方法均由企业自行决定、自己设计。为适应不同的管理要求，会计部门除了定期编报全面反映成本计划（包括产品成本计划和各项费用计划）完成情况的报表外，还可以对某一方面的问题，或从某一侧面编制报表进行重点反映，报表格式可以灵活多样，内容、指标可多可少；可以事后编报，也可以事中或事前预报。应本着实质重于形式的要求，力求简明扼要，讲求实效。如果主管企业的上级机构要求企业将其主要成本报表作为会计报表的附表上报，企业主要成本报表的种类、内容、格式和编制方法，也可以由主管企业的上级机构会同企业共同商定。

（3）成本报表作为对内报表更注重时效。对外报表（财务报表）一般都是定期编制和报送，而作为对内报表的成本报表，除了为满足定期考核和分析成本计划的完成情况定期编报一些报表外，为了及时反馈成本信息，及时揭示成本工作中存在的问题和技术经济指标变动对成本的影响，还可采用日报、周报或旬报的形式，定期或不定期地向有关部门和人员编报不同内容的成本报表，或者是报告直接与成本升降有关的技术经济指标的变动情况，尽可能使报表或报告提供的信息与其反映的内容在时间上保持一致，以发挥成本报表及时指导生产的作用。

第二节　成本报表的编制

一、成本报表的编制要求

成本报表作为对内报表，主要是适应企业内部经营管理的需要而编制的，报表的种类、格式、指标的设计和编制方法、编报日期，以及报送对象，都由企业自行决定。根据会计核算应当遵循的全面性和重要性相结合的原则，会计部门除了定期编报全面反映成本计划和各项费用计划完成情况的报表外，为了加强成本的日常管理，对于成本耗费的主要指标也可按旬、周、日甚至按工作班编报，及时提供给有关部门的负责人和值班人员，促使其及时地、有针对性地采取措施解决生产经营中的问题，发挥成本核算及时指导生产的作用。另外，为将成本管理与技术管理相结合，分析成本升降的具体原因，寻求降低产品成本的途径和方法，并简化报表的种类和编制方法，也可将成本会计指标、统计指标和技术经济指标结合起来，合并编制报表。为了加强成本工作的预见性，还可以在成本计划执行过程中，对未来时期能否完成成本计划进行预计，向有关部门和人员编报分析报告，及时沟通成本信息，以保证成本计划的完成或超额完成。总之，企业应从实际的管理要求出发，来设计和编报成本报表。要注意报表内容的实用性，不拘泥于形式；要注意指标项目简化，不搞烦琐计算，而且注重实用、正确、及时。

二、成本报表的编制方法

（一）产品生产成本表

产品生产成本表是反映企业在月份、年度内生产的全部产品的制造成本的报表。产品包括验收入库可供销售的各种产品，已出售和计划出售的自制半成品，已经完成的对外提供的工业性作业（如来料加工、设备修理）等。通过本表可以考核全部产品和各主要产品成本计划的执行结果，分析成本降低任务的完成情况。

1. 产品生产成本表的内容和结构

本表分为可比产品成本与不可比产品成本两部分。可比产品是指企业在上年度或近几年内连续正常生产而本年继续生产，有历史成本资料可以比较的产品。不可比产品是指在本年初次正式批量生产，无历史成本资料可以比较的产品。产品生产成本表格式如表 14—1 所示。

2. 产品生产成本表的编制方法

（1）"产品名称"项目。本项目应填列主要的"可比产品"和"不可比产品"的名称，主要产品的品种要按规定填写。

（2）"实际产量"项目。本项目应反映本月和从年初起至本月末止各种主要产品的实际产量。应根据成本计算单或产成品明细账的记录计算填列。

（3）"单位成本"项目。"上年实际平均"反映各种主要可比产品的上年实际平均单位成本，应分别根据上年度本表所列各种可比产品的全年实际平均单位成本填列。

"本年计划"反映各种主要产品的本年计划单位成本，应根据年度成本计划的有关数字填列。

"本月实际"反映本月生产的各种产品的实际单位成本，应根据有关产品成本计算单中的资料，按下列公式计算填列：

$$某产品本月实际单位成本 = \frac{某产品本月实际总成本}{某产品本月实际产量}$$

"本年累计实际平均"反映从年初起至本月末止企业生产的各种产品的实际单位成本，应根据成本计算单的有关数字，按下列公式计算填列：

$$实际平均单位成本 = \frac{某产品本年累计实际总成本}{某产品本年累计实际产量}$$

（4）"本月总成本"项目。"按上年实际平均单位成本计算"是用本月实际产量乘以上年实际平均单位成本计算填列。

"按本年计划单位成本计算"是用本月实际产量乘以本年计划单位成本计算填列。

"本月实际"是根据本月产品成本计算单的资料填列。

（5）"本年累计总成本"项目。"按上年实际平均单位成本计算"是用本年累计实际产量乘以上年实际平均单位成本计算填列。

"按本年计划单位成本计算"是用本年累计实际产量乘以本年计划单位成本计算填列。

"本年实际"是根据本年成本计算单的资料填列。

本表补充资料中的"可比产品成本降低额"和"可比产品成本降低率"的本年累计实际数，应按下列公式计算填列。

$$\begin{matrix}可比产品\\成本降低额\end{matrix} = \begin{matrix}可比产品按上年实际平均单位成本\\计算的本年累计总成本合计\end{matrix} - \begin{matrix}可比产品本年实际\\累计总成本合计\end{matrix}$$

$$\begin{matrix}可比产品\\成本降低率\end{matrix} = \frac{可比产品成本降低额}{可比产品按上年实际平均单位成本计算的本年累计总成本合计}$$

表14—1

编制单位：长江机械厂

产品生产成本表

200×年9月

单位：元

产品名称	计量单位	实际产量		单位成本				本月总成本			本年累计总成本		
		本月	本年累计	上年实际平均	本年计划	本月实际	本年累计实际平均	按上年实际单位成本计算	按本年计划单位成本计算	本月实际	按上年实际平均单位成本计算	按本年计划单位成本计算	本年实际
		(1)	(2)	(3)	(4)	(5)	(6)	(7)	(8)	(9)	(10)＝(2)×(3)	(11)＝(2)×(4)	(12)
可比产品合计	—	—	—	—	—	—	—	378 000	368 120	349 280	1 018 400	3 589 400	3 551 600
其中：A产品	台	400	4 400	130	126	123	125	52 000	50 400	29 200	572 000	554 400	550 000
B产品	台	1 600	15 200	195	190	192	188	312 000	304 000	307 200	296 400	2 888 000	2 857 600
C产品	台	280	3 000	50	49	46	48	14 000	13 720	12 880	150 000	147 000	144 000
不可比产品合计									43 220	47 800		668 880	491 440
其中：D产品	台	100	1 280		56	60	58		5 600	6 000		71 680	74 240
E产品	台	209	2 000		180	200	125.6		37 680	41 800		360 000	251 200
其他												237 200	166 000
全部产品生产成本						—	—		411 340	397 080		4 258 280	4 043 040

补充资料（按本年累计实际数）：①可比产品成本降低额为134 400元；②可比产品成本降低率为3.646%（半年计划降低率3%）

可比产品成本降低率的"本年计划数"，应根据年度成本计划填列；可比产品成本的"超支额"和"超支率"，应在"降低额"和"降低率"项目内以"—"号表示。

（二）主要产品单位成本表

主要产品单位成本表是反映企业在报告期内生产的各种主要产品单位成本的构成情况和各项主要技术经济指标执行情况的报表。它是对产品生产成本表的有关单位成本做进一步补充说明的报表。

利用主要产品单位成本表所提供的资料，可以考核各种主要产品单位成本计划的执行结果，分析各成本项目和消耗定额的变化及其原因，并便于在生产同种产品的企业之间进行成本对比，以利于找出差距，挖掘潜力，降低产品成本。

（1）主要产品单位成本表的结构和内容。主要产品单位成本表的结构可分为上半部和下半部。上半部是反映单位产品的成本项目，并分别列出历史先进水平、上年实际平均、本年计划、本月实际和本年累计实际平均的单位成本。下半部是反映单位产品的主要技术经济指标，这些指标也分别列出了历史先进水平、上年实际平均、本年计划、本月实际和本年累计实际平均的单位用量。主要产品单位成本表的格式和内容如表14—2所示。

表 14—2 　　　　　　　　　　　　　 主要产品单位成本表

编制单位：长江机械厂 　　　　　　　　　　 200×年9月 　　　　　　　　　　　　 单位：元

产品名称	A产品	本月计划产量	370
规格		本月实际产量	400
计量单位	台	本年累计计划产量	4 300
销售单价	160 元	本年累计实际产量	4 400

成本项目	行次	历史先进水平（××年）	上年实际平均	本年计划	本月实际	本年累计实际平均
		（1）	（2）	（3）	（4）	（5）
直接材料	（1）	76.80	74.91	71.19	66.80	67.09
直接人工	（2）	33.40	74.91	42.48	45.00	45.89
制造费用	（3）	11.80	12.61	12.33	11.20	12.02
合计	（4）	124	130	126	123	125
主要技术经济指标	（5）	用量	用量	用量	用量	用量
①普通钢材	（6）	69	73	70	70	69
②工时	（7）	10	12	12	12.5	13

（2）主要产品单位成本表的编制方法。主要产品单位成本表应按每种主要产品分别编制。

"本月计划产量"和"本年累计计划产量"项目，应根据本月和本年产品产量计划资料填列。

"本月实际产量"和"本年累计实际产量"项目，应根据统计提供的产品产量资料或产品入库单填列。

"成本项目"，应按规定进行填列。

"主要技术经济指标"项目，是反映主要产品每一单位产量所消耗的主要原材料、燃料和工时等的数量。

"历史先进水平"项目，是指本企业历史上该种产品成本最低年度的实际平均单位成本和实际单位用量，应根据历史成本资料填列。

"上年实际平均"项目，是指上年实际平均单位成本和单位用量，应根据上年度本表的本年累计实际平均单位成本和单位用量的资料填列。

"本年计划"项目，是指本年计划单位成本和单位用量，应根据年度成本计划中的资料填列。

"本月实际"项目，是指本月实际单位成本和单位用量，应根据本月完工的该种产品成本资料填列。

"本年累计实际平均"项目，是指本年年初至本月末止该种产品的实际平均单位成本和单位用量，应根据年初至本月末止的已完工产品成本计算单等有关资料，采用加权平均法计算后填列。其计算公式为：

$$某产品的实际平均单位成本 = \frac{该产品的累计总成本}{该产品累计产量}$$

$$某产品的实际平均单位用量 = \frac{该产品的累计总用量}{该产品累计产量}$$

本表对不可比产品不填列"历史先进水平"和"上年实际平均"的单位成本和单位用量。

由于本表是产品生产成本表的补充，所以表中按成本项目反映的"上年实际平均"、"本年计划"、"本月实际"、"本年累计实际平均"的单位成本合计，应与产品生产成本表中的各该单位成本的数字分别相等。

（三）制造费用明细表

制造费用明细表反映企业在某一会计期间内的制造费用发生额。通过此表可以分析制造费用的构成，考核制造费用计划执行情况，并针对存在的问题采取措施降低费用。

（1）制造费用明细表的结构和内容。此表按制造费用的明细项目逐项排列，包括上期实际数、本期计划数和本期实际数，其格式如表14—3所示。

表14—3　　　　　　　　　　　　制造费用明细表
200×年9月　　　　　　　　　　　　　　　　　　　　单位：元

项　　目	行次	上期实际数	本期计划数	本期实际数
工资和福利费	（1）			
折旧费	（2）			
修理费	（3）			
办公费	（4）			

续前表

项　　目	行次	上期实际数	本期计划数	本期实际数
差旅费	（5）			
水电费	（6）			
物料消耗	（7）			
劳动保护费	（8）			
租赁费	（9）			
保险费	（10）			
低值易耗品摊销	（11）			
试验检验费	（12）			
设计制图费	（13）			
其他	（14）			
合　　计				

（2）制造费用明细表的编制方法。此表所反映的制造费用，可以根据企业实际情况反映企业发生的全部制造费用，或只填列基本生产车间的制造费用。

若本表反映企业的全部制造费用，而辅助生产车间的制造费用在通过"制造费用"账户核算的情况下，"上期实际数"项目根据上期本表各项目的数字填列，"本期计划数"项目根据本期计划数填列，"本期实际数"项目根据"制造费用——基本生产制造费用"、"制造费用——辅助生产制造费用"两套明细账户中相应的细目相加的累计数填列；若辅助生产车间的制造费用不通过"制造费用"账户核算，在发生时直接归集在"辅助生产成本"账户时，则应在"辅助生产成本"账户下设置多栏式的制造费用二级账。"本期实际数"项目应根据"制造费用"明细账和"辅助生产成本——制造费用"明细账相应细目相加的累计数填列。

（四）期间费用表

期间费用报表有"管理费用明细表"（见表14—4）、"销售费用明细表"（见表14—5）和"财务费用明细表"（见表14—6）三张报表。这三张报表一般可按月份编制，分别反映会计期内的管理费用、销售费用和财务费用的发生情况，以及费用构成、考核和分析这三项费用计划（预算）的执行情况。

这三张报表分别按各自的明细项目反映上期实际数、本期计划数和本期实际数。这三张报表的编制方法是："上期实际数"项目按上期本表的"本期实际数"项目填列，"本期计划数"项目按本期费用计划数填列，"本期实际数"项目分别根据"管理费用"明细账、"销售费用"明细账和"财务费用"明细账各项目的累计数填列。

表 14—4　　　　　　　　　　　**管理费用明细表**
　　　　　　　　　　　　　　200×年 9 月　　　　　　　　　　　　　　单位：元

项　　目	行次	上期实际数	本期计划数	本期实际数
工资	（1）			
职工福利费	（2）			

续前表

项　目	行次	上期实际数	本期计划数	本期实际数
差旅费	(3)			
办公费	(4)			
折旧费	(5)			
修理费	(6)			
物料消耗	(7)			
低值易耗品摊销	(8)			
工会经费	(9)			
职工教育经费	(10)			
劳动保险费	(11)			
待业保险费	(12)			
咨询费	(13)			
审计费	(14)			
诉讼费	(15)			
排污费	(16)			
绿化费	(17)			
土地使用费	(18)			
技术转让费	(19)			
技术开发费	(20)			
无形资产摊销	(21)			
业务招待费	(22)			
存货盘亏、毁损和报废	(23)			
税金	(24)			
合　计				

表 14—5　　　　　　　　　　　销售费用明细表

200×年 9 月　　　　　　　　　　　　　　　　　单位：元

项　目	行次	上期实际数	本期计划数	本期实际数
运输费	(1)			
装卸费	(2)			
包装费	(3)			
保险费	(4)			
广告费	(5)			
展览费	(6)			
租赁费	(7)			
专设销售机构经费	(8)			
其中：工资	(9)			
职工福利费	(10)			
差旅费	(11)			
办公费	(12)			
折旧费	(13)			
修理费	(14)			
物理消耗	(15)			

续前表

项 目	行次	上期实际数	本期计划数	本期实际数
其他	(16)			
合 计				

表 14—6　　　　　　　　　　　财务费用明细表
200×年 9 月　　　　　　　　　　　　　　　　　　　　　　单位：元

项 目	行次	上期实际数	本期计划数	本期实际数
利息支出	(1)			
汇兑净损失	(2)			
调剂外汇手续费	(3)			
金融机构手续费	(4)			
其他财务费用	(5)			
合 计				

第三节　成本报表的分析

一、成本分析的意义

　　成本报表是提供成本信息的书面文件。成本报表中的数字、指标孤立地看，并不能说明成本管理工作做得好坏，但如果通过一定的技术方法，根据表中所提供的数据进行加工、提炼、分析、对比，就能由此及彼、由表及里地掌握它们之间的相互联系，就能更广泛、深入地说明许多问题，使报表的作用得到更充分的发挥。

　　成本报表分析，就是运用一定方法对成本报表的数据进行加工处理，找出它们之间的内在规律性的联系，并据以剖析过去，规划未来。

　　成本报表分析是成本管理的重要组成部分。成本管理的主要目的是不断降低企业产品的成本，而成本报表分析则是寻求降低产品成本途径的重要手段。具体地说，成本报表分析是按照一定的原则，采用一定的方法，利用成本计划、成本核算和其他有关资料，揭示成本计划完成情况，查明成本升降的原因，寻求降低成本的途径和方法，以达到用最少的劳动消耗取得最大的经济效益的目的。

二、成本分析的方法

（一）比较分析法

　　比较分析法是指通过指标对比，从数量上确定差异的一种分析方法。其主要作用在于揭示客观上存在的差距，并为进一步分析指明方向。对比分析的基数由于分析的目的不同而有所不同。实际工作中通常有以下几种形式：

（1）以成本的实际指标与成本的计划或定额指标对比，分析成本计划或定额的完成情况。

（2）以本期实际成本指标与前期（上期、上年同期或历史最好水平）的实际成本指标对比，观察企业成本指标的变动情况和变动趋势，了解企业生产经营工作的改进情况。

（3）以本企业实际成本指标（或某项技术经济指标）与国内外同行业先进指标对比，可以在更大的范围内找差距，推动企业改进经营管理。

比较分析法只适用于同质指标的数量对比。因此，应用此法时要注意对比指标的可比性。为了使对比的指标具有可比性，可以将对比的指标作必要的调整换算。如对比费用指标，可以先将随产量变动而变化的费用计划指标按产量增减幅度进行调整，然后再同实际进行对比，与以前各期资料对比，可以都按不变价格（即按规定的某年价格）换算，或按物价、收费率等变动情况调整某些指标。但也要防止将指标的可比性绝对化。

比较分析法是经济分析中广泛应用的一种分析方法。对比的范围越广泛，就越能发现差距，越有利于企业挖掘潜力，学习和推广先进经验。

（二）比率分析法

比率分析法是指通过计算和对比经济指标的比率进行数量分析的一种方法。采用这一方法，先要把对比的数值变成相对数，求出比率，然后再进行对比分析。具体形式有以下几种：

（1）相关指标比率分析。将两个性质不同但又相关的指标对比求出比率，然后再以实际数与计划（或前期实际）数进行对比分析，以便从经济活动的客观联系中，更深入地认识企业的生产经营状况。例如，将成本指标与反映生产、销售等生产经营成果的产值、销售收入、利润指标对比求出的产值成本率、销售成本率和成本利润率指标，可据以分析和比较生产耗费的经济效益。

这些指标的计算方法如下：

$$产值成本率 = \frac{成本}{产值} \times 100\%$$

$$销售成本率 = \frac{产品成本}{产品销售收入} \times 100\%$$

$$成本利润率 = \frac{利润总额}{产品成本} \times 100\%$$

不同企业或一个企业的不同时期，由于生产规模不同，有些指标不具有可比性，如利润指标。采用相关指标比率分析方法，如将利润指标与同期企业的产品销售收入或产品成本指标对比求出的比率，就可以把企业规模不同的影响剔除，把在某些不同条件下的不可比指标变为可比指标。

（2）构成比率分析。所谓构成比率，是指某项经济指标的各个组成部分占总体的比重。例如，将构成产品成本的各个成本项目同产品成本总额相比，计算其占成本的比重，确定成本的构成比率；然后将不同时期的成本构成比率相比较，通过观察产品成本构成的变动，掌握经济活动情况，了解企业改进生产技术和经营管理对产品成本的影响。类似的指标还有：

$$原材料费用比率 = \frac{材料费用}{产品成本} \times 100\%$$

$$工资费用比率 = \frac{工资及福利费}{产品成本} \times 100\%$$

$$制造费用比率 = \frac{制造费用}{产品成本} \times 100\%$$

（3）动态比率分析。动态比率分析或称趋势分析，是将不同时期同类指标的数值对比求出比率，进行动态比较，据以分析该项指标的增减速度和变动趋势，从中发现企业在生产经营方面的成绩或不足。

> **例14—1** 假定某企业甲产品某年四个季度实际单位成本分别为90元、92元、95元、94元，如果以第一季度为基期，以该季单位成本90元为基数，规定为100%，可以计算其他各季产品单位成本与之相比的定基比率如下：
>
> 第二季度：92÷90×100%＝102%
>
> 第三季度：95÷90×100%＝106%
>
> 第四季度：94÷90×100%＝104%
>
> 通过以上计算可以看出，甲产品单位成本第二、第三季度比第一季度有上升趋势，但第四季度又有所下降。
>
> 如果分别以上季度为基期，可以计算各季度环比的比率如下：
>
> 第二季度比第一季度：92÷90×100%＝102%
>
> 第三季度比第二季度：95÷92×100%＝102%
>
> 第四季度比第三季度：94÷95×100%＝99%
>
> 通过以上计算可以看出，甲产品的单位成本变动趋势呈倒马鞍形，二、三季度呈上升趋势，第四季度又有所下降。
>
> 比率分析法也是经济分析中广泛应用的一种分析方法。

（三）连环替代法

连环替代法是用来计算几个相互联系的因素对综合经济指标变动影响程度的一种分析方法。下面以材料费用总额变动分析为例，说明这一分析方法的特点。

影响材料费用总额的因素很多，按其相互关系可归纳为三个：产品产量、单位产品材料消耗量和材料单价。按照各因素的相互依存关系，列成计算公式如下：

材料费用总额＝产品产量×单位产品材料消耗量×材料单价

例 14—2 某企业上述指标的计划和实际资料详见表 14—7。

表 14—7

指标	单位	计划数	实际数	差异
产品产量	件	20	21	+1
单位产品材料消耗量	千克	18	17	−1
材料单价	元	10	12	+2
材料费用总额	元	3 600	4 284	+684

首先，利用比较法将材料费用总额的实际数与计划数对比，确定实际脱离计划差异，作为分析对象。差异是由产量增加、单位产品材料消耗量降低和材料单价升高三个因素综合影响的结果。

其次，按照上述计算公式中各因素的排列顺序，用连环替代法测定各因素变动对材料费用总额变动的影响程度。计算程序如下：

（1）以基数（本例为计划数）为计算基础。

（2）按照公式中所列因素的同一顺序，逐次以各因素的实际数替换其基数，每次替换后实际数就被保留下来。有几个因素就替换几次，直到所有因素都变成实际数为止，每次替换后都求出新的计算结果。

（3）将每次替换后的所得结果与其相邻近的前一次计算结果相比较，两者的差额就是某一因素变动对综合经济指标变动的影响程度。

（4）计算各因素变动影响的代数和。这个代数和应等于被分析指标实际数与基数的总差异数。

以例 14—2 材料费用总额为例计算如下：

①以计划数为基数　　　　　　　　　$20 \times 18 \times 10 = 3\,600$（元）

②第一次替换　　　　　　　　　　　$21 \times 18 \times 10 = 3\,780$（元）

②−①产量变动影响　　　　　　　　　　　　　　　+180（元）

③第二次替换　　　　　　　　　　　$21 \times 17 \times 10 = 3\,570$（元）

③−②单位产品材料消耗量变动影响　　　　　　　　−210（元）

④第三次替换　　　　　　　　　　　$21 \times 17 \times 12 = 4\,284$（元）

④−③材料单价变动影响　　　　　　　　　　　　　+714（元）

合　计　　　　　　　　　　　　　　　　　　　　+684（元）

通过计算可以看出，虽然单位产品材料消耗量降低使材料费用节约 210 元，但由于产量增加，特别是材料单价的升高，使材料费用增加 684 元，进一步分析应查明材料消耗节约和材料价格升高的原因，然后才能对企业材料费用总额变动情况作出评价。

从上述计算程序中可以看出，这一分析方法具有以下特点：

（1）计算程序的连环性。上述计算是严格按照各因素的排列顺序，逐次以一个因素的实际数替换其基数。除第一次替换外，每个因素的替换都是在前一个因素替换的基础上进行的。

（2）因素替换的顺序性。运用这一方法的一个重要问题，就是要正确确定各因素的替换顺序（且排列顺序）。另外，在分析相同问题时一定要按照同一替换顺序进行，这样的计算结果才具有可比性。如果改变各因素的排列顺序，计算同一因素变动影响时，所依据的其他因素的条件发生了变化，会得出不同的计算结果。通常确定各因素的替换顺序的做法是：在分析的因素中，如果既有数量指标又有质量指标，应先查明数量指标的变动影响，然后再查明质量指标的变动影响；如果既有实物量指标又有价值量指标，一般先替换实物量指标，再替换价值量指标。如果有几个数量指标和质量指标，要分清哪个是基本因素，哪个是次要因素，然后根据它们的相互依存关系确定替换顺序。

（3）计算条件的假定性。运用这一方法在测定某一因素变动影响时，是以假定其他因素不变为条件的。因此，计算结果只能说明是在某种假定条件下计算的结果。这种科学的抽象分析方法，是在确定事物内部各因素影响程度时必不可少的。

（四）差额计算法

差额计算法是连环替代法的一种简化形式。运用这一方法时，先要确定各因素实际数与计划数之间的差异，然后按照各因素的排列顺序，依次求出各因素变动的影响程度。可见，这一方法的应用原理与连环替代法一样，只是计算程序不同。仍用例14—2（表14—7）的数字资料，以差额计算法测定各因素影响程度如下：

（1）分析对象：

$$4\,284 - 3\,600 = +684（元）$$

（2）各因素影响程度：

产量变动影响 $= (+1) \times 18 \times 10 = +180（元）$

单位产品材料消耗量变动影响$= 21 \times (-1) \times 10 = -210（元）$

材料单价变动影响 $= 21 \times 17 \times (+2) = +714（元）$

合　　计　　　　　　　　　　　　　　　$+684（元）$

差额计算法由于计算简便，所以应用比较广泛，特别是在影响因素只有两个时更为适用。

以上所述只是常用的几种数量分析方法。此外，还可以根据分析的目的和要求，采用分组法、指数法、图标法等其他数量分析方法。

需要指出的是，不论什么分析方法，都只能为进一步调查研究指明方向，而不能代替调查研究。要确定成本管理工作好坏的具体原因，并据以提出切实有效的建议和措施来改进，都必须在采用上述分析方法进行分析的基础上，深入实际调查研究。

本章小结

1. 成本报表的设计、编制和分析利用是成本会计的重要内容，是实现成本会计任务、发挥成本会计作用的重要手段。

2. 设计和编制哪些成本报表，一定要从企业具体情况出发，按照企业会计准则的要求，及时、正确地为各级管理部门提供相关的成本会计信息，充分发挥成本会计"算为管用"的职能作用。

3. 目前企业经常编制的成本报表主要有产品生产成本表、主要产品单位成本表、制造费用明细表、销售费用明细表、管理费用明细表和财务费用明细表等。各种成本报表之间具有一定的内在联系，它们相互补充，构成了一个完整的反映企业成本、费用发生和成本、费用计划执行情况的报表体系。

4. 对成本报表必须分析利用。分析成本报表，首先要对成本报表的真实性、正确性进行审核；分析应从对成本计划完成情况的总评价开始，然后根据总评价中发现的问题，逐步深入、具体地进行分析。

5. 分析成本报表要充分利用报表提供的各种数据，相互联系地看问题，将定性分析和定量分析相结合，将成本指标的分解与综合相结合；透过现象看本质，目的就是评价企业成本工作，挖掘和动员一切节约开支、降低成本的潜力。

思考题

1. 成本报表编制和分析的意义是什么？
2. 成本报表的特点如何？
3. 连环替代法的计算程序如何？
4. 成本分析的一般方法包括哪些？

参考文献

[1] 中华人民共和国财政部．企业会计准则 2006
[2] 于富生．成本会计学．北京：中国人民大学出版社，2006
[3] 鲁亮升．成本会计习题集（第二版）．北京：经济科学出版社，2007
[4] 郑卫茂．成本会计实务（第二版）．北京：电子工业出版社，2007
[5] 鲁亮升．成本会计（第三版）．大连：东北财经大学出版社，2007
[6] 张宁，李兰田．成本会计学．北京：首都经济贸易大学出版社，2005
[7] 钱逢胜，应淑仪，盛碧荷．房地产企业会计．上海：复旦大学出版社，2004
[8] 陈云．成本会计学．上海：立信会计出版社，2007
[9] 刘学华．成本会计．上海：立信会计出版社，2005
[10] 侯晓红．成本会计学习指导．北京：机械工业出版社，2005
[11] 冯浩．成本会计理论与实务．北京：清华大学出版社，2007
[12] 欧阳清，万寿义．成本会计．大连：东北财经大学出版社，2002
[13] 胡玉明，赖红宁，罗其安．成本会计．北京：清华大学出版社，2005
[14] 罗焰，陈国民．成本会计．上海：立信会计出版社，2006
[15] 赵新顺，姚晓民等．成本会计．北京：中国物价出版社，2003

教师信息反馈表

为了更好地为您服务,提高教学质量,中国人民大学出版社愿意为您提供全面的教学支持,期望与您建立更广泛的合作关系。请您填好下表后以电子邮件或信件的形式反馈给我们。

您使用过或正在使用的我社教材名称		版次	
您希望获得哪些相关教学资料			
您对本书的建议(可附页)			
您的姓名			
您所在的学校、院系			
您所讲授课程名称			
学生人数			
您的联系地址			
邮政编码		联系电话	
电子邮件(必填)			
您是否为人大社教研网会员	□ 是　会员卡号:＿＿＿＿＿＿＿ □ 不是,现在申请		
您在相关专业是否有主编或参编教材意向	□ 是　　　　　□ 否 □ 不一定		
您所希望参编或主编的教材的基本情况(包括内容、框架结构、特色等,可附页)			

我们的联系方式:北京市海淀区中关村大街 31 号
中国人民大学出版社教育分社
邮政编码:100080
电话:010-62515912
网址:http://www.crup.com.cn/jiaoyu/
E-mail:jyfs_2007@126.com

图书在版编目（CIP）数据

成本会计/汪立元，任爱莲主编 . —北京：中国人民大学出版社，2010
21 世纪高等继续教育精品教材·会计系列
ISBN 978 - 7 - 300 - 12460 - 5

Ⅰ.①成… Ⅱ.①汪…②任… Ⅲ.①成本会计—成人教育：高等教育—教材 Ⅳ.①F234.2

中国版本图书馆 CIP 数据核字（2010）第 135378 号

21 世纪高等继续教育精品教材·会计系列

成本会计

主　编　汪立元　任爱莲
副主编　崔道远

出版发行	中国人民大学出版社			
社　　址	北京中关村大街 31 号		邮政编码	100080
电　　话	010 - 62511242（总编室）		010 - 62511770（质管部）	
	010 - 82501766（邮购部）		010 - 62514148（门市部）	
	010 - 62515195（发行公司）		010 - 62515275（盗版举报）	
网　　址	http://www.crup.com.cn			
	http://www.ttrnet.com（人大教研网）			
经　　销	新华书店			
印　　刷	北京宏伟双华印刷有限公司			
规　　格	185 mm×260 mm　16 开本		版　　次	2010 年 9 月第 1 版
印　　张	20.5		印　　次	2017 年 6 月第 8 次印刷
字　　数	450 000		定　　价	39.00 元